江苏省"十三五"重点出版物出版规划项目　　　　　　　　　　　乡愁的记忆——走进古村落
江苏省新闻出版广播影视产业发展专项资金项目
国家自然科学基金项目（项目批准号：51668039，51208243）

甘肃传统村落
Traditional Villages in Gansu

刘奔腾　张小娟　李沁鞠　著

东南大学出版社
·南京·

图书在版编目(CIP)数据

甘肃传统村落/刘奔腾,张小娟,李沁鞠著. —南京:东南大学出版社,2018.10
 ISBN 978-7-5641-7592-4

Ⅰ.①甘… Ⅱ.①刘…②张…③李… Ⅲ.①村落—研究—甘肃 Ⅳ.①K924.2

中国版本图书馆 CIP 数据核字(2017)第 325057 号

书　　　名：甘肃传统村落
著　　　者：刘奔腾　张小娟　李沁鞠
责任编辑：唐　允　陈　淑　张丽萍
出版发行：东南大学出版社
社　　　址：南京市四牌楼 2 号　　　邮　　编：210096
网　　　址：http://www.seupress.com
出 版 人：江建中
印　　　刷：江苏扬中印刷有限公司
排　　　版：南京月叶图文制作有限公司
开　　　本：889mm×1194 mm　1/20　印张：17.8　字数：495千
版 印 次：2018 年 10 月第 1 版　2018 年 10 月第 1 次印刷
书　　　号：ISBN 978-7-5641-7592-4
定　　　价：78.00 元
经　　　销：全国各地新华书店
发行热线：025-83790519　83791830

* 版权所有,侵权必究
* 凡购买东大版图书如有印装质量问题,请直接与营销部联系(电话:025-83791830)

序
Foreword

  甘肃位于我国西北地区，地处黄河中上游，地域辽阔，历史悠久。作为华夏文明发祥地之一，甘肃有"河岳根源、羲轩桑梓"的美誉，据考古证明，早在旧石器时代就有先民在此活动。悠久的历史、丰厚的人文土壤和独特的自然条件，孕育了甘肃类型多样、内涵丰富的历史文化遗产，包括数量颇多的传统村落。一般认为，传统村落是指村落形成较早，具有一定历史、文化、科学、艺术、经济、社会价值的村落。这些村落蕴藏着丰富的历史信息和文化景观，是中国农牧业文明时代留下的宝贵遗产。

  众所周知，传统村落的形成受到山水格局、地域环境、社会文化和经济等多重影响。甘肃地处黄土高原、青藏高原和内蒙古高原交接地区，境内高山、盆地、平川、沙漠和戈壁等纵横交错，地形地貌复杂多样。不同的地域环境造就了不同的历史文化，进而也催生了不同的传统村落类型。如河西地区早期战乱频繁，后因屯兵戍边而形成军事防御性村落；又如甘南地区多民族聚居、宗教盛行而建成宗教性村落；再如陇东地区农业发达、商贾云集，从而出现了很多商贸性村落。可以说，甘肃传统村落饱含着军事、宗教、文化、经济、交通、政治的历史内涵，类型繁多、各具魅力。

  认识该书作者刘奔腾博士是在一次历史文化名镇保护规划的评审会上，他操着广东口音的普通话，儒雅率真、华而不炫，才高不自诩，很有绅士风度，知识层面很有厚度。他根植于广袤的西北乡村，长期关注甘肃地区的传统村落，带领他的研究团队常年穿州过县、上山下乡调研第一手资料。

  书中按地域划分来组织五章十三节的内容，以图文并茂的形式展示了甘肃省传统村落的类型及其特征，真实地讲述了不同地区的民俗、民风和社会文化。村落里的一口枯井、一朵白云、一杯米酒、一段残垣、一棵古树都记录着传统村落乡愁。所谓"一方山水养一方人"，不同的传统村落反映了该村落先民的文化理念与内涵。

  此书尽可能多地将传统村落囊括其中，"准确"和"真实"地展现出甘肃传统村落的模式特征和发展规律。可以说，《甘肃传统村落》是一本有温度的书，当歌曲和传说已经缄默的时候，传统村落还在说话，记载着甘肃各地不同时期所发生过的真实故事，传递着生息繁衍的中华民族精神，值得一读和收藏。

国家（特许）一级注册建筑师，教授
甘肃省城乡规划设计研究院前院长
享受国务院政府特殊津贴专家

2017年冬月

前言
Preface

一个村落的形成,离不开一定的地理环境和人文特色,因为它们共同构成了村落的要素。传统村落在近千年的发展过程中,形成了其独特的空间格局、丰富的人文环境,而这正是村落的灵魂所在。然而我国大多数的传统村落保护都陷入了一个误区,即将保护的重点倾向于单个的文物建筑和文物保护单位,对传统村落的空间格局、历史文化较为忽视,而即使注意到历史文化传承的传统村落,因没有相关的理论指导,也导致村落的历史环境和风貌正逐渐消逝。

传统村落见证了历史,同时又是文化传承的载体,作为传统文化的重要组成部分,它具有较强的历史、文化等价值。撰写本书的目的,是通过对甘肃传统村落的调查梳理,深入挖掘传统村落的物质和非物质方面的风貌与特征,系统阐述传统村落在"城镇化"建设中的传承与发展作用,总结弘扬优秀传统村落的地域特色和文化内涵,以促进当代甘肃传统村落的保护与发展。

根据甘肃省住房建设厅村镇办的相关研究课题,学校组织进行了多次的调研,完成了这份《甘肃传统村落》研究成果,本书是对甘肃传统村落研究的一份总结。

本书按地域类型划分,以六盘山为界,将甘肃地域分为四个片区,即陇中地区、陇东南地区、甘南地区、河西地区。各个地区均囊括了大量的优秀传统村落,本书从各村落基本信息、选址和格局、传统建筑、非物质文化遗产、人居环境现状五个方面进行介绍。因地域差异和历史时期不同而形成的传统村落,受不同的环境因素、建造技艺等的影响,以及地域文化和民族宗教信仰等方面的差异,在空间结构和空间形态上各有特色。

陇中地区:陇中又称陇西高原,位于六盘山、陇山以西,秦岭以北,黄河以南,属于典型的黄土高原地貌。陇中地区属于周秦故地,关陇咽喉,自古胡汉杂居,历史地域文化特色十分鲜明。陇中主要包括定西市六县一区,兰州市之榆中县,白银市之会宁县、靖远县,天水市之武山县、甘谷县、秦安县,平凉市之静宁县。这些县域在历史、物产、气候、人情、风俗、语言、民族等方面,是一个文化板块,具有很大的相似性和包容性。

陇东南地区:陇东南是甘肃省人口相对密集,但经济发展和城市化水平偏低的地区。广义上包括庆阳、平凉、天水(秦州区、麦积区、清水县、张家川回族自治县)、陇南四市及其所属的31个县区。陇东南地区是我国古代文明的重要发源地,这一地区有着大量的史前考古学文化遗存,亦是周秦文化的重要发祥地。

甘南地区:甘南地区地处青藏高原和黄土高原过渡地带,境内山谷多,平地少,地势西高东低,位于黄河上游，在甘肃省中部西南面。甘南地区主要包括甘南藏族和临夏回族两个自治州，甘南是藏、汉文化的交汇带，被费孝通先生称为"青藏高原的窗口"和"藏族现代化的跳板"；临夏历史悠久，被誉为"中国的彩陶之乡"，同时也是唐蕃古道重镇，"茶马互市"中心，历代兵家必争之地，有"河湟重镇"之称。

河西地区：河西地区指张掖、武威、酒泉、嘉峪关，因位于黄河以西，自古称为河西，其地斜处祁连山与北部山系间，东南起自乌鞘岭，西北止于疏勒河下游，势成一狭长的天然走廊，亦称河西走廊，是中原地区通往西域的咽喉要道。

甘肃多民族错居融合、多元文化交融的形态决定了其村落的多样性，地域形态的特殊性也促进了游牧和农耕等文化的交流与碰撞。村落通过物质形态和文化传承等方式的展现，向我们传达了自然、经济、社会、文化、历史等诸多信息。同时，传统村落作为人居环境构成的原始单元，在生长发展过程中显现出了灵活性与多变性，通过村落空间形态的不同凸显出地域与文化的差异性。

目 录
Contents

第一章　绪论 ··· 1
 第一节　甘肃传统村落研究背景及意义 ······································ 1
 第二节　甘肃自然概况及历史沿革 ··· 2
 第三节　甘肃传统村落概述 ·· 3

第二章　陇中地区传统村落 ·· 11
 第一节　兰州市传统村落 ·· 12
  一、西固区河口乡河口村 ·· 12
  二、永登县连城镇连城村 ·· 22
  三、榆中县青城镇城河村 ·· 31
  四、榆中县金崖镇永丰村 ·· 40
 第二节　天水市传统村落 ·· 49
  一、秦安县兴国镇凤山村 ·· 49
  二、秦安县陇城镇娲皇村 ·· 56
  三、秦安县兴国镇邢泉村 ·· 66
  四、甘谷县新兴镇蔡家寺村 ·· 72
  五、甘谷县新兴镇张家坪村 ·· 80
  六、甘谷县六峰镇觉皇寺村 ·· 84
  七、武山县滩歌镇上下街村 ·· 92
 第三节　白银市传统村落 ·· 99
  一、景泰县寺滩乡永泰村 ·· 99
  二、靖远县平堡乡平堡村 ·· 104
 第四节　定西市传统村落 ·· 112
  通渭县榜罗镇文峰村 ·· 112

第三章　陇东南地区传统村落 ···127
第一节　天水市传统村落 ···128
　　一、清水县贾川乡梅江村 ···128
　　二、秦州区天水镇庙坪村 ···135
　　三、秦州区天水镇天水村 ···141
　　四、麦积区麦积镇街亭村 ···146
　　五、麦积区新阳镇胡家大庄村 ·····································152
　　六、麦积区琥珀乡罗家村 ···158
　　七、麦积区三岔乡吴砦村 ···162
　　八、麦积区麦积镇永庆村 ···166
　　九、麦积区伯阳镇石门村 ···170
　　十、麦积区花牛镇董沟村 ···174
第二节　陇南市传统村落 ···177
　　一、两当县左家乡权坪村 ···177
　　二、康县平洛镇中寨村 ···181
　　三、康县岸门口镇朱家沟村 ·······································187
　　四、宕昌县两河乡王院村 ···195
　　五、宕昌县哈达铺镇上街村 ·······································198
　　六、宕昌县哈达铺镇下街村 ·······································200
　　七、宕昌县狮子乡东峪村 ···204
　　八、西和县兴隆乡下庙村 ···208
　　九、西和县大桥乡仇池村 ···215
　　十、文县铁楼乡强曲村 ···219
　　十一、文县碧口镇白果村郑家坪社 ·································225

十二、礼县宽川镇火烧寨村 229

十三、礼县崖城镇父坪村 233

十四、成县黄渚镇柏湾村 237

十五、成县黄陈镇石榴村 240

第四章 甘南地区传统村落 243
第一节 甘南藏族自治州传统村落 244
一、卓尼县尼巴乡尼巴村 244

二、迭部县益哇乡扎尕那村 253

三、临潭县流顺乡红堡子村 258

四、临潭县王旗乡磨沟村 262

五、卓尼县喀尔钦乡拉力沟村 267

六、临潭县流顺乡汪家咀村 271

七、临潭县古战乡古战村 275

八、临潭县新城镇东西街村 280

九、卓尼县木耳镇博峪村 285

十、迭部县达拉乡高吉村 289

十一、迭部县旺藏乡茨日那村 294

十二、夏河县拉卜楞镇王府村 298

十三、夏河县合作镇合作寺 303

第二节 临夏回族自治州传统村落 309
一、积石山县大河家镇大墩村 309

二、临夏市城郊镇木场村八坊十三巷 316

第五章　河西地区传统村落……321

第一节　张掖市传统村落……322

一、高台县罗城乡天城村……322

二、山丹县老军乡硖口村……331

第二节　武威市传统村落……337

民勤县三雷镇三陶村……337

结　语……344

第一章 绪 论

随着社会经济的快速发展、人民生活水平的不断提高、"城镇化"建设进程的不断推进,新一轮"村庄规划、美丽乡村"等规划实践正如火如荼地进行着,但大量的村庄保护规划、风貌整治规划等均以城市标准为规划标准,注重物质空间规划,忽视了传统村落深厚的文化底蕴,弱化了人、空间和环境在社会发展中的关系,使得许多传统村落失去了其本身的韵味,从而导致越来越多的传统村落如同城市的"千城一面"一样正逐渐"千村一面"。

第一节 甘肃传统村落研究背景及意义

1. 研究背景

中共十八大胜利召开后不久下发的《中共中央国务院关于加快发展现代农业进一步增强农村发展活力的若干意见(2012年12月31日)》中,面向新一年的中央一号文件强调:"制定专门规划,启动专项工程,加大力度保护有历史文化价值和民族、地域元素的传统村落和民居。"这是传统村落概念首次在党和国家的重要文件中出现。

传统村落受地理环境条件的制约影响,在空间上呈现出不同的形态特征,同时也承载着更多的文化和历史。随着城市化的快速发展,掀起了农村人口大量涌入城市的浪潮,村落"空心化"导致传统村落正在不断消失。"自2000年至2010年,我国自然村落由363万个锐减到271万个,十年减少了90万个自然村,其中不乏历史创造、文化景观、农耕时代见证的乡土建筑。中国传统村落是物质文化遗产与非物质文化遗产的综合,是活生生的地域文化。传统村落的瓦解,需要我们施以援手。"[①]

---

① 冯骥才于2013年6月4日在"中国传统村落保护与发展研究中心揭牌仪式"中提出。

2. 研究意义

在传统村落保护工作中，无论政策导向、规划编制、资金投入都偏重历史文化遗产丰富的村落，导致大部分传统村落的保护都套用固定模式，忽略了其自身的特性，如村落的构成要素、周边环境、营建技艺、民风民俗等随村落的不同而不尽相同，从而出现了一批程序化产物。甘肃应充分挖掘并保护传统村落文化特色，使当地历史文脉与场所精神得到延续，将物质与非物质文化遗产保护并举，从而引导传统村落保护走上良性发展的道路。

第二节　甘肃自然概况及历史沿革

1. 自然地理环境

甘肃地处黄土高原、青藏高原和内蒙古高原三大高原交汇地带，境内地形地貌复杂，山脉纵横交错，高山、盆地、平川、沙漠和戈壁等兼而有之，甘肃海拔大多在1 000米以上且相差悬殊，东有岷山、秦岭和子午岭，西连阿尔金山、祁连山，南接青泥岭，北以六盘山、龙首山为主。

2. 历史沿革

甘肃历史跨越几千年，自旧石器时代开始就有人类在这片热土上繁衍生息，相传中华民族的人文始祖伏羲、女娲和黄帝均诞生在甘肃（表1-1）。

表1-1　甘肃历史沿革[①]

时间	历史沿革
西周	秦人的祖先在今天水地区定居并开始由游牧经济向农业经济缓慢过渡，而游牧生活仍占据主要的地位
秦	在邽戎、冀戎地区设邽县（今天水麦积区南）、冀县（今甘谷县），这是中国历史上建立最早的两个县
战国	秦国的疆域已达今甘肃的东南部，并设置陇西郡和北地郡

---

① 甘肃历史沿革，百度百科 https://baike.baidu.com/item/ 甘肃 /226159?fr=aladdin。

续表1-1

汉	陆续设武威、张掖、敦煌、天水、安定、武都、金城诸郡
隋	统一中国,裁并郡县。省内共设16郡、76县
唐	改郡为道,省境分属关内道、陇右道和山南道,共辖22州
北宋	西夏统治河西时设有甘肃军司(驻甘州,今张掖市甘州区)。这是最早出现的甘肃之名
元	设甘肃行中书省,辖黄河以西七路二州,黄河以东地区为陕西兴远
明	改省设司,省境属陕西布政司、陕西都司、陕西行都指挥使司,辖地大部继承元朝,按照明的定制,卫、所设于边境和要害地区,在边境重镇设行都指挥使司,每省设一都指挥使司
时间	历史沿革
清	设陕西右布政司,后改甘肃布政司,行政中心从巩昌(今陇西县)迁至兰州市,辖今甘肃、新疆、青海、宁夏省区部分范围。光绪十年分出新疆
1927年	撤道为省,1929年分出青海和宁夏两省区
1949年	成立甘肃行政公署,下辖1省辖市(兰州)、10专区(庆阳、平凉、定西、天水、武都、岷县、武威、张掖、酒泉、临夏)、71县、2设治局(卓尼设治局、肃北设治局)。甘肃行署隶属于西北军政委员会(后改为西北行政委员会,1954年撤销)
1950年	甘肃省人民政府正式成立,辖今甘肃、内蒙古西部
1962年	专区增加到13个,即兰州、白银、庆阳、平凉、天水、武都、定西、临洮、武威、张掖、酒泉、临夏、甘南
1985年	全省共设14个行署(州、市),辖86县(自治县、市、区),至此,形成今甘肃省行政区域

第三节 甘肃传统村落概述

甘肃传统村落的形成,受自然、经济、交通、民族等因素的综合影响。甘肃复杂多样的地形地貌促使村落的选址和布局不尽相同;移民、战争、商贸等对村落的空间布局和民居建造等造成影响;传统农耕和便利交通等为村落的发展提供了物质支撑和动力机制。

甘肃幅员辽阔、山脉富集、资源丰富、多民族聚居,辖兰州市、白银市、定西市、天水市、陇南市、平凉市、庆阳市、酒泉市、嘉峪关市、金昌市、张掖市、武威市12个地级市,临夏回族自治州、甘南藏族自治州两个民族自治州。

1. 甘肃传统村落分布概况

截至目前，甘肃共有2个村落入选中国历史文化名村名单（详见表1-2），有36个村落入选中国传统村落名录（详见表1-3），其中兰州市4个、白银市5个、天水市3个、陇南市16个、临夏回族自治州1个、甘南藏族自治州4个、张掖市1个、平凉市1个、庆阳市1个。

表1-2 甘肃历史文化名村统计表

序号	村落名称	所在位置	批次	公布时间
1	街亭村	天水市麦积区麦积镇	六	2014年3月10日
2	胡家大庄村	天水市麦积区新阳镇	六	2014年3月10日

表1-3 甘肃传统村落统计表

序号	村落名称	所在位置	批次	公布时间
1	河口村	兰州市西固区河口乡	一	2012年12月20日
2	连城村	兰州市永登县连城镇	一	2012年12月20日
3	城河村	兰州市榆中县青城镇	一	2012年12月20日
4	永泰村	白银市景泰县寺滩乡	一	2012年12月20日
5	街亭村	天水市麦积区麦积镇	一	2012年12月20日
6	胡家大庄村	天水市麦积区新阳镇	一	2012年12月20日
7	哈南村	陇南市文县石鸡坝乡	一	2012年12月20日
8	梅江村	天水市清水县贾川乡	二	2013年8月28日
9	入贡山村	陇南市文县铁楼民族乡	二	2013年8月28日
10	石门沟村案板地社	陇南市文县铁楼民族乡	二	2013年8月28日
11	草河坝村	陇南市文县铁楼民族乡	二	2013年8月28日
12	木场村	临夏回族自治州临夏市城郊镇	二	2013年8月28日
13	尼巴村	甘南藏族自治州卓尼县尼巴乡	二	2013年8月28日
14	三合村	白银市景泰县中泉乡	三	2014年11月25日
15	宽沟村	白银市景泰县寺滩乡	三	2014年11月25日
16	永丰村	兰州市榆中县金崖镇	四	2016年12月9日
17	龙湾村	白银市景泰县中泉乡	四	2016年12月9日
18	尾泉村	白银市景泰县中泉乡	四	2016年12月9日
19	天城村	张掖市高台县罗城乡	四	2016年12月9日

续表1-3

20	高镇村	平凉市华亭县安口镇	四	2016年12月9日
21	罗川村	庆阳市正宁县永和镇	四	2016年12月9日
22	白果村郑家社	陇南市文县碧口镇	四	2016年12月9日
23	强曲村	陇南市文县铁楼乡	四	2016年12月9日
24	东裕村	陇南市宕昌县狮子乡	四	2016年12月9日
25	朱家沟村	陇南市康县岸门口镇	四	2016年12月9日
26	下庙村	陇南市西和县兴隆乡	四	2016年12月9日
27	仇池村	陇南市西和县大桥镇	四	2016年12月9日
28	火烧寨村	陇南市礼县宽川乡	四	2016年12月9日
29	父坪村	陇南市礼县崖城乡	四	2016年12月9日
30	稻坪村	陇南市徽县嘉陵镇	四	2016年12月9日
31	田河村	陇南市徽县嘉陵镇	四	2016年12月9日
32	柴家社	陇南市徽县麻沿乡	四	2016年12月9日
33	青泥村	陇南市徽县大河乡	四	2016年12月9日
34	扎尕那村	甘南藏族自治州迭部县益哇乡	四	2016年12月9日
35	红堡子村	甘南藏族自治州临潭县流顺乡	四	2016年12月9日
36	磨沟村	甘南藏族自治州临潭县王旗乡	四	2016年12月9日

2. 甘肃传统村落选址思想原则及影响要素

"天人合一"思想是传统村落选址的主要依据，在其影响下，村落选址大多利用自然地形，依山傍水，常见形式有背山面水、背山面田。自古以来，理想的生活环境是人们所追求的，各种聚落环境的选择，因受不同条件的制约而表现出丰富的内涵。《阳宅十书》中"人之居处，宜以大地山河为主"表明人与自然应紧密结合；《后汉书·仲长统传》所载"使居有良田广宅，背山临流，沟池环匝，竹木周布，场圃筑前，果园树后"是对理想生活的一种向往。

通过调研收集相关资料，发现甘肃传统村落的选址主要有以下几个特征（表1-4）：

（1）村落择水而居

水是天然的屏障，可依托河流建立防御系统，同时饮水、灌溉问题也随之解决。一座村庄甚至一种文明的诞生和繁荣发展往往与河流有着密不可分的关系，临水而居、择水而憩，自古就是人类亲近自然的本性，它不仅仅是人类物质欲望的彰显，更是人类精神追求的满足。

（2）村落临近官道

官道一般选择与水系结合起来布局，良好的交通给村落的生存发展带来很多便利条件，无论是物质还是非物质文化,其传播均与交通状况息息相关,道路交通是一个村落发展的基础,村落交通的发达从侧面反映出其社会生活的进步与经济技术的发达。

(3) 村落居高而建

尽量选择较高的地势,塬上、山前平坦地带都是村落广泛分布区域,村落凭借天然的地形地势形成易守难攻的防御体系。

3. 甘肃传统村落类型划分

传统村落是农耕文明的产物,囊括了大量的物质和非物质文化要素,村落的选址与形成受外界因素影响颇深,如当人类生产能力较低时自然环境是主导因素,但随着社会的发展,宗教信仰、商业贸易、军事战争等因素逐渐成为推动村落发展的动力机制。

甘肃省地域辽阔,地形地貌复杂,整体呈东西狭长状,传统村落分布较为零散,且历史悠久、遗迹众多,根据村落的历史主导功能可分为六类:农耕型、商贸型、行政型、军事型、交通型、宗教型(表1-5)。

(1) 农耕型传统村落是甘肃省传统村落中最基本且分布最为广泛的一种类型,是农民生活生产和聚居的场所,主要以农耕生活为主,村民比邻而居、烟火相连,村内处处透露出农耕文化的印记。

(2) 商贸型传统村落大多因丰富的资源环境或优越的地理位置而发展起来,此类村落从形成、发展、繁荣到最后的衰落都与商道上的商业贸易有着千丝万缕的联系。商贸型传统村落内村民主要从事手工业、商业贸易等,如丝绸之路沿线城镇、村落多由此发展而来。

(3) 行政型传统村落一般是地方权力所在地,村落集政治、文化、经济等于一体,此类村落布局与发展呈现出"自上而下"的模式特征。

(4) 军事型传统村落多位于交通要塞处,有着重要的军事战略地位和意义,村落有明显的防御性要素,如垛口、烽燧、城墙等。

(5) 交通型传统村落往往占据着得天独厚的交通优势,一般出现在渡口、古道交汇处、丝绸之路沿线等处,一般包括驿馆客栈、茶楼酒肆、商铺宅院等。

(6) 宗教型传统村落一般是围绕某宗教建筑而形成的村落,同时兼具满足信徒的各种活动需求的功能,此类型村落多见于甘南地区。多民族聚集、多元文化碰撞交融时宗教信仰逐渐成为村落形成发展的主导因素。

表1-4 甘肃传统村落主要分布特征

	分布特征	实例	
1	择水而居	凤凰山下、渭水河畔,胡家大庄村这座历经460余年风雨沧桑的传统村落依然较完整地保持着原有风貌、民风民俗和乡土人情	天水市麦积区新阳镇胡家大庄村
2	临近官道	永丰村临近丝绸古道,苑川河畔大片农田环绕,因水烟而远近闻名,商贸繁荣,往来商客络绎不绝,是重要的货物集散地	兰州市榆中县金崖镇永丰村
3	居高而建	仇池山四面陡峭,西汉水和洛浴河三面环绕,整体呈"一夫当关,万夫莫开"之势,为历代兵家必争之地,坐落于仇池山顶的仇池村,宛若世外桃源	陇南市西和县大桥乡仇池村

表1-5 甘肃省传统村落类型

序号	类型	实例	
1	农耕型	东裕村世代以种植中药材为生,低矮的踏板房坐落于半山坡,屋前良田几亩,鸡鸣狗吠声不绝于耳,狮子河缓缓而过,俨然一派宁静安详的世外桃源景象	陇南市宕昌县狮子乡东裕村

续表1-5

2	商贸型	青城作为古丝绸之路上的码头城镇，是唐、宋、元、明时期的边塞城镇，同时承载着千年的文化，在历史的长河中，见证着多元文化影响下河湟地区城镇的变迁与发展	兰州市榆中县青城镇城河村
3	行政型	有"西北小故宫"之称的连城鲁土司衙门集政治、军事、经济、文化等于一体，在鲁土司长达561年的统治下，连城因其而发展	兰州市永登县连城镇连城村
4	军事型	距今已有400多年历史的永泰龟城是明清时期驻军防务的军事要塞，由12座炮台、4座城楼、瓮城、护城河组成，烽火台从城南北两侧向兰州和明长城方向绵延数十里	白银市景泰县寺滩乡永泰村
5	交通型	硖口村是古代中原通往西域的必经之地，同时也是古丝绸之路上的重要驿站，曾经肩负军粮供给、官吏接待、邮政运输、商业互通等职能	张掖市山丹县老军乡硖口村
6	宗教型	合作寺是安多地区藏传佛教名刹之一，现为甘南地区规模较大的寺院之一，香火旺盛。寺内有大经堂、米拉日巴佛阁（九层楼）、马头明王殿、僧舍等	甘南藏族自治州夏河县合作镇合作寺

4. 甘肃传统村落空间格局特点

甘肃复杂多样的地形地貌和气候类型使村落的选址和空间格局不尽相同，另外甘肃传统村落在地域空间分布上极为不均，主要集中在陇东南地区，其次是陇中地区。基于区域环境的封闭、地形的险要、交通的不便捷以及社会经济的相对落后等因素，部分传统村落保留了较好的传统风貌。经大量的实地调研发现，甘肃传统村落空间格局大致可分为以下两种类型（表1-6）：

表1-6　甘肃省传统村落空间格局

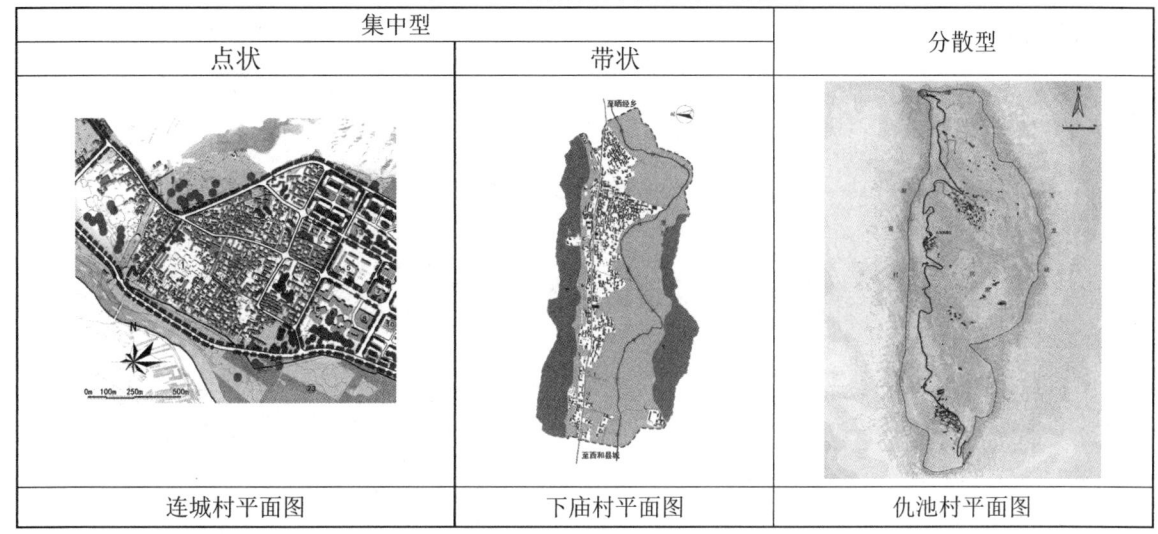

（1）集中型

集中型传统村落可分为点状和带状两种。

点状型传统村落由中心向周边渗透发展，形成层层包围圈，最终形成中心集中、周边松散的村落形态，如兰州市永登县连城镇连城村以鲁土司衙门为中心向周边发展建设。

带状型传统村落沿道路或河流成带状布局，空间格局受地形地貌限制，村落内主街巷与支巷等辅助空间相联系，层层向内渗透，主次街巷空间尺度不同，如陇南市西和县兴隆乡下庙村，村落沿507县道和岐山河东西向发展，民居分布两侧并向外延伸，主街巷空间不但作为主要交通空间也是邻里交往的空间，垂直于主街巷会有支巷向村落内部进行渗透，随着不断的深入，支巷继续细分，最后延伸到宅院前。

（2）分散型

村落由大小形状各不相同的小组团组成，各组团之间由村落内主要道路串联起来，且村落边界清晰，如西和县大桥镇仇池村就属于这种类型。作为曾经的仇池古国，位于仇池山顶的仇池村占地较广，且山顶高差起伏变化，从而形成了多个小小的组团，最终由村内主要道路串联并衔接起来。

甘肃传统村落因其独特的自然环境、气候条件、多民族文化背景而显现出鲜明的地域性特点。传统村落的空间格局和整体布局均受环境、文化等综合制约，街巷空间往往根据山势、地形布局，村落中大多结合佛教庙宇或道观，形成村落活动的重要节点和公共空间。

第二章　陇中地区传统村落

"陇中"一词最早在清末左宗棠给光绪皇帝的奏章中出现,有所谓"陇中苦瘠甲于天下"之称。后来,陇中作为一个地域文化、经济的概念而被广泛使用。陇中又称陇西高原,西至六盘山、陇山,北接秦岭,南邻黄河,是典型的黄土高原地貌,同时也是青藏高原和黄土高原过渡地带,海拔在1 500—3 000米,地形十分复杂,高原、山地、丘陵所占面积广袤,平原面积十分狭小。由于长期经河流冲刷,塬面支离破碎,以沟壑、梁、峁等丘陵地形和山间盆地为主,较大的盆地有临洮盆地、靖远盆地等。陇中地区干旱少雨,属于温带半湿润半干旱气候区,渭河、洮河是区域内主要河流,主要山脉有陇山、鸟鼠山、朱圉山等。

陇中地区属于周秦故地,关陇咽喉,自古胡汉杂居,历史地域文化特色十分鲜明,有著名的大地湾、石岭下、马家窑文化遗址。陇中地区主要包括定西市六县一区,兰州市之榆中县,白银市之会宁县、靖远县,天水市之武山县、甘谷县、秦安县,平凉市之静宁县。这些地方在自然、经济、地理、风俗、语言、宗教等方面,属于一个文化板块,具有很大的相似性和包容性。

第一节 兰州市传统村落

一、西固区河口乡河口村
Hekou village Hekou township Xigu district

河口素有"金城西大门"之称,既是古丝绸之路上的商埠重镇,又是军事上的天然屏障,也是唐蕃古道、东西交通的要冲之地。河口背靠青山、面临黄河,在漫长的历史长河中,勤劳的河口人民在这片古老的土地上挥洒汗水、繁衍生息,留下了军事要塞、交通枢纽、商铺码头等遗迹。

河口历史悠久,早在4500年前,河口地区就处在马家窑、马厂类文化时期,自夏代到汉代初期,河口地区是羌氐月氏、匈奴各民族活动的中心地带,文化的积淀更加彰显了河口历史的厚重(图2-1)。

图 2-1 村落鸟瞰图

1. 村落基本信息

河口村位于兰州市西固区河口乡，庄浪河与黄河交汇处，乡名、村名皆因此而得。河口村南依黄河，与西固区新城镇隔河相望，是全乡最大的行政村，也是乡政府驻地，距兰州市市中心47公里，距西固城24公里。全村共有六个村民小组，总户数850户、总人口2 676人。河口村台地土质优良、地势平坦，是理想的农业生产用地。全村耕地面积1 143亩，人均耕地0.427亩，主要农作物为洋葱、玉米及其他蔬菜等。村内文化室、卫生所、小学等公共服务设施齐全，基础设施完善，交通信息便捷，商业一条街已初步形成规模化，交通运输体系逐步壮大。农民经济来源主要靠农业、务工及第三产业。

2. 村落选址和格局

河口村原名庄河堡，初建于唐代，史称广武，宋称研龙，元明称庄浪河堡。汉魏以来，河口为通往河西走廊、湟水流域的交通孔道，西北有兰州—河口—新疆的通道，西南为兰州—河口—青海的要道，俗有"金城西大门"之称。

河口村漫漫的历史长河中留有其商贾码头、战略要塞、交通枢纽的遗迹，也留有辛店文化、秦汉文化、唐宋文化的痕迹，即在长期的人类活动中留存了多样的文化遗存。

现遗存的古民居、古祠堂、古城墙、牌坊等全部散布于109国道以东、黄河以西、兰海高速公路以南、干沟以北的区域。具体包括古城池、古码头遗址、碑文石刻、四街八巷、四合院、张氏祠堂、清代纱灯等，这些历史文物别具特色，特别是占地1.25平方公里的河口老街区，作为兰州现存较为完整的古民居群之一，具有重要的历史文化价值。

庄河堡东西长300多米、南北宽200多米，并筑有东、西、南、北四门，城墙上可行人跑马，并建有炮楼。城内有东、西、南、北四条街，东西街宽8米、南北街宽4米，街心建有钟鼓楼、卧桥；西街建有功名牌坊、普济寺和方神庙；北街建有贞节牌坊、张氏祠；南街建有张公祠和张氏天二三房祠。南门建有龙王庙，莲花山建有菩萨庙，东门外沿庄浪河建有三盘水磨坊。庄河堡东西有各类门店20多处，设旅店、马车店10多处，普济寺前建有货运码头。城内民居多为四合院，都是明清式样的木雕板装饰。院内按前朱雀、后玄武、左青龙、右白虎结构建房，结构合理，长幼有序很是讲究。1958年，除民宅、祠堂、少量商铺外，其他建筑全部拆除（图2-2）。

青石津古时被称为"鸣雀峡"，它与八盘村隔黄河相望。由于这里山环水抱，地势险要，成为西汉以后横跨黄河最险要、最雄伟的古渡之一。青石津古为军事要扼、丝路锁钥，渡旁战事多起，至明清仍为直达青（海）、新（疆）要津，有"一夫闭关，全渡紧锁"之雄。清文宗咸丰十年（1860年），在渡口背靠的青石峡口处修建了一座宽约20米的青石关门，当地人叫作"关门子"，这个"关门子"在20世纪50年代修兰青铁路时被拆，现在古渡青石津原址上立一形似骆驼的石碑（图2-3）。

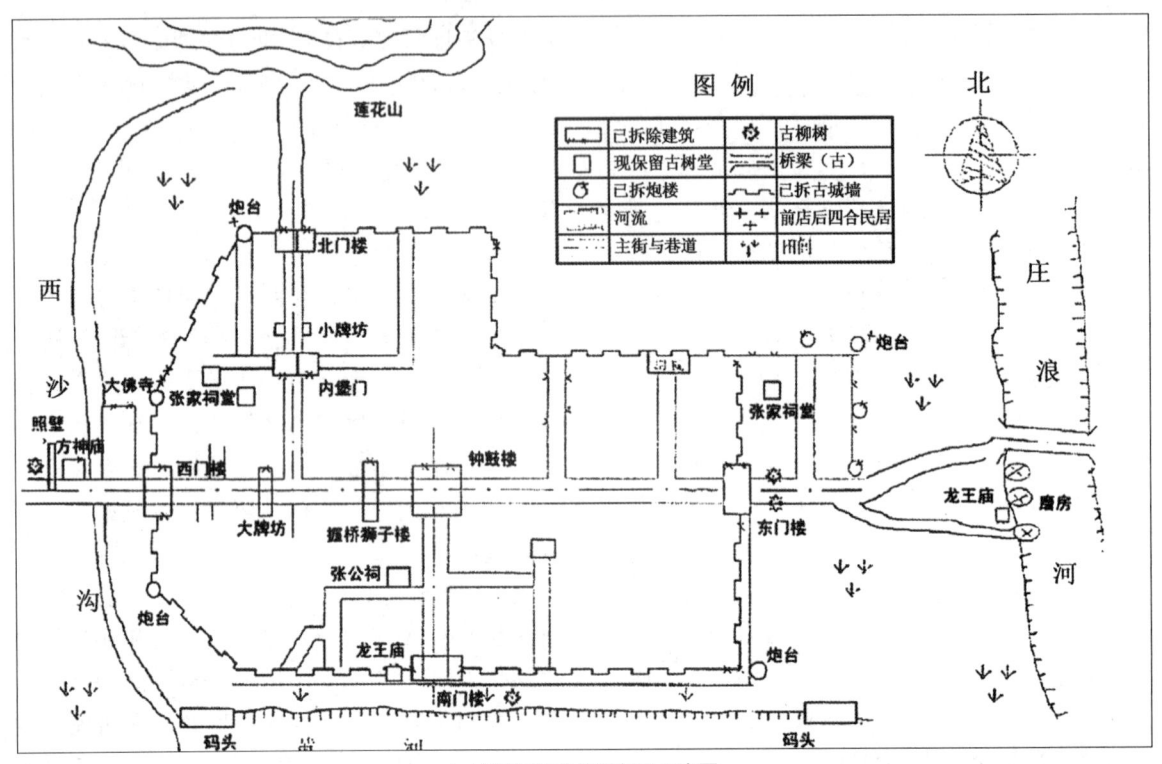

1. 庄河堡街巷格局复原示意图

2. 西城墙炮楼

3. 北城墙东段

图 2-2 选址和格局

1. 青石津遗址

2. 青石关

3. 古树

图 2-3 青石津

3. 传统建筑

经过第二、三次全国文物普查，西固区人民政府公布的第一、二批区级文物保护单位名单中，河口村挂牌保护的古民居、古祠堂、传统商业铺面、驿站等共有40处。另外，遗存至今的古城墙有4处（图2-4）。

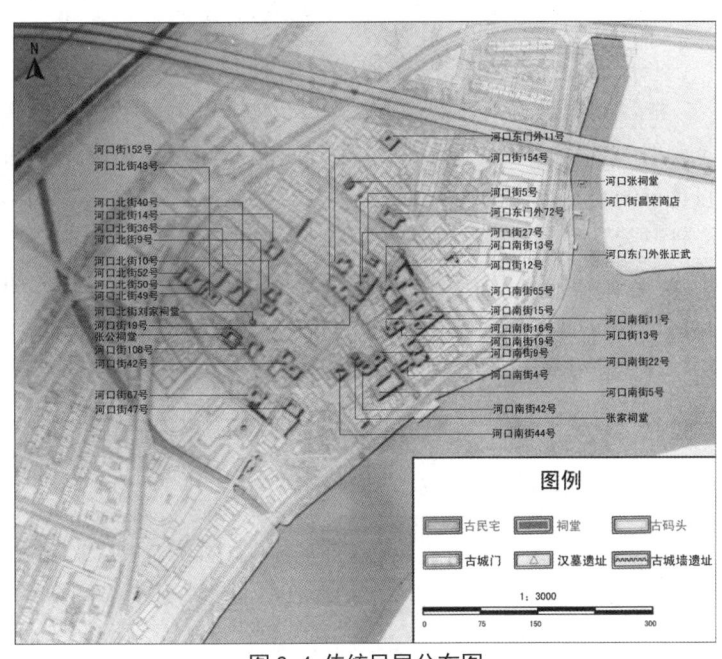

图 2-4 传统民居分布图

(1) 四大城楼和城墙

据村里老人回忆口述，河口东西南城楼为三层建筑，从地平至脊顶19.2米，底层系块石砌筑城门洞，二层和三层殿堂进深2.7米，层高3.6米，长6.3米。城楼四面坡攒尖顶，飞椽斗拱大屋顶，脊顶形似古代将军头盔，另有脊兽，通过脊兽巧妙安装避雷针引地。墙体系青砖，檩柱等皆彩绘，柱为通天抗震柱，门窗系花格雕饰。墙及檩、梁、柱为浅朱红，二层设木楼梯。东城楼刻石匾"庄河堡"，西楼刻石匾"厄要西垂"。东楼塑供"文昌帝君"，南楼塑供"天官地官水官"，西楼塑供"魁星"，北城楼无塑神，只设道教祖师爷"老子"之神牌。

城墙高12米，掩人雉堞（梯形齿状垛口）高1.44米，厚0.44米，梯形城墙顶宽1.64米，殿堂四周皆设人行通道，通道宽1.2米，城墙系红黏土掺白灰筑就。

(2) 街心钟鼓楼

街心钟鼓楼乃河口城标志性建筑，塑供"关圣帝君"。底层为十字通行洞，其北面不通行，设楼梯间连上层，外砌条块石，内夯土筑就。街心钟鼓楼造型与张掖、武威二楼相似，整体规模略小，是单层鼓楼，该钟鼓楼地面至脊顶10.8米，东西向洞口净宽4.8米，垂直高5.9米，南北向洞口净宽4.6米，高5.76米。鼓楼殿堂匾额书写"天地正气"，悬大钟、大鼓各一架，殿堂塑供关圣帝君，周仓、关平分立两边，内壁彩绘《三国演义》中关公的精彩故事。鼓楼南向洞门内竖立石碑三座。

(3) 街心狮子楼与握桥

河口村街心建有狮子楼台2个，握桥跨街坐落其上。其造型与甘肃兰州兴隆山握桥一致，只是规模略小，它是南方园林艺术与大西北楼台艺术建筑的巧妙结合，横向与纵向木斜全部雕刻花鸟并彩绘。

(4) 张公祠

张公祠始建于清末，占地面积为186平方米，东西长12米、南北长15.5米，坐南朝北。现存门楼、东西厢房。新建的大殿建于院落正前方，青砖砌筑，开三拱券门，中门较大，墙体向南突出，拱券门顶上方刻张公祠横额，之上作仿木结构砖雕、垂花柱、花坊及六攒五彩双下昂斗拱等，上承挑檐，两侧门稍小，门侧作砖雕海棠池。东西厢房各三间，明间开门，次间作槛窗。大殿1985年新建，面阔三间，进深两间，歇山顶，前出廊，檐下明间异彩斗拱二攒，次间各是一攒。大殿前东西两侧砌筑券门，券门外估计为原有东西院落。1999年张公祠被公布为区级文物保护单位（图2-5）。

第二章 陇中地区传统村落

1. 大门

2. 大门门头

3. 大门细部

图 2-5 张公祠（1）

4. 正门

6. 正门斗拱

5. 正门细部

7. 西侧门

图 2-5 张公祠（2）

(5) 昌荣商店

建于清代，基本呈长方形，东西 12 米、南北 18 米，占地面积为 216 平方米。店铺面宽四间，进深两间，硬山顶，前出廊，店面由四个双扇玻璃木门组成，店铺内中间由五柱隔为前后两间，前为店面，后为住宅。东房在商店内，面阔两间，进深一间，单坡硬山顶，前出廊。大门为木质结构双扇门，支摘窗，长方形方格镂空。西房两间，单坡硬山顶，前出廊，一间为木门，木条窗，另一间也为木条窗，保存较好。2008 年昌荣商店被公布为区级文物保护单位（图 2-6）。

图 2-6 昌荣商店

(6) 四合院落

河口的四合院与阴阳五行中"九宫八卦图"相得益彰，它渗透"天人合一"之说，大都居乾朝巽或居艮朝坤，俗称"三堂五厦（即厢房）三倒座"，外带耳房小两间，大门、排水口也有严格要求。

标准主房（堂屋）宽 8.44 米，进深 3.92 米，檐高 3.40 米，出檐进深 2.18 米。宅基地长宽比为 3∶2 或 5∶3，呈长方形。

平面高低上要求主房高于侧座，侧座高于厢房，主房置庭中（图 2-7）。

1. 50 号民居北房及家神庙

2. 50 号民居西房

3. 50 号民居炕壁子

4. 47 号民居北房

图 2-7 四合院

(7) 商铺与码头

河口东西南为三条主街，街两边商铺鳞次栉比，贸易繁昌。

河口有码头三处（含八盘一处），加上便捷的陆路交通，故而是商埠中心、交通要冲、文化之乡。县志记载："河口是皋兰的文化之乡""旧时的河口是小金城"。

(8) 牌坊

20世纪60年代前，河口有一大两小三座牌坊（又称牌楼）。

西街牌坊：宏大，乃贤孝牌坊，造型与兰州市五泉山公园门前牌坊相似，规模略小。四柱八斜撑，牌脊为双面坡，除柱与撑为浅朱红，其他均彩绘。

北街牌坊：为烈女英雄纪念牌坊，只有四柱，石座，无斜撑，牌坊西向刻字"执戈达旦"，东向刻字"节比河清"。

4. 非物质文化遗产

社火是群众文化最活跃的一种形式，有浓郁的民俗气息，在锣鼓、秧歌、高跷队伍中，铁芯子是最显眼的艺术。

铁芯子在清乾隆年间，随着商贸从山西、陕西传入兰州，到现在已有200多年的历史。铁芯子，又名"高台戏"，在农村社火中有独特的技艺。它以铁制构件为骨架，按照传统戏剧故事情节，设计造型，安排人物，通过道具的巧妙结合，体现剧情中角色的风采。一台铁芯子可设计二至三层，高四至五米，有二三人组合成一台戏。演员是十一二岁以下的男女小孩，需要其胆大、俊俏、性格活泼。一个社火有三至六台铁芯子，造型壮观。

1926年，西固社火老艺人陈诚才，从兰州"山陕会馆"学来铁芯子制作表演技艺，成为社火中的一大景观，流传至今。其代表作品有《吕布戏貂蝉》《孙悟空盗扇》《断桥》《红梅阁》《赶坡》等。西固"铁芯子"在社火中独树一帜，且根据需要，灵活多变，有20多种。"铁芯子"制作结构简明、安全，在表演中不断改进，容易被人们接受。"铁芯子"所寄托的"祈福""平安"，是老百姓朴素的愿望（图2-8）。

1. 社火中铁芯子表演

2. 双人铁芯子表演

图2-8 铁芯子制作表演技艺

5. 人居环境现状

河口村市政公用设施基本健全，有一座水厂，位于黄河岸边，以黄河地表水为水源。村内自来水入户，排水为明沟排水，无污水处理设施。沿街设垃圾站点，日产日清，统一由村委会拉运到填埋场进行简易填埋。

街巷空间延续了河口村传统布局方式，主街巷呈开放式，有太阳能照明路灯、沥青或水泥路面。街道自然蜿蜒，视线良好，空间尺度宜人，具有一定的可识别性，为日常村民活动的主要区域。支巷多为开放式的土路，入户巷道为尽端式，空间尺度较为狭窄。现存较为完好的传统民居院落无论从技术、艺术、历史研究等方面都具有较高的价值（图2-9）。

图 2-9 民居院落

备注：以上所有河口村图片均源自当地政府

二、永登县连城镇连城村
Liancheng village Liancheng township Yongdeng county

连城是久负盛名的国家级历史文化名镇,她依山傍水、交通便利,矿产丰富、土地平阔,自古农、牧、工、商百业汇集。连城远在新石器时代就有先民繁衍生息,兼以地处甘、青战略要冲,是各民族杂居之地,文化底蕴深厚,历史遗迹众多。连城镇连城村位于甘肃省中部、兰州市西北,东南距兰州市150公里,东北距永登县城60公里,是古丝绸之路重要城镇,唐蕃古道之要冲。优越的自然条件和厚重的历史积淀,将民族的、宗教的、东西方的优秀文化元素融为一体,孕育出连城独特的文化精神。连城村位于连城镇中心,是镇政府所在地,人口绝大多数是汉族,少数有蒙古族、藏族、土族、回族和满族等(图2-10)。

图 2-10 村落鸟瞰图

1. 村落基本信息

村落环境属内陆性气候，黄河二级支流大通河贯穿全境，连城镇西北为祁连山延伸向东南的石质山地，森林茂密，植被较好。其村域面积约为6.89平方公里，村庄占地面积大约1 500亩，户籍人口约为5 300人，常住人口约为4 500人，主要居住民族为汉族，主要以农业、旅游业及劳务输出作为经济来源。该村于2012年12月20日列入第一批中国传统村落。

2. 村落选址和格局

连城镇连城村位于大通河河谷阶地之上，东北与西南两侧均为山地。连城村背倚石屏，西眺笔架，右揽大河，前瞰平川，符合中国传统的风水选址观念，自然景观优美，历史上形成"连城八景"。连城村内东西向街道均有两侧山头作为底景，人居与自然环境融合无间。西侧笔架山，山形优美，是鲁土司衙门与连城村的主要借景要素。连城北侧太平山是城镇的直接屏藩，可俯瞰整个连城及八宝川，是重要的观景点。附近山上植被较差，基本没有林木覆盖。大通河岸高水急，水声依稀可闻。鲁土司衙门周边自然环境保存了典型的西北景观特色，如吐鲁沟国家森林公园，风景优美（图2-11）。

图2-11 村落选址

备注：源自《连城史话》总序 P001

历史上连城村形成了以鲁土司衙门为核心，民居为陪衬，寺观点缀其中的格局。北城墙紧邻衙门北侧，南城墙位置距衙门照壁南100米，西城墙位于现西灯山一线，东城墙位置在今连城镇供销合作社一线。城墙四角四出圆形敌台，东、西、南三面开门，上建城楼。南门外筑瓮城，西向开门。北城墙上建三冠楼。城内东、西灯山相对，之间以街道相连，从鲁土司衙门照壁后绕行，为东西向干道。东西大街北部为鲁土司衙门、官园、妙音寺。寺西为小校场，小校场北侧为道教建筑五神宫。东西大街以南为民居，又以三条街道划分，其东西向两条、南北向一条，开始于鲁土司衙门牌坊东侧。整个连城镇形成三横一纵"王"字形街道格局。城外西南为鲁土司的演兵场，建有演武厅。南门外有山陕会馆，建有戏楼、关帝庙等（图2-12）。

1. 鲁土司衙门建立阶段

2. 以衙门为中心，形成聚集的居民点　　　　3. 公共设施不断完善，形成城镇格局

图2-12 空间格局演变图

3. 传统建筑

(1) 鲁土司衙门旧址

鲁土司衙门旧址位于连城村内北侧。明初，鲁土司始祖脱欢投明后保边有功，朝廷封其为土司，遂治理连城。鲁土司衙门历经数百年的不断扩建和重建，形成了我国土司府第中少有的保存完整的古建筑群，1996年被国务院公布为"第四批全国文物重点保护单位"。鲁土司衙门占地33 000余平方米，有各类建筑226间，建筑面积8 848平方米。主要有衙署、住宅区、花园、妙因寺、小校场等。建筑群由中路衙署、西路妙因寺、东路内宅和东北部花园四部分组成，其建筑群是明清土司衙门建筑的典型代表，西北地区的园林珍品，具有精美的砖雕、彩画和珍贵的壁画，也是藏传佛教的重要例证，还存有丰富的附属文物和珍贵的古树名木。鲁土司衙门是全国仅存四处土司衙门中历史最悠久、规模最庞大、保存最完整的土司庄园建筑群，具有很高的科学、历史和艺术价值，也具有较大的旅游开发潜力（图2-13）。

2. 大门

3. 德尔经堂

4. 彩绘

1. 牌坊

5. 建筑细部

图2-13 鲁土司衙门旧址

(2) 雷坛

位于连城旧城北城墙外的村社之中，属道教龙门派的雷部尊神之庙。原占地1 617平方米，古建筑有大殿、过殿、山门、房舍等，古建筑和前面花园共同组成一个"雷"字。现占地240平方米，古建筑仅存大殿和过殿。大殿建筑结构特殊，檐下施斗拱18攒，拱眼绘18尊龙门派传人画像。

供奉道教雷部尊神的雷坛，是研究鲁土司及地方宗教文化的重要遗存资料，其雕塑壁画称得上西北地方早期道教雕塑和壁画的佼佼者，是道教艺术研究中的奇葩，其大木建筑也是研究西北甘青地方建筑工艺的珍贵实物，具有极高的历史和文化价值。

雷坛于1985年被县政府公布为县级文物保护单位。2006年6月由国务院公布为全国重点文物保护单位，并入鲁土司衙门旧址（图2-14）。

(3) 石尕石达寺

位于连城西北两公里处的石屏山上。藏传佛教寺院，原名"却石尕林"，意为妙喜禅院。因建在石山上，故俗称"石尕石达寺"，又因其附近山形似佛教圣地五台山，故亦名"小五台"。明永乐年间，在三世土司鲁贤大力赞助下，格鲁派大师鲁木桑木丹又广为修建，在山峰上建造起五台佛殿。南峰（二台）有三宝殿，中峰（三台）有弥勒殿，西峰（四台）有普贤殿，北峰（五台）有观音殿，东峰（八台）有文殊殿。清代，五世达赖阿旺罗桑嘉措、六世达赖仓央嘉措（化名阿旺曲扎坚措）、七世达赖图多尖措、二世嘉木洋居冕汪波以及黄教大师夏尔格登坚措、扎公曲吉多吉、普公尼玛让夏尔等曾到此修行。据传留下了极乐金刚洞、焕公洞、神仙洞、神仙桥等胜迹。每逢农历四月初八浴佛节，前来寺内观光朝拜者络绎不绝，商贩云集，摆摊设点，门庭若市（图2-15）。

图2-14 雷坛

图2-15 石尕石达寺

备注：源自《连城史话》序二 P004

(4) 玄真观

位于连城北，占地 15 000 平方米，始建于弘治七年（公元 1494 年），为五世土司鲁麟所建，之后又经过扩建和修葺。主体建筑有网斗式牌坊，上悬"勃赐玄真观"匾额，下立一高 3.6 米、宽 1.2 米的石碑，后有五岳楼建于月台拱门上，从拱门可通内院，门旁砖墩上刻有"万神朝元府地，诸圣接驾洞天"的对联，左右分别是钟鼓楼，往后是无量殿，殿的东侧为太岁殿，西侧为城隍殿。无量殿后为玉皇楼，院中有座两米多高的鼎炉，上有铭文，工艺精巧，后有一米多高的台阶，台中为关公殿，左右是八仙楼和药王殿，关公殿后有斗母宫，宫后大院建八卦亭，最后是三清殿（图 2-16）。

4. 非物质文化遗产

(1) 四月初八浴佛节

每年的农历四月初八，相传是佛陀释迦牟尼的诞辰之日，届时连城妙音寺、"石尕 石达 寺"都举行重大的佛事活动，连城四周群众不约而同地赶来，或登山拜佛，或旅游观光，或赶会购物，或谈情说爱。几百年下来，如今每年四月初八已形成了一个集各种功能于一身的大型节会。从四月初一开始，各地商贾陆续赶到连城来做生意，摆地摊的、开饭馆的、唱戏的、耍杂的，还有卖衣服鞋帽的，卖各种农具铁器的，还有剃头的、打拳的、钉马掌的，真是应有尽有，热闹非凡。浴佛节于四月初七、初八达到高潮，街上人山人海、摩肩接踵，绵延数公里。至四月十五，人群逐渐散尽，连城人三五成群相约登山，或拜佛或观光，或入林中歌唱，又是热闹非凡的一天（图 2-17）。

图 2-16 玄真观
备注：源自《连城史话》P151

(2) 妙音寺跳禅

清康熙四十四年（公元 1705 年），西藏第巴（官名）桑结嘉措与蒙古王拉藏汗发生争斗，结果桑结嘉措被俘处死，拉藏汗诬陷六世达赖仓央嘉措为桑结嘉措所扶立假达赖。康熙四十五年，仓央嘉措在"押解"北京途中逃脱，化名阿旺曲扎坚措，流落到连城。妙音寺活佛鲁家勘布仓认识仓央嘉措，相见后勘布向僧众宣布阿旺曲扎坚措为西藏的达宝佛。仓央嘉措在连城生活了 15 年，于康熙六十年去了应吉让寺（石门寺）。仓央嘉措为妙音寺创建了神变法会，教授黑帽跳神、制定僧规、讲授经文,并于清雍正五年（公元 1727 年）为妙音寺撰写了《白莲妙树寺志》。相传每年正月初二至初九的跳禅活动就是仓央嘉措所创。

每年正月初二至初九，妙音寺活佛鲁家勘布仓带领东大寺、西大寺、古城寺、天堂寺的小活佛和僧众百余人，每日举行各种佛事活动，至初八、初九两日僧众从妙音寺头戴面具身着盛装出发，入东南侧门，经衙门大堂到六扇门前"跳禅"，俗称"白娃娃跳禅"。届时观者如云，游人如织，商贾齐集，热闹非凡，此会于1958年宗教改革时被迫停止。现遇重大佛事活动时会举行表演（图2-18）。

（3）永登舞狮

永登全县所有社火队中都有精彩的舞狮表演，特别是连城村社火队，社火队伍中春官（俗称说春人）之后的舞狮，是第一个表演节目。舞狮有软硬之分，现在流行多为软狮子，软狮子由两人表演，一人舞头，一人垫尾，引狮人手持绣球玩出精彩的拳路，狮子随铿锵的鼓点起舞，腾、挪、跃、扑、卧、嬉等动作，刚健有力，展现了狮子威猛的形象。舞狮一般为一双，另有小狮子一双，小狮子由小孩一个顶着，跟在大狮子后面嬉闹、打滚，展现活泼可爱的形象。舞狮表演中还有私自上桌子、爬高架等惊险动作，让人叫绝。永登狮子表演历史悠久，广为流传，每年春节社火队中硬狮子为头阵，引狮人手拿绣球挥舞各种拳路动作，引领硬狮子进行活灵活现的表演。狮子作为吉祥物，引得人们纷纷观看，并抱着孩子从狮子身下穿过，祈平安祛灾祸（图2-19）。

5. 人居环境现状

连城村被公布为中国历史文化名镇名村后，得到了各方面的支持，如世界银行的贷款项目，在连城村投资约2 800万元的经费，用于改善村落居民的自然环境和居住条件，完善给水、排水、道路、垃圾处理等公共设施和环境卫生设施，保护古民居、修缮文物古迹，建立健全文化旅游项目。目前，该项目正在实施过程中（图2-20）。

图 2-17 浴佛节

图 2-18 浴佛节跳禅

图 2-19 舞狮

图 2-20 排水渠

备注：图2-17源自https://baike.baidu.com/item/石屏山尕达寺；图2-18源自连城镇政府；图2-19源自http://www.gs.xinhuanet.com/2016-02/22/c_1118121454_5.htm

附：连城村非物质文化登记表

连城的官方与民间社火	起源于元末明初，先由土司衙门官方出钱招选人马，仿京城社火演练而成。官方社火以龙为主，明代中后期，社火在原有基础上丰富了形式及内容，也出乡演出。连城的社火与节日文化历史悠久，富有特色，对城乡文化的发展繁荣发挥着不可替代的作用	 
连城的社火和秦腔	据考证最迟始于清代，以踩高跷（分低跷和高高跷，装戏剧脸谱和身子）与唱大戏——秦腔闻名四方。"文革"期间，古典戏停演，取而代之的是"样板戏"。现在，因人们生活水平的提高，古典和现代戏剧被淡忘，无人问津了	 
连城的元宵节	连城的正月十五，可谓灯景壮丽，灯火辉煌。尤其在明、清及民国时期兴盛。清早人们起来到各寺观和娘娘庙供灯上香。社火队走街串巷，登门入户又去表演。全城沸腾，盛况空前。晚上，点灯上香，主房、大门外再挂上灯笼，还有在院中载高杆燃"天灯"者。于是出现了"九陌连灯影，千门度丹华"的节日奇观	
牛站三月初七青苗会	农历三月初七日原是牛站菩萨庙九天圣母的圣诞节，1985年易名为青苗节。期间，村上出资请外地戏班公演三两天。还有要猴的、演皮影戏的、放洋片的、小杂耍等赶会助兴。节会成了虔诚膜拜、旅游观光、物资交流、繁荣经济、丰富文化、探亲访友为一体的盛会	
"普净水"顺心"放禄马""坐嘛尼诸斋"	三月初六，妙因寺有普净水的寺俗，献给佛前的净水通过诵经（十遍献一次、散一会）变成圣水方能饮用，起到消灾、免疫、化食的作用。民间为避免晦气，时来运转，印制了宝马等瑞兽的各色方形小纸片，称为禄马。农历三月二十八，妙因寺有"坐嘛尼"闭斋的寺俗。此俗起落三天	 

续表

四月初八初九"普渡会"古隆官殿·圣诞节 盂兰盆会	中间有"四月八"碌挞寺浴佛节，其普渡会在寺院里的香火显得异常兴盛。农历八月二十为妙因寺古隆官殿的圣诞节。届时主要以"献牲"为主，虔心者点灯上香，祈祷还愿，将所许之愿应验之后来此敬献。盂兰盆会是旧时每逢农历七月十五，佛教徒为超度祖先之灵所举行的仪式，有斋僧、拜忏、放焰口等活动	
连城渡船制作工艺	木船是河上重要的交通工具。选好摆渡点后，先建码头，即在河东西岸筑石墩，墩中立有两柱，柱间横搭一根结实圆木。 （1）船的制作：地点在河沿边，用上好的杂木作为材料，船身形似月牙； （2）船绳的制作：选在三四百米笔直道路上，材料用大麻麻皮	
连城马鞍子制作工艺	马鞍子由两块鞍板和前后两个鞍桥组成。砍鞍子之前要先上山选好"丫"状的桦树叉和叉状树根，回来截选出荒料，也就是鞍桥，再挑出几块适合做鞍板和鞍桥的料，然后再用不同的锛子精心砍制。完成后，将各部分卯到一起，再严缝、化水胶黏合。连城马鞍子一般有4种样式：元宝鞍、哈达哈鞍、大三元鞍和小三元鞍。元宝鞍做出来像个元宝样	
连城民俗乡风之婚娶、生老病死	汉族婚俗（父母之命，媒妁之言）、生日、本年、贺寿礼俗、婚后孕育之俗、洗三之俗、满月·过百天之俗、周岁抓周之俗、十二贱生之俗、六十一岁花甲寿辰等	

三、榆中县青城镇城河村
Chenghe village Qingcheng township Yuzhong county

　　黄河水岸、百年老街、青石铺街、雕梁画栋……被誉为"风雅之地"的青城城河村，位于榆中县北部的崇兰山下。这里地势南高北低，海拔 1 450 米，地形呈狭长形，黄河流经北部，属典型的黄河谷地，气候温和，水源丰富，适宜种植瓜果蔬菜，尤其以盛产绿烟闻名。城河村自古以来经济发达，借助黄河水运，成为兰州通往北方的交通要道和商品集散地。尤其令人称道的是，由于古老悠长的历史而积淀的丰厚传统文化，使青城镇成为黄河上游独具特色的一块风水宝地。在保留着诸多明清建筑的街巷里穿行，令人有种回到了长袍短褂时代的错觉（图2-21）。

图 2-21　村落鸟瞰图

1. 村落基本信息

城河村属河谷型村落，在明代之前就已形成，其村域面积约为0.66平方公里，村庄占地面积大约95.4亩，户籍人口约为1800人，常住人口约为1940人，主要居住民族为汉族。主导产业为种植业和养殖业。

2. 村落选址和格局

城河村也称为一条城。根据历史记载：一条城堡本名龙沟堡，因为堡在龙沟之口。按《甘肃通志》《兰州府志》、皋兰榆中旧县志记载：一条城为宋仁宗年间狄青擢秦州刺史巡边时所筑。当时，狄青为秦州刺史，巡边至定远，因龙沟堡为龛谷（榆中旧称）之要隘而增筑旧堡，以资震慑。旧堡约二里许，而新城约三里余，系接续延长。中城门楼即旧堡东门，当地人呼以东为新城，以西为旧城，东西长、南北狭，故名一条城。因为狄青所筑，为纪念他，后来便叫作青城（图2-22）。

3. 传统建筑

行走在城河村中，两边为青砖古墙，路面为青石板的街巷整洁幽静。历史古建筑及其内的陈设古色古香，庄重雅致，建筑物上的砖木雕刻栩栩如生，图案寓意深刻。村民居住的四合院安逸祥和，各式古门楼古朴典雅。

（1）青城隍庙

始建于宋仁宗宝元年间（公元1038—1039年），初为秦州刺史狄青的议事厅，故称"狄青府"。

图2-22 村落山水格局图

当时，西夏王赵元昊叛乱，龙沟堡（唐时在青城所建的城堡，民间俗称旧城）为龛谷（今榆中）之要塞，时任秦州刺史的狄青为防止西夏兵入侵，凭借天然的防御工事——黄河，在原旧城的基础上增筑了新城，并设立了议事厅（即今城隍庙）。隍庙坐南朝北，整个建筑南北方向呈"王"字形，东西两面相互对称。整个城隍庙占地面积1000平方米，由山门、戏楼、廊坊、陪殿、钟（左）鼓（右）楼、厢房、献殿、大殿、寝宫、皋金二县城隍配殿、土地祠、子孙宫等建筑物组成。

隍庙的建筑风格体现了我国古代建筑的高超艺术和不朽智慧，是古代建筑艺术的缩影。山门属挑檐式卧格结构（也属于歇山式结构）。戏楼、献殿等均属卷棚式歇山结构，大殿属大屋脊式歇山结构，寝宫属硬山一坡水结构。整个建筑群布局合理，构造严谨（图2-23）。

1992年，青城隍庙被列为县级文物保护单位。

1. 入口

2. 戏楼

图 2-23 隍庙

(2) 青城书院

始建于清道光十一年（公元 1831 年），由当时皋、金二县的绅士李恺德、顾名、张锦芳、刘世保、高鸣桂等人倡捐公建，是当时兰州地区的六大书院之一。清光绪三十年（公元 1904 年）青城书院改名为"皋榆联立高等学堂"，1931 年更名为"皋榆联立青城小学校"，1938 年，又更名为"榆中县青城小学"。整个书院坐北朝南，面对崇兰山和普济阁，形如长条，分为前院、中院、后院三院，共有房屋 33 间。书院山门两侧有一对抱鼓石，上面图案栩栩如生，一面为天马行空，一面为犀牛望月。书院山门内过厅正中悬挂有太学生、著名书法家李公善题写的"青城书院"匾额一块（图 2-24）。

1993 年，青城书院被列为县级文物保护单位。

1. 大门

2. "五子登科"砖雕

图 2-24 青城书院

(3) 青城高氏祠堂

始建于清乾隆五十年（公元1785年），由青城绅士高秉信发起修建。在祠堂没有修建之前，这个地方是一条城高氏祖先的坟院。高氏祠堂坐南朝北，由正厅、墓门、福堂三部分组成。整个高氏祠堂是一种明清时代独有的悬山式建筑，一层一层，逐层增高，意味着子孙后辈步步高升。正厅保存完整，由山门、前过厅、后过厅组成。前过厅建筑风格依旧是卷棚式歇山结构。两侧墙壁上原来曾有高炳辰所书写的《朱子家训》。左边墙上的砖雕画为"高柴求学"（高柴系孔子72得意门生之一，生性耿直，勤学）。以此教育高氏子弟要勤奋读书，学业有成。右边墙上为"大舜耕田"（舜，古代帝王），教育高氏族人要像大舜那样忠厚孝道。院中青砖铺地，就是希望高氏的子孙后代能够平步青云。

过厅为大屋脊式歇山结构，中间悬挂着咸丰帝御赐给高鸿儒的"进士"匾额（高鸿儒，青城城河村人，为咸丰癸丑科进士），此厅与两厢相连，不仅建筑独特，而且寓意深刻，要求后人要互相扶持，共同进步。高氏祠堂的门庭柱数为9，9为数字中最大。在青城，祠堂用9根柱子的只有高氏祠堂，寓意子孙后代可上得庙堂，位极人臣。也许是冥冥之中早有安排，高氏子孙在清代就有1名进士、2名文举、6名武举、17名贡生。明代大移民对青城地方经济的发展具有十分重要的作用，其中以家族群体为主的团体定居青城后，生息繁衍，代代相传，逐渐形成了以宗族为核心的家族文化，它为延续本族历史，继承各辈道德传统，增进家族的团结和凝聚力，有不可低估的作用，高氏祠堂便是其中的代表之一（图2-25）。

2003年，青城高氏祠堂被列为省级文物保护单位。

图2-25 高氏祠堂正殿

(4) 罗家大院

由青城四大水烟坊之一的"永顺成"老板罗希周建于民国十六年（公元1927年），整座院落坐北向南，占地面积406平方米。罗家大院是由罗希周和他的几位通晓天文地理的朋友采用阴阳八卦的方法联合设计而成的，建筑所用的木料则是从兰州用排筏由水路运至青城。罗家大院属三堂五厦结构，即上、下堂屋各三间，东、西厦房各五间，上堂屋两边各有一间耳房，下堂屋左边也有一间耳房。西厦房后面是花园，是供罗家人赏花休闲的场所，上堂屋后面是后道，是停放马车和堆放杂物的地方，东厦房后面是走道，与后道相通，走道的东边是罗家的水烟作坊。罗家大院由四道门组成，第一道门是车门，与走道相连，第二道门是通往四合院的砖雕门楼，西门和东门分别是通往花园和水烟作坊的通道。整个罗家大院设计合理，古朴典雅，做工精细，具有山西四合院的建筑风格。上堂屋一般是长辈的起居室,也是用来招待客人和供奉祖先牌位的地方,下堂屋和两边的厢房是儿子、儿媳及佣人居住的地方(图2-26)。

2003年,罗家大院被列为县级文物保护单位。

4. 非物质文化遗产

今天的青城人仍然为青城的历史而自豪,这主要表现在他们对自己文化的广泛认同上。不了解青城的历史,也许就不会了解青城人今天的文化情怀。若是在重大节日与青城邂逅,那会被其丰富浓郁的民俗活动所吸引。婉转悠扬的青城小调、铿锵豪放的大秦之音、说唱调侃的眉户剧将会在耳际缭绕,使人精神焕发,忘却烦恼。此外,还能欣赏到豪放洒脱的英雄武鼓、玄妙惊险的道石狮子、青城"抬子"、青城高跷以及高超的剪纸、刺绣等民间工艺表演,领悟到庄重盛大的"城隍出府"等活动中所渗透的人生哲理。在民俗馆里,触摸或转动各式农具,还可以感受农耕文化的博大精深,被黄河儿女的勤劳与智慧所感动。

(1) 青城小调

青城小调又称为"西厢小调""青城小曲",产生于清朝光绪年间,距今约120多年,演唱形式类似于西北广为流传的"眉户小曲",在调名和唱腔上与眉户小曲和兰州鼓子有相近之处,但又不完全相同。在演唱时有唱腔、道白、动作表演。同时有文武乐队伴奏,文场以三弦为主,附乐为板胡、二胡、扬琴等,武场有板鼓、梆子、小锣、撞铃等。青城小调演唱时演员随着音乐的节奏不断扭动,唱腔采用青城方言,扭动以秧歌中的十字步为基准,是一种扭唱相附和形式的小型戏曲,广泛流传于古条城地区,深受广大老百姓的喜爱,是古今文化活动的主要内容之一(图2-27)。

青城小调是由清末地方戏曲艺人张晓霞、李仁友等前辈共同编创的,他们广泛采用了民间流传的各种戏曲的曲牌,创编了24个曲调(现今在

图2-26 罗家大院正房

图2-27 青城小调演出

挖掘中开发为35个曲调），并编写了二十七折剧本。古曲调名分别为：阶州调、越调、风筝调、太平调、河南调等调。由于西厢小调植根于各种民间戏曲的基础之上，并吸收了各剧调的精华，所以其音乐、唱腔优美动听、曲折婉转，音调适中、顺口宜唱。西厢小调剧本情节较短，角色较少，容易排演，适合青少年演唱。

"西厢小调"创立之初是根据金代董解元的《西厢记》诸宫调，元代王实甫的杂剧《西厢记》等唱本改变了八折《西厢记》进行演唱，由此定名为"西厢小调"。其他的十九折内容为民间爱情故事、地方传说等，如《富贵图》《写扇》《渔舟》等。

(2) 道台狮子

道台狮子是在同治年间由山东艺人传入青城的。清同治十一年（公元1873年），有一伙山东籍艺人，在省城院门（今兰州市委门前广场）搭起柴山玩狮子，在表演时身穿红色衣裤，头戴纸壳猴相面具，一不小心从柴山顶部跌到广场中央旗斗内，负责治安的官员恐其技艺高超惹出事非，将这些演艺人逐出兰州。他们连夜乘竹筏，顺水而下流落到一条城，住在长寿巷，与该巷练武同行飞腿张三、铁臂刘元、铁爪李二以及滕万和等结为朋友。一来二去将其玩狮技艺传给了他们，并把玩狮道具留在长寿巷，遂后回了山东。事隔几年后，有位姓张的道台流落青城，对玩狮极为感兴趣，他听到人们的描述后就出资组织人员，深造技艺，依其套路创新规范，舞狮者技艺逐年提高，且代代相传。后人为了纪念张道台的功德，便将这种玩法的狮子称为"道台狮子"（图2-28）。

图 2-28 道台狮子演出

道台狮子的角色有猴子、猩猩（俗称傻娃子）和狮子。猴子穿红上衣、红裤子，腰间系黄带子；猩猩反穿皮褂子，下穿绿裤子。猴子和猩猩所戴面具用纸锦制成，造型别致、形态自如、天然成趣、栩栩如生，现今所存的系本地工匠艺人所做。狮子皮（由二人顶）原物还在，其头用竹子扎制而成，玲珑轻妙、别具风韵。表演时猴子拿棍棒，猩猩手拿拂尘与蒲扇。

道台狮子有四种表演方式，包括柴山、一字大板桥、翻天印和五篡梅，其中柴山和一字大板桥、翻天印和五篡梅分别结合表演。

道台狮子传入青城后，得到了地方武术行人的不断完善，标准提高，套路新增，成为突出地方特色的本土文化。在150余年来涌现出了不少的爱好者、支持者，以及演艺名人，他们推动了道台狮子在青城的进一步发展。

在每年春节的正月十五和十六两天分别表演柴山和翻天印，来自上下峡口、南北二山，甚至靖远的观众将街道挤得水泄不通，整个青城街上，男女老幼，人山人海。20世纪60年代，受"文化大革命"的影响，道台狮子逼迫停演。现得到传承与发展，是过年及其他重大节日必备的表演节目。

2007年道台狮子被列为甘肃省级非物质文化遗产。

（3）水烟制作工艺

薽叶芸香草传入一条城的前期，人们只是将它作为一般烟草进行种植，吸食时，将烟叶晾晒干后弄碎，然后用烟锅抽吸。经过多年的种植及不断的探索研究，到了明末清初，聪明的古条城人在平凡中创造出不凡，造就奇迹。他们将旱烟叶配料加工，用手压块推丝，制成最早的水烟。遂后，人们又制成了用水过滤进行抽吸的烟具，即水烟瓶。自从有了水烟瓶，配料加工制成的烟丝才成了名副其实的水烟，烟草的发展进入新时期。但当时限于各方面的条件，加工制作仅限于一些私人水烟坊，其工艺落后、操作简单、品种单一、产量低下，再加上运输困难而难以形成规模，只是在本省临近地区销售。但它为水烟的发展奠定了基础，孕育了水烟未来的辉煌。

清朝康熙之后的100多年间，一条城人口迅速增长，耕地不断扩展，水利设施不断完善，沿河两岸兴建水车29轮，并开挖由一条城城河一带流向东滩的自流灌溉大渠一条，名曰："普泽渠"。那时，风调雨顺、社会兴旺、人民安居乐业，一条城的建筑业、商贸业、手工制造业，特别是水烟加工业，像雨后春笋一样发展起来。

水烟的迅速发展原因有三：

第一，一条城一带的气候、土质特别适合种植旱烟叶；

第二，开辟水路、陆路，交通发达起来；

第三，当时种植水烟有利可图，前景辉煌。

于是，人们纷纷种植，一条城一带便成了烟草的主要产地。继之而起的是水烟的加工制作也进入全新期、成熟期。水烟制作工艺精湛，配料讲究，品种多样，产量剧增。加工过程工序繁多，不再是晾干弄碎，烟锅抽吸，而是根据步骤严密进行。否则，不是变色，就是变味，造成色泽不鲜，味霉苦涩，难以抽吸而前功尽弃的局面，那样损失就大了。据往昔从事水烟加工的老烟匠介绍，青城的水烟加工要求极为严格：首先要抽去叶片上的柄脉，再根据叶片厚薄、色泽黄绿分为黄烟、青烟（绿烟）、棉烟、麻烟等不同的等级。

这项工作主要由妇女们手工完成，一二百人不畏严寒，自带棉垫，坐于场中烟码两旁，箩儿、筛儿、簸箕点缀其间，欢声笑语此起彼伏，寒冷冻不住人们的热情，劳动的快乐洋溢在场中，这是在撕烟筋子、拣黄烟。接下来是配料、压制、切丝、装箱，依次烫束子、压捆子、推丝子、装把子。配料时，先将中国古槐籽即将开未开的花苞晒干，磨碎并下锅加热，熬成绿色稀糊状，再拌以紫葵花末，加入适量的盐、矾，配拌以香草、薄荷、白芷、姜黄、苍术、麝香、藿香、光丹（一种颜料）等二十多种香料和名贵中药材，然后将这种混合物均匀地掺入石膏粉末中即成。最后用加温植物油和水喷洒烟叶，使其湿润，再拌入"末子"即成。"末子"主要起染色、久贮防止烟丝枯结的作用。再下来就是将配好材料的烟叶盛入模壳，挤压成数百斤或成千金的烟捆，即压捆子，然后用刨子或特制的推拨将黄烟、青烟推削成极整齐的烟丝，将棉烟揉搓如牛毛状，故又叫"牛毛丝"。麻烟加工极为粗糙，因为它是最末等的水烟，比它好的是棉烟，最优等的水烟是黄烟、青烟。最后将推削好的水烟丝装入模匣中，再制成烟片。装匣子乃手工活，对装烟师傅的攥把准头要求极高，一般是100斤烟捆误差只是上下半斤，然后将烟片包装成箱（图2-29）。

1. 水烟捆

2. 制作

图2-29 水烟

5. 人居环境现状

城河村北靠黄河，东临新民村，南靠崇兰山，西接青城村。温室大棚较多，反季节的蔬菜已成为青城村的支柱产业。城河村根据历史建筑遗存的环境状况，镇村结合，采取适当措施，加快制定保护措施，坚决制止了各种损毁现象和乱拆乱建现象，保存了古村格局风貌和传统色彩。近几年来，村委会通过各种方式共筹集资金20余万元，硬化了村社道路2.5公里，青石板铺装了0.5公里，使全村80%的道路得到了硬化。全村村民已全部用上安全、达标的自来水，提高了村民的生活质量。污水和雨水管道已铺设到每户村民门口,污水经已铺设好的管道直接排到污水处理厂进行集中处理,方便了村民的生活污水处理,且极大地改善了环境。在人居比较密集的地方设置了垃圾箱,杜绝了街巷内脏乱差的现象,改善了村庄的环境(图2-30)。

1. 普泽渠

2. 村内道路

图 2-30 人居环境

四、榆中县金崖镇永丰村
Yongfeng village Jinya township Yuzhong county

该村落位于兰州市榆中县，属于河谷川地带，有苑川河流过，是古丝绸之路的交通要道，早在新石器时代就有人定居于此，传统建筑保护较差，废弃、遗弃、大规模改建较为严重。现存传统建筑分散，遗留传统建筑数量较少，保护难度较大（图2-31）。

图 2-31 村落鸟瞰图

1. 村落基本信息

永丰村位于榆中川西部，苑川河中下游，距县城 25 公里、兰州 16 公里，西邻金崖镇区，东邻梁家湾村，地势北高南低，地形复杂多样，地貌奇特壮美。县道 138（原丝绸古道）从村口经过，国道 309 绕村而过，交通十分便捷。

永丰村村域面积约为 7.1 平方公里，村庄占地面积大约 434 亩，户籍人口约为 2 162 人，常住人口约为 2000 人。永丰村水源充足、田地肥沃，蔬菜粮食及水烟等农副产品丰富。

该村已列入省级历史文化名村、省级特色景观旅游名村，入选第四批中国传统村落。

2. 村落选址和格局

永丰村南至苑川河、西至巴石沟、北至永丰村、西邻梁家湾村，由南部苑川河流域川塬区和北部黄土高原丘陵区构成。

现存村落布局背山面水，背靠北山、面朝苑川河，与金崖镇隔巴石沟相望。永丰村与金崖镇主要居民均姓金，明朝中后期（公元1488年前后），金氏始祖藏海公的第十五世孙金黄府，由金家崖跨过巴石沟至寺背后耕作，因巴石沟山洪等原因造成往返不便，就修建了金家崖的东庄，后逐步分流定居形成村子——永丰堡，由于村子在弥陀寺的背后，又得名寺背后。

永丰堡大约修建于1820年前后，为了防匪防盗，城墙用约 1 米厚、10 米高的夯土筑成，与堡内建筑外墙连为一体，堡子原长 168 米（南北），宽约 150 米（东西），仅在堡内两条大街南端开设两个城门，后为了生产方便，在东街北端又开了一个门。

永丰堡内规划严谨，以东西两条大街为骨架，形成东西两个庄子，东侧大庄子大街宽 6 米，东西设计了四条宽 2 米、长 40 米的巷道，每条巷道内各有四个院落，两两相对。西侧小庄子，由于地形原因，比大庄子要小些，西大街较窄、较短，东侧没有巷子，七个宅子从南到北依次分布在街旁，西侧有三条小巷道。第一条和第三条巷道内各有四个院落，第二条巷道内有两个院落。由于地理位置优越，水源充足，交通便利，村子遂迅速发展。

经过 500 多年的发展，形成以永丰堡原址为核心，北侧山坡及东侧水烟作坊分别为两翼组团的布局形式。随着人口的增长及水烟产业的发展，永丰堡沿县道 S138（古丝绸之路）向东发展，形成新的聚落点，20 世纪 70 年代又在山坡上修建了新的聚落点，成行列式排列。

永丰堡又名寺背后，是由于其建设于弥陀寺背后而得名，弥陀寺始建于唐贞观十五年（公元641年）。当年为了迎接文成公主进藏，苑川河下游地区建设了许多寺庙，弥陀寺便为其中的一座。后弥陀寺毁于同治年间的一场大火，重建之后又毁于"文革"浩劫。今弥陀寺建于2013年，在原选址上重修了大雄宝殿（图 2-32）。

3. 传统建筑

永丰是一个具有浓郁历史文化底蕴的古村落，传统民居院落主要连片分布于永丰堡内，传统建筑造型古朴美观、结构形式丰富多变。现存最早建筑修建于1820年左右，多数传统建筑集中修建于清朝末年及民国，现有省级文保点 3 处，历史文化建筑 15 处，多为四合院布局，以土木结构为主体，中轴线对称布局，天井宽畅明亮。

永丰村传统民居具有兰州四合院的典型特征，以三堂三厦居多，也存在三堂五厦、五堂五厦等形式，此外在堂屋与厦房拐角处建角房，一般作为厨房、卫生间及杂物间等辅助功能使用。建筑材料以土、木、石、砖混合，采用夯土或土坯作为维护结构，房屋主体结构采用木材，使用石头或者卵石作为墙脚或地基，砖主要适用于墙体下部、影壁、地面铺装及屋顶（图2-33）。

永丰村传统民居屋顶较少使用筒瓦，以方砖平铺屋面，局部使用滴水瓦。屋顶为坡屋顶，多为单坡或者大小坡，屋顶坡度较为平缓。

1. 城墙

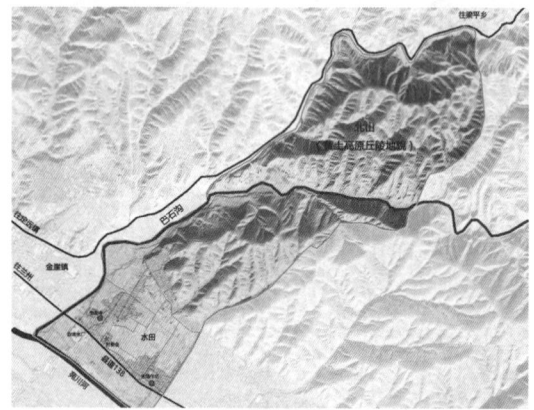

2. 村落选址格局

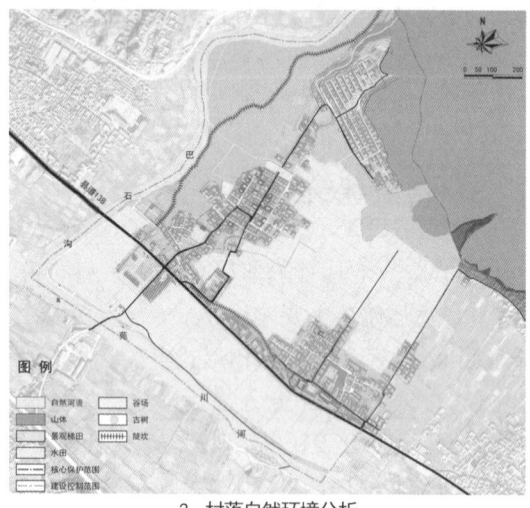

3. 村落自然环境分析

图2-32 村落概况

图2-33 传统建筑分布

（1）金造家祠

金造家祠属省级文保单位，于清光绪十九年（1893年）由金造修建（金造系清末总兵建威将军金永清之次子）。原有门楼3间、东西厢房各7间、过厅3间、大殿3间。现仅存门楼3间，系三架梁结构建筑，雕梁画栋，极为精巧。屋内中檩楷书"协镇甘肃永昌等处地方副将金造创修，光绪癸卯禩月吉旦候铨主簿五品军功金旭、金运督工"字样（图2-34）。

第二章 陇中地区传统村落

1. 屋檐

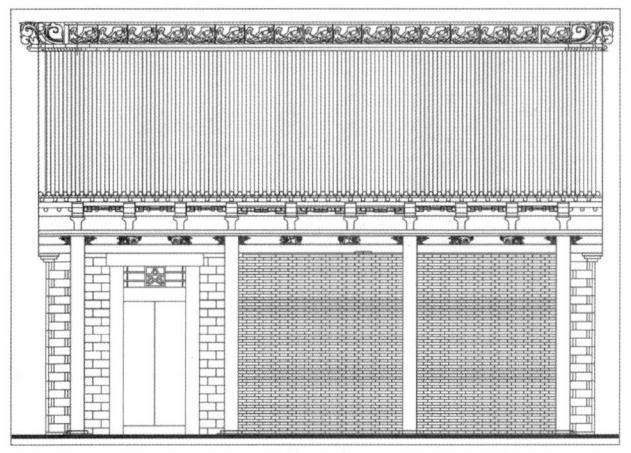

2. 南立面图

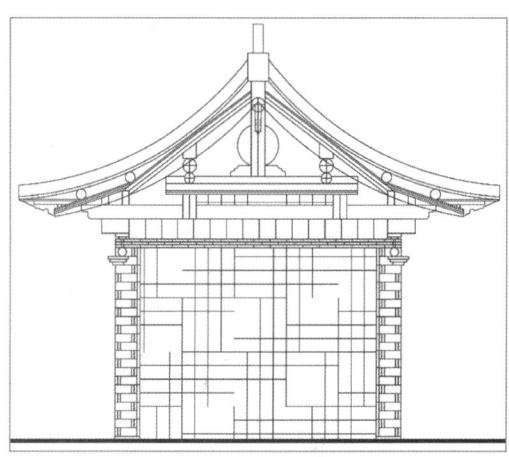

3. 东立面图

图 2-34 金造家祠

（2）金家宅院

金家宅院属县级文保单位，祖上曾为清威武将军，已有5代人居住于此，占地面积509平方米，建筑面积314平方米，原为三堂三厦的两进院落，砖雕院门，通过二门进入院内，厦房南北对称，下堂屋两侧开砖雕拱形门，雀替保存完好，造型精美，额枋上雕刻有仙桃、祥云、蝙蝠等吉祥图案，工艺精湛，门窗上雕刻有琴棋书画、笔墨纸砚等饰样。屋内遗留琴桌、钱柜、方桌、方凳、镜架各一件。院中种有梨树、枣树、杏树各一棵（图2-35）。

（3）金家砖雕照壁合院

金家砖雕照壁合院属县级文保单位，位于永丰堡西北角，三堂五厦建筑，门楼、堂屋与厦房均保存完好，占地面积618平方米，建筑面积275平方米。

该院落修建于清朝年间，现属个人所有。院落总占地面积为697平方米，建筑面积达313平方米，多进院落，主入口位于整个院落的西北侧，穿过前院和过厅即到达后院，前院共三个厢房，后院南北两侧均有厢房，院落最东侧为正房，坐

43

1. 侧面照壁

2. 二道门　　3. 大照壁

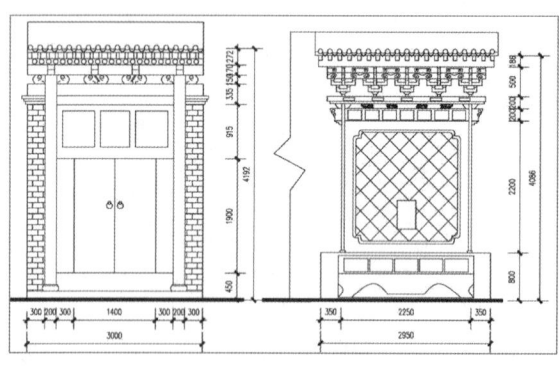
4. 大门及照壁立面图

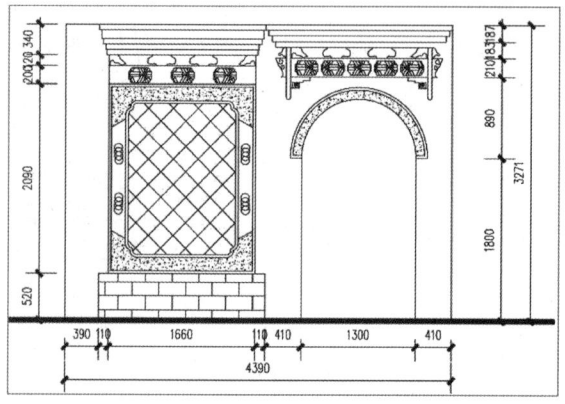
5. 二道门立面图

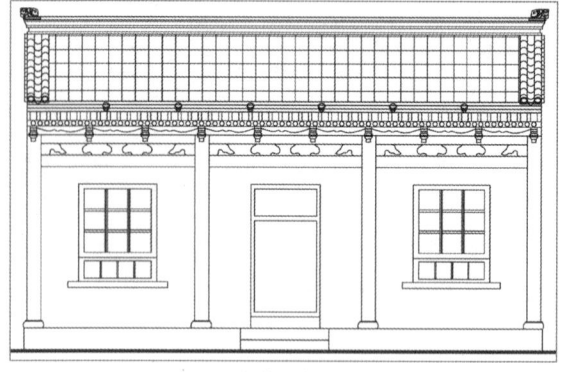
6. 上堂屋立面图

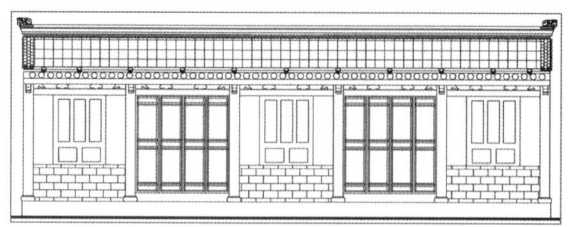
7. 厦房立面图

图 2-35　金家宅院

东朝西,整个院落包含9栋房屋。其地面均由素土夯实,木构架承重,墙体由土坯和木板围合。院落正门为六柱大门,且比普通大门要高一米左右。大门内屏风为砖雕屏风,在当地仅此一处。两进院落,靠中间的过厅连接。

在清末,曾为永丰村大户人家,家中开过水烟坊,屋顶晾晒水烟,曾有一座2层角楼。中华人民共和国成立后曾作为大队学堂及食堂(图2-36)。

1. 堂屋

2. 堂屋门

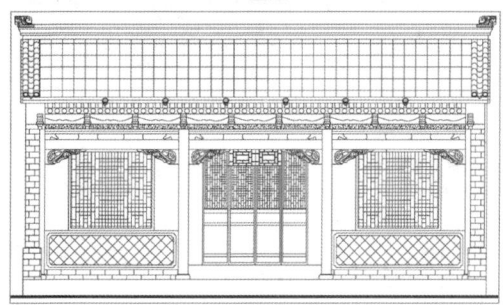

3. 上堂屋立面图

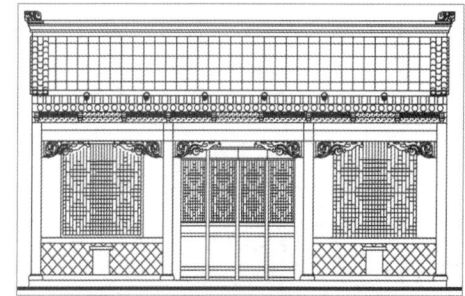

4. 下堂屋立面图

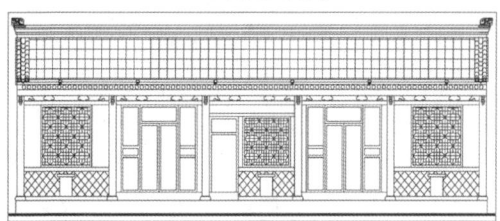

5. 厦房立面图

6. 堂屋屋檐

7. 传统民居大门

8. 传统民居建筑细部

图2-36 金家砖雕照壁合院

4. 非物质文化遗产

(1) 七月官神

七月官神与肃王墓的修建还有些关联。传说七月官神兴起在前,肃王墓建造在后。在建肃王墓之前,最早勘测定在榆中县龙泉乡温家岔,后感如将肃王墓建在温家岔,"朱"和"温"合在一起有"猪瘟"的谐音不好听,遂决定舍弃。经过风水先生多处查看,在定远水岔沟的矿湾也曾埋过一棺。最后又定在苑川河下游的黄家庄村后面,这是有缘由的。苑川河既是民族经济文化交流的通道,地势险要,又是兵家征战之地,西夏也曾在此建过都。这一切早为肃王府历代王爷所重视,特别是肃王朱楧,为练武演习引起的祸端,为了更为巧妙地骗过上面,得到息事宁人的满意结局,其更加视苑川河流域为风水宝地,是救驾肃王的圣地,正好也有风水先生献策建议,博得肃王府赏识,所以就决定将肃王墓建在这里,并将矿湾的墓随即迁了过来,以后逐渐形成了肃王墓群。

地方性是民俗在空间上所显示出的特征,这种特征也可叫作地理特征或乡土特征。因为特征是在民俗的地域环境中形成并显示出来的。榆中"苑川七月官神会"因和兰州接壤,苑川又是省会城市的东大门,自然资源比较优越,无论是"操兵演练"还是"物资交流",均十分便捷。而由起源时的"官家"所办到当地百姓通过"神会"活动而加入了商贸、游艺等新的文化形式,使得这项民俗活动具有十分浓郁的乡土气息,呈现出明显的地方性特征。榆中"七月官神会"之所以沿袭至今,是因为此项民俗活动的地域是榆中县境内传统文化积淀比较深厚的地区,经济条件也十分优越。所以,这种民俗活动才被完整地保留了下来(图 2-37)。

图 2-37 七月官神

备注:源自兰州新闻网
http://www.lzbs.com.cn/wb/2008-10/13/content_1621486.htm

(2) 水烟手工制作技艺

"兰州水烟甲天下,上品出苑川"。苑川河谷地带土地肥沃,气候适宜,水源充足,特别适合黄华烟(水烟原料)的生长,所产烟叶因肥厚匀称、口味纯正、香气宜人、品相俱佳被奉为上品。

清末民初,金崖地区制作水烟的大小作坊遍布各地,人均年加工水烟达到 600 斤,其中规模最大的要数福元泰烟坊。

水烟配方独特,操作复杂,十分讲究。水烟因烟叶收获方式不同而形成黄绿两种颜色,又分别加工成黄烟和青烟。青烟辅料为绿沫子和胡麻油,黄烟辅料为白盐、姜黄、冰碱、香料和胡麻油。黄花烟叶厚而脆,胡麻油不但增加香味,亦可以增加并保持烟丝的柔韧性,因此两类烟丝都离不了胡麻油。青烟用的绿沫子，以石膏作为黏合剂，白矾增加光泽亮度，槐籽增色，紫花增加香气。黄烟因潮湿装箱，以白盐冰碱防止烟丝霉变，姜黄增色助燃，香料增加香气。兰州水烟配方之独特，加工之精细，烟中唯有一品。

水烟加工主要步骤是：撕筋—晾晒—配料—闷烟—压捆—推丝—压方—出风—包装—销售。工人在作业时，上下配合，环环相扣，铿锵悦耳，其整套工艺有严格的操作标准，极富节奏感。加工完成全部的工序黄烟需要一个月，青烟需要三个月。

由于金崖属于兰州东郊，地理位置十分优越，自古为沟通东西的丝路重镇，商贸发达，经济繁荣，为水烟的发展提供了得天独厚的优越环境。清嘉庆年间，水烟加工进入了快速发展期，新中国成立后30多家大烟坊组成同业公会，福元泰烟坊总经理、共产党员沈秀峰将烟坊所有财产上交中央组织部，同年组成国营榆中县水烟厂。

改革开放后，金崖水烟是全县支柱产业。随着生活节奏的加快，水烟消费市场急剧萎缩，水烟制造业开始滑坡，许多水烟厂相继停产。位于永丰村的福元泰烟坊的泰和水烟工业公司仍在维持生产。

5. 人居环境现状

永丰村背山面水，背靠北山，面朝苑川河，西依巴石沟，位于肥沃的榆中川上，县道138从村口经过，距离金崖镇政府所在地1公里，距离兰州市区16公里，交通便利，风景壮丽，民风纯朴。属温带半干旱大陆性气候，水源充足，苑川河畔的水田地，大面积种植小麦、绿烟和蔬菜。

永丰村内以兰州地区传统四合院居住形式为主，房子后墙及左右山墙用青砖或土坯砌成，前面则全用木装修。一般为一进院，房屋大多为"一坡水"。从用材上看，兰州四合院土坯、青砖、木材兼有，一砖到顶的较少。屋顶多用方砖平铺，很少用筒筒瓦，这与兰州雨水少有关。居住条件较为宽裕，但是基本缺乏上下水设施。

永丰村目前电力、电信、网络等已全面覆盖。自来水已通到户，水源来自金崖镇，部分居民仍然采用水窖储水，排水系统还未完善。目前只有部分区域有雨水沟，缺乏污水处理设施，污水直接排入巴石沟，不符合卫生标准；垃圾收集转运设施还不完善，仅部分公共场所设置垃圾桶，部分垃圾随意倾倒入巴石沟。公共厕所数量少，为无水冲式厕所；供暖方式以小煤炉分散供热取暖为主，无集中供暖设施（图2-38）。

1. 村落风貌图

2. 传统街巷

3. 瞭望楼

4. 古树

5. 传统街巷

图 2-38 人居环境

第二节　天水市传统村落

一、秦安县兴国镇凤山村
Fengshan village Xingguo township Qin'an county

秦安县兴国镇地处秦安县城，是全县政治、经济、文化、科技、商业流通、旅游的中心。兴国镇新中国成立前称街泉镇，1954年改名为城关镇，1984年更名为兴国镇。凤山村虽地处秦安县城城郊，但与富有现代化气息的城市相比，仍然给人一种古色古香的感觉。走进凤山村，那幽深的巷道，风格考究的故居、民居，还有那景色怡人的凤山公园、历史悠久的兴国寺、文庙大成殿、人民街古建商业一条街和留有残垣断壁的城池遗址，以及流经村境内的南小河（旧称东川河），会自然而然地把人带进久远的历史长河。秦安大城始建于宋朝，南北两面有郭城，清朝同治元年（公元1862年），巩秦阶道林之望在人烟稠密的南北郭城分别增筑南北两城，南郭城有城门七座，在凤山村东头建有祥和门。新中国成立后，大城和南北郭城逐渐被拆除，但至今仍留有残址，在解放战争中曾谱写过御敌三千的壮举。流经凤山村境内的南小河，在明清时期的州县志中被称为第七沟（图2-39）。

图 2-39　村落鸟瞰图

1. 村落基本信息

凤山村形成于元代以前,村域面积约为2.5平方公里,村庄占地面积720亩,户籍人口约为2 890人,常住人口约为3 800人。主要是汉族人聚居在此。

凤山村立足实际,发挥优势,依托县城和兴国小商品市场,大力发展林果支柱产业和商贸流通业、劳务输转业,全村经济步入了良性发展的轨道。

《秦安县总体规划》由甘肃省建设厅批准,凤山村主导发展旅游和服务业。

2. 村落选址和格局

凤山村早期是陇城镇的53个领庄之一,古称先农坛,是古代人们祭祀农神,祈求五谷丰登的地方。村内的农神坛位于村东南侧,坐东朝西,东为正殿三楹,南北各有斋房一楹,迎春礼于每年立春前一日举行。明嘉靖时由在任知县率官僚迎春于县东郊,立春之日拂晓,知县及下属官吏穿朝服,行鞭春礼。后清雍正初年秦安知县於鲸,还对该坛进行了重建。因历史变迁,现农神坛早已不复存在,但祭祀农神的历史仍然流传在人们心中,县博物馆还收藏有堡子坪出土的祭物祭器——玉琮、玉环等。

凤山村自古崇尚文教,人才辈出,有"陇上小邹鲁"之称。凤山是从大地湾附近的九龙山向西延伸的余脉,其形似凤凰雄峙秦安县城,故名凤山。凤山村坐落于凤山脚下,也就是秦安泰山庙的山根、南小河北岸,因坐北朝南,光照充足而又称凤阳城。凤山村自古商贾云集,商业发达,人民街商业一条街就是最好的历史见证和说明。据《秦安志》记载,金正隆二年(1157年)始建秦安县时,南上关就有铺面。明代以后,铺面逐渐增加,清道光年间初具规模,到民国时期,私商铺面共有200余间,规模较大的有"万顺马""复兴成"等20多家。人民街东西长454.8米,南北宽8.4米,两侧共有铺面175间,为研究秦安县乃至西北商业铺面建筑风格,提供了翔实的实物资料。起初凤山村只是围绕着凤山和泰山庙的一个小村落,随着人口的增加和经济的繁荣,村民们需要的生活空间越来越大,于是跨过村内主路逐渐向南小河扩展,最终形成如今的村落格局。2005年2月,该街被秦安县人民政府公布为县级文物保护单位(图2-40)。

3. 传统建筑

(1) 泰山庙

在凤山村北部,有形如凤头的凤山,这里的凤山风景区由泰山庙古建筑群、太平堡遗址、行宫及春场园四大部分组成,占地面积215274平方米。凤山风景区内庙宇鳞次栉比,始建于明代,后经多次维修和扩充。现存殿宇31座,分一阁、一宫、二厅、三厦、二十四殿宇,是天水市范围内保存最完好的明清建筑群之一。

泰山庙的殿厦亭楼,按凤山山脊的自然地形,错落有致,分台建造,间有萦绕勾栏,盘曲石径相通连。根据明代胡缵宗《秦安志》和清代孙海《秦安县志》考证,泰山庙始建于元大德之前。其布局精巧,错落有致,斗拱咬合精细、彩绘绚烂,既富于变化,又浑然一体。

1. 凤山大门

2. 村落整体风貌图

图 2-40 村落概览

第一台是东狱大殿，居全山建筑之冠。前有山门，两厢配以斋舍，殿前建有抱厦，院中复建抱厦，这组建筑群的平面设计巧妙，建造工艺精湛美观。东狱大殿后是一座高三层的重檐歇山顶楼阁式"蓬莱阁"，巍然屹立于高大的方形台基上，气势轩昂，直插云天，牙檐高啄，映翠飞丹。经蓬莱阁拾级而上可至第二台，台中有甬道，东边建有洞宾庙，西边建有山神庙和鲁班殿，殿前有抱厦，增添了建筑布局层次。第三台原有一牌坊，榜书"五台观"，今已圮。这里山势平缓，地面宽阔，建筑最为密集，有钟楼、灵官殿、土地庙、无量殿。无量殿的建筑规模仅次于东狱大殿。该殿年久倾塌后，清同治年间复建。无量殿西边有娘娘庙，庙前建一轩，其后壁开轩窗两个，凭窗远望，可见西山莽莽如画，陇水萦回若带。壁上题联："好山对面青如洗，远树当窗翠欲流。"此外还有砖砌拱形顶的药王洞、华佗庙以仓颉庙、千眼千手佛洞、接引佛殿等。庙宇玲珑绚丽，各有千秋。第四台是三清宫，第五台为玉皇庙，第六台原建老君庙，今圮。全山有树龄在 300 年以上的古柏 32 棵、石碑 12 块，儒、释、道三教塑像 63 座，大量的彩绘壁画，明清秦安名人和全国书法名家为凤山题写楹联牌匾 41 副，为研究考察泰山庙的历史文化，提供了很好的第一手参考资料（图 2-41）。

图 2-41 泰山庙

泰山庙随历史的发展,形成了集传统、宗教、民俗、建筑、雕塑、自然风光为一体的独特的凤山文化。建于清乾隆十四年(公元1749年)的蓬莱阁,成为景区标志性建筑和古城秦安的文化象征。创建于元至顺(公元1330—1333年)年间的兴国寺,原名兴谷寺,俗称宫寺,明代时被列为秦安八景之一。现存建筑有金刚殿、天王殿、接引殿、钟鼓楼、菩萨殿、般若殿等,由明胡缵宗题写匾名的主体建筑般若殿保留明显的元代建筑特征,为甘肃省现存最早的木构建筑之一,具有极高的文物价值,1996年被国务院公布为全国重点文物保护单位。位于凤山村西面的文庙大成殿更是风格独特,始建于元大德元年(公元1297年),主体建筑大成殿,建筑面积240平方米,单檐歇山顶,上覆琉璃筒瓦,面阔五间,进深四间,其梁架结构,手拱形制和彩画等均保留有明显的特征,是甘肃省保存较完好的明代木构建筑之一。2003年7月5日,被甘肃省人民政府公布为省级文物保护单位。

与凤山村相连的还有名列全省百家文物收藏单位前十位的秦安县博物馆。馆藏文物丰富,从距今1亿年的鱼化石,2500万年前的铲齿象化石,新石器时代人类生产生活用具到明清时期的文物及革命文物均有收藏,没有断代。秦安县博物馆与兴国寺、文庙大成殿、凤山公园相互映衬,融为一体,为凤山村旅游业的发展奠定了良好的基础。

(2) 丁氏民居

丁氏民居总占地面积约420平方米,建筑面积约280平方米,包含房屋7间。该院落由一个厅堂(坐西朝东)、三个卧室(一个位于院落的西面,一个在南面,一个在北面)、一个厨房(与北面的卧室相连)、两个储藏室(一个与厅堂相连,一个与西面的卧室相连)共同围合成了一个小庭院(图2-42)。

堂屋双坡屋顶,从外观上看古朴庄重,外面有四个独立的立柱,独特的镂空雕刻开窗,窗户下面用砖石砌成以便保护墙面,同时也更加美观。窗户上面曾在2001年左右进行改造,换了窗子上的亮子。

1. 院落格局

2. 堂屋

图2-42 丁氏民居

(3) 李氏民居

李氏民居总占地面积约 646 平方米，建筑面积约 357 平方米，包含房屋 9 间。该院落由一个厅堂（坐北朝南）、四个卧室（两个位于院落的东面，一个在西面，一个在北面与厅堂相连）、一个厨房（位于院落的东北面）、一个储藏间（位于南面），还有两个闲置房间（位于东南）共同围合成了一个小庭院（图 2-43）。

步入厅堂，东面有一个土炕，与入口相对应的是一个八仙桌，两把太师椅。

堂屋有深厚的历史积淀感，斑斑驳驳的土墙使这个建筑更有一番韵味。有规整的单坡屋顶、鳞次栉比的瓦片、独特的窗户造型，在窗户下面有用砖砌成用来保护墙面的窗台。

1. 入口

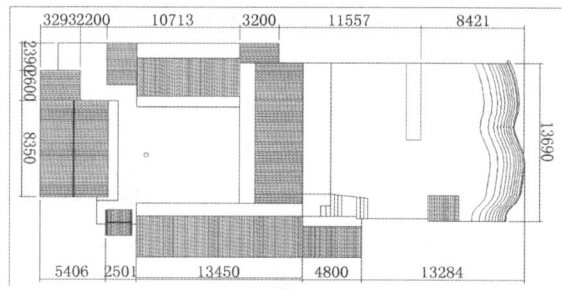

2. 总平面图

图 2-43 李氏民居

(4) 蔡氏民居

蔡氏民居位于凤山村先农街槐树巷 23 号，始建于民国初期，是一所正房、倒座及南北厢房齐全的四合院建筑，占地面积约 300 平方米，正房坐西朝东，面阔三间，带一耳房，为县级文物保护单位（图 2-44）。

1. 厢房

2. 院落

图 2-44 蔡氏民居

(5) 侯氏民居

侯氏民居位于凤山村先农街槐树巷21号，始建于清光绪三年（公元1877年），由西主房、东房、南北厢房组成四合院，正房坐西朝东，面阔三间，雕花精美，为县级文物保护单位（图2-45）。

1. 院落

2. 厢房

图 2-45 侯氏民居

4. 人居环境现状

凤山村自然环境极其优美，北有文明内外的凤山，南有细水长流的南小河，景色宜人。虽地处秦安县城城边，但与高楼林立、富有现代化气息的县城相比，扑面而来的仍然是一种浓烈的乡村生活情态。走进凤山村，那幽深厚重的巷道、沧桑古朴的故居民宅、景色怡人的景点胜迹，处处向人们诉说着凤山村幽古的历史、璀璨的文化。

清晨的阳光为村庄洒下一抹激情，一座历经风雨的古城没有喧闹，只有远离尘世的寂静。当人们游走于村庄的大街小巷时，一个个光阴故事仿佛就在身边。很多城墙宅院杂草丛生，破落不堪，但岁月留下的痕迹依然清晰可见。世事沧桑，古城经过千百年风风雨雨的雕琢，坚毅的棱角已被磨平。土墙根儿上草木略显枯黄，苍凉之间，让人不经意就回到了过去的岁月，沉浸在历史的时光里（图2-46）。

第二章 陇中地区传统村落

1. 凤山沿街商铺

2. 村落干道

3. 村落巷道

4. 村落公共空间

图 2-46 人居环境

二、秦安县陇城镇娲皇村
Wahuang village Longcheng township Qin'an county

娲皇村地处中国历史文化名镇——陇城镇中心,主要分布在古略阳城(陇城)内明清街两侧及城外。古略阳城呈八卦形,建造于汉代,阴阳对称。由于清水河冲毁,阳极已经无存,暂存的半个城内主要是明清时代建造的商贸、楼阁等共计120余间,建筑面积为5 125平方米,形成一条具有鲜明明清特征的商业街(图2-47)。

图2-47 村落鸟瞰图

1. 村落基本信息

汉武帝时期在此建街泉县，娲皇村由此发展演变而来。娲皇村受秦安县管辖，边上有陈村、王李村。娲皇村英才辈出，物产丰富，水光山色，地处要塞。

村域面积2.3平方公里，村庄占地面积约26亩。户籍人口约为1 629人，常住人口约为2 030人。主要是汉族聚居在此。村民靠养殖业和外出打工作为经济来源。

现有规划为《陇城镇历史文化名镇保护规划》和《秦安县陇城镇总体规划》，由甘肃省建设厅批准，主导发展旅游业和服务业。

2. 村落选址和格局

古略阳城建造于汉代，呈八卦形。娲黄村主要分布在古略阳城内明清街两侧及城外。西汉武帝元鼎三年（前114年），街泉县治陇城镇。武帝元封五年（前106年），凉州刺史部始治于龙城（今陇城镇）。东汉、三国、南北朝以至到元代，陇城均为郡，县治地（图2-48）。

最初的陇城是在凤尾山由南向北延伸的一块小平原上筑的，依南山临北水，根据地形，南高下挖，北低上筑，东西既下挖又上筑，建成一个不规则状城池。因此，陇城人一直说城市是旋的，其城地面高于官道约10米，城墙高

图2-48 村落整体格局图

于地面6米。到了秦以后，经多次修筑，形成"八卦"城，这与伏羲八卦、女娲生于当地、汉武帝设街亭泉县有关。城门四座，南门面对南风台，西门稍偏北，北门临河水，东门迎陇山。从南向北，从东向西建有宽10米的十字形街道，另建4条边街道，宽约6米。秦汉时期的陇城为"田"字形街道。其街道南北长420米，东西长410米，总面积约128 470多平方米，占地约200亩，规模宏大。东汉建武八年（公元32年），割据陇右的隗嚣曾与东汉王朝在这里进行过长达半年的争夺战，城遭兵毁。东汉统一，加固修葺。西晋为略阳县，东晋有设略阳郡，陇城又为陇右大都会之一，城区居民达万人。公元323年，前赵刘曜与陈安决战于陇城，使城池再造破坏。北魏更名陇城，沿袭至今。隋唐时，又几经争夺抢损，再次修筑，到盛唐时，城池宏伟，寺观四布，东西南北，繁花似锦。南城门上方镶嵌石刻"古略阳"。唐宝应二年（公元763年）恢复后，再加补修。北宋设县设寨，在城之东1 000米处修新城，也称寨城。在城之西1 000米处增修西城墙，又称西锁城，北宋陇城寨主狄紳在城之南修"凉飓阁"亭楼，并对今陇城大修大补，故称旧城，在城的四座城门两侧增筑城垛，修筑炮台八处，设哨口垛口，并加固了护城河。晚清时期，为防洪水盗匪，陇城地方绅士组织民力又改河、修补城墙。1955年陇城开始被拆毁，今城墙仅留东南残迹数十米。原陇城面积保留不足八分之三，尚存西南明清丁字街道一条及民居数间。

秦安县陇城镇娲皇村是中国历史文化名镇——陇城镇的重要组成部分，陇城镇政府所在地，是史前文化遗址，因人文始祖女娲生于此，故取名娲皇村。娲皇村于公元前114年西汉王朝在此建置街亭县以来，一直是州、郡、县、区、镇所在地，有2 127年的文字记载。现今，村内保存的历史遗存有龙泉井、女娲祠、古街道、古城墙、古商铺、古民居、古槐树和古器皿等。其传承的传统手工艺与美食，如仿古雕刻、马尾荷包、剪窗花、蒸大馍、打锅盔等已经流传有千年之久。[1]

3. 传统建筑

娲皇村内传统建筑数量较多，建筑年代也各自不同。老城区大多为土木结构且基本保存完好，原始建筑技术在这里仍然有着很好的体现。少数新建建筑以砖木结构为主，体现了当地建筑材料与现代建筑材料的结合。城中心有女娲祠和前广场，周边民居围绕，远观十分壮观。著名的明清街两侧均为年代久远的传统建筑，保存良好，明清街尾为关帝庙。陇城寺庙建筑历史悠久，上溯战国，下至当代，数量较多，保存良好，是一大奇观。老城区建筑以一层建筑为主，少数建筑为二层，主要以公共建筑为主，只有一处为四层建筑，即镇政府。整个古城大街小巷均布满了传统建筑，其间不乏典型传统民居。

（1）陇城古城遗址

陇城是晋代设置的略阳郡、略阳坡、北魏至唐的陇城县、宋时的陇城寨、明代设置陇城巡查司的治所（图2-49）。

---

[1] 百度贴吧：娲皇村历史 https://tieba.baidu.com/p/3865353076?red_tag=2248779026。

1. 古城墙遗址

2. 村口牌坊

图 2-49 陇城古城遗址

(2) 明清一条街

明清古建筑一条街全长 603 米，宽 6 米，现存明清时期的铺面 114 间，其中有楼阁式铺面 16 间。走在修缮后的明清古建筑一条街上，遥想当年生意兴隆、商贾云集的场面，驻足庭院欣赏古宅精美的建筑是一件惬意的事情。据说在明清两代，这里就商业发达，建筑前铺面后宅院，谋求生意者颇多，并建有山西客商云集的山西会馆（图 2-50）。

图 2-50 明清一条街

(3) 女娲祠

女娲祠从汉代至今四迁五建，历经沧桑。汉代的女娲祠建在距陇城城北 2 000 米的龙泉山上。清乾隆四年（公元 1739 年），龙泉山崩，女娲祠毁，又建于陇城城东门内。同治初年，回民起事，女娲祠再毁。后又建于陇城城南门内原城隍庙处。在十年"文化大革命"中，女娲祠又被毁得荡然无存。1989 年陇城民众筹集资金，投工献料，在城南门原址重建女娲大殿。女娲祠坐北向南，门侧建有甘肃省著名书画家陈伯希题写的"娲皇故里"石碑。门牌左右蹲有两尊狮子，门牌为三门六扇式，上部为九脊红瓦，四兽五禽，主脊"寿"字银光闪闪，门柱与横木连为一体，四角飞檐，风铃叮当，木雕木刻，流光溢彩。中门上书"女娲祠"三个楷书大字，门牌明柱上挂有知名书法大家题写的匾额和楹联。女娲大殿建于院内正北方，九级台阶，规模雄伟，金碧辉煌。中门上书"娲皇宫"，楹梁上悬原甘肃省省委书记顾金池、李子奇分别题写的"华夏先祖""炼石补天"，又有省内外著名书法家书写的匾额，明柱上挂有陕西师范大学教授霍松林先生撰写的楹联，大殿内塑有由著名雕塑家何鄂女士精心雕塑的女娲尊像。祠内东面建有化身宫、五圣宫和钟楼，西面建有文昌宫和古楼。2005年，女娲庙被秦安县人民政府公布为县级文物保护单位。2006年以来，天水市人民政府在女娲庙举办了公祭人文始祖女娲大典，在秦安县城举行了女娲文化论坛，并于2007年成立天水女娲文化研究会，以积极挖掘女娲文化，打造女娲故里旅游品牌（图2-51）。

女娲庙与大地湾遗址、街亭古战场、女娲洞、风台、风沟、风茔、略阳古城、龙泉等景点连为一线，已成为人们寻根问祖和旅游观光的好去处。

（4）关帝庙

陇城城内关帝庙建于清康熙末年，是一处四合院式建筑。庙院正北是关帝大殿，为砖土木结构。造型为五檩一平方，五檩四飞檐，十四根千金木柱分为八明六暗，四门三开十二扇，上明下暗，画栋雕梁，翘首飞檐。四角雕有龙、凤、麒麟、大象，活灵活现。檐头各悬挂一铜风铃，响声悦耳。大殿门口上方高悬"忠义神圣"牌匾，内塑关帝神像，赤面绿袍，左手执书，右手捋髯，威坐神龛，左关平、右周仓，肃然侍立。庙院东西两侧，建有钟鼓楼，楼分两层，下层塑有赤兔马。东西有厢房，东边是庙会办事处。庙院中央修一全木结构卷棚，彩绘雕梁。南面为两层戏楼式庙门（图2-52）。

1. 入口

2. 正殿

3. 偏殿

图 2-51 女娲祠

图 2-52 关帝庙
1. 全览　2. 细部　3. 旧址

(5) 西番寺

西番寺坐落在陇城西南 500 米处的西番坪半坡山腰上，战国时期叫积麦崖，秦始皇亲征割据此地的阿育王后，改名为无忧寺。唐代尉迟恭敬德重建，明洪武十八年（公元 1385 年）又重建，建筑规模宏大，庙宇林立，金碧辉煌。清同治初年，遭回民起事，庙宇皆毁。清光绪十四年（公元 1888 年），重建子孙宫、北阴宫、顶洞和乐楼。从光绪十五年（公元 1889 年）至民国二十九年（公元 1940 年），历经几代人再次扩建、重建，达到鼎盛。依山筑有四台，非常壮观，但均毁于"大跃进"和"文化大革命"。1988 年 3 月，陇城民众捐资重建了真武大殿、顶洞之幽冥宫、圆通宫，1989 年 7 月建子孙宫、考察殿，2001 年建土地庙、魁星阁、磨针庙、文昌阁、灵官殿，2006 年 9 月建钟楼，2010 年建大雄宝殿，2011 年 6 月建七层宝顶铁塔。所建寺庙有砖土木和土木结构两种结构，座座建筑起脊瓦兽，彩绘雕梁，门开四扇，窗开八口，上明下暗，格如棋盘，明柱暗柱，柱柱石基，平木装板，画人画苑，雕龙刻凤，栩栩如生。更有砖雕百余幅，如"松鹤延年""锦鸡戏牡丹""麒麟送子""丹凤朝阳""犀牛望月""如意吉祥""高山流水"等活灵活现，巧夺天工。2009年5月，西番寺被秦安县人民政府公布为县级文物保护单位。

（6）赵家院

陇城村74号的赵家院是新中国成立之后的建筑，早年是赵氏家族的院落，有好几进院子，后来由于坍塌未维修，现仅存一垂花大门。院内建筑主要以土木结构为主，单坡顶。在建筑装饰方面，外墙为土，窗户有少量雕花。垂花大门为全木质，屋檐下有精美的雕花，象征着主人身份的高贵（图2-53）。

1. 大门

2. 大门结构

3. 大门雕花

图2-53 赵家院

（7）陈家院

陇城村98号陈家院是县级文物保护单位，院落式布局，整个院落建筑都以木材、土坯为主，房屋均为坡屋顶。院落坐东朝西，主要以东、北、南三面的房屋为主，其中东房已经有两百多年的历史，建筑至今保存完好，建筑结构比较精细，其余拆除或新建。整个院落建筑均为全坡屋顶。建筑外墙为红褐色木材，饰面有剥落，状况较差；室内铺地为土地。现一楼用作厨房和居住,二楼主要存放杂物。屋外有一槐树,有四五百年的历史(图 2-54)。

(8) 王家院

陇城村 90 号王家院是清朝时期建筑,为县级文物保护单位,院落式布局,坐北朝南,是典型的四合院,属于二进深院落,现仅存南屋,其余全部拆除或新建。南屋经过两次修葺,如今保存的有木制门窗和柱子。建筑主体材料主要是木材、夯土和砖块。现无人居住(图 2-55)。

(9) 李家院

陇城村 76 号李家院是民国时期建筑,县级文物保护单位,院落式布局,坐北朝南。现仅存一幢小二层古建筑。

4. 非物质文化遗产

女娲作为中华人类之始祖,奠定了数千年来中华民族繁衍生息的根基。从秦汉至明清,秦安陇城一直是女娲的祭祀地和纪念地,历经了数千年的绵延发展,已形成有独特地域文化魅力的女娲祭祀典礼。据《甘肃新通志》载:早在两千多年前,陇城民众就为女娲建祠立庙,每年正月十五隆重举行女娲庙会。古正月十一设坛祭拜,十二龙泉取水,十三风沟迎驾,十四风占相迎,十五表时正坛祭祀,天水市祭祀女娲仪式已被文化部列入第三批国家级非物质文化遗产名录。女娲祠位于古略阳城南门口,娲皇村人每年参与祭祀活动(图 2-56)。

5. 人居环境现状

陇城镇被周边山体怀抱其中,景色依旧十分壮观,站在东南侧的山上便可俯瞰整个陇城。陇城先分为新城和旧城,旧城现状道路均为硬化,给水已通到各家各户,排水采用明沟方式,电线电缆等不规则地悬于高空之中,但旧城已有保护规划,正在筹建之中。新城由于新建,各类基础设施较齐全,道路全部硬化,并配有路灯,生活

图 2-54 陈家院堂屋

图 2-55 乡政府四合院堂屋

图 2-56 女娲庙会

备注：
1. 源自女娲祭奠 http://www.hbtscpw.com/index.php?m=content&c=index&a=show&catid=209&id=270
2. 源自秦安县人民政府门户网 http://www.qinan.gov.cn/html/2012/zwyw_0817/4972.html
3. 源自天水首次公祭人文始祖女娲 http://kangkai841014.blog.163.com/blog/static/534057982009046445920/

环境良好。

娲皇村是陇城镇的核心区，集市商贸流通的中心，与周边的两关、龙泉、略阳村、凤尾四村构成一个整体，为主镇区。村内自来水通畅，设立了垃圾集中收集点，定期由专人负责清运填埋，并有环卫人员清扫主街道。村落靠北有湿地公园，绿化种树，环境比较好。

现村庄内有明清街、南川、蔡川三条道路，自来水通至各家各户，清水河在村庄以北流淌，南小河在村内流过。明清街的120余间商铺、楼阁，即占地5 125平方米的明清建筑物保存完整，部分破损的正在实施维修，南小河村庄内的河道已经修建河堤（图2-57）。

第二章 陇中地区传统村落

1. 村内道路

2. 村内排水

图 2-57 人居环境

三、秦安县兴国镇邢泉村
Xingquan village Xingguo township Qin'an county

邢泉村位于秦安城南二里处,初建于两宋之际,村民大多迁徙而来,历史久远,古迹颇多,村有"三窟""七穴"之泉,后人以泉名村,故名邢泉村(图2-58)。

图 2-58 村落周边环境

1. 村落基本信息

元代以前由于人类的自然迁徙形成该村子，村庄占地面积大约300亩，户籍人口约为2369人，以汉族为主聚居在此。村民主要以中药材种植和养殖业为经济来源。

2. 村落选址和格局

村内先有可泉寺，建于宋元时代，寺内殿堂、亭阁错落有致，古柏森然，并塑有众多佛像，庄严肃穆，整个寺院雄伟壮观。后在可泉寺东南侧修建了娲乡圣母宫，其西侧正对面修建戏台一处，中间广场面积宽阔，每逢佳节盛会，人们都会聚集于此欢庆。后在广场南北侧各修建一条村落主路，村民依路建民宅，各自向南北侧发展。因秦安一中的修建，南侧无法再扩张，遂一直向北发展，最终形成了今天的村落结构和肌理（图2-59）。

3. 传统建筑

村内最大的传统建筑二爷庙位于整个村落的中心偏南的广场内，其正对面为村落戏台。广场北侧为可泉寺，其历史悠久。村落最东侧为胡缵宗纪念馆和秦安县书画交流中心，现正在维修和加建。

由于刑泉村的地理位置特殊（其南侧紧挨秦安县第一中学），故以村落中心的广场为分界线，其南侧多为新修建的民居，专供出租给学校的学生与老师使用，风格以传统风貌居多。北侧多为旧时民居，依村落主路北侧逐渐延伸布局，数量庞大，且分布较散乱。很多传统建筑年老失修，保护前景堪忧。

（1）可泉寺

可泉寺始建年代待考，或称始建于宋代，不过至明正德时已为城南名寺，则是闻之于父老、见之于名人题咏的了，后屡加修葺。原寺门开于东南，进门为一照壁，壁上辟有佛龛，塑接引佛一尊。照壁后有一碎石铺砌的甬道通向大殿，殿内塑释迦牟尼、文殊、普贤像。大殿前有石塔，塔上有石佛，下有清流，殿两侧各有厢房四间。20世纪中后期曾为学校，尚保存大殿一座，土木结构，三间；有古柏十余株，及石砌甬道一条。今寺为近年所修，大殿与两侧均砖木结构，基本保持原貌。寺内翠柏垂柳，飞碧垂青，寺外田园麦秀，景色迷人，东南有一脉清流。胡缵宗作《可泉诗》《可泉歌》，称赞山泉"可之""可浸""可蔌"，故名可泉，《可泉歌》中诗句有"上有三窟焕如台，下有七穴灿如斗"。"三窟"俗称滴檐水，指可泉三处悬檐滴水，"七穴"即七处泉源，有老虎穴诸名称。可泉水可灌溉

图2-59 圣母宫后院

城南菜圃，是当时唯一一处川水地，当时以"可泉膏沃"列为秦安十咏之一。至民国时，又因《可泉歌》中有"源头活水吾宁负"之诗句，以"源头活水"列为秦安八景之一。秦安县人民政府于2005年2月将可泉寺公布为县级文物保护单位。村南有"可园"，北有"可泉寺"，两可之间神话传说脍炙人口（图2-60）。

图2-60 可泉书画院

（2）娲乡圣母宫

娲乡圣母宫系娲皇行宫，清福建道监察御史邑人安维峻所撰联即有"娲皇本是前身"之点化。宋元时，已具规模，该建筑群高大巍峨，雄浑协调，雕梁画栋，飞檐兽脊，朝钟暮鼓，馨声缭绕，明清以来，香火鼎盛。圣母宫内名家匾额、楹联和题词，更为宫殿添彩生辉。宫前戏台场地宽大，每逢盛会，人山人海，热闹非凡（图2-61）。

1. 四合院大门

2. 四合院院落

3. 四合院长廊

图2-61 圣母宫（1）

 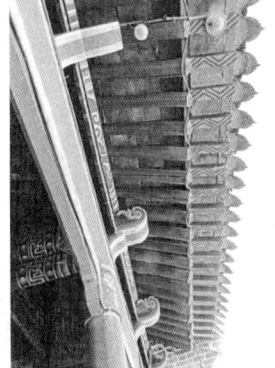

4. 四合院厢房　　　　　　　　　5. 四合院屋檐

6. 四合院旧址　　　　7. 鼓楼　　　　8. 钟楼

9. 外览

图 2-61　圣母宫（2）

(3) 戏台

戏台位于圣母宫对面，与圣母宫隔广场相对，建于民国年间，是每年举行庙会的地点。

(4) 胡缵宗纪念堂

邢泉村为明代著名学者、诗人、书法家胡缵宗（字可泉）幼时读书之处，他晚年辞官隐居于此，著书立说，其作《可泉歌》，有"上有三窟焕如台，下有七穴灿如斗"之佳句。三窟指"云窟""高窑""范家窑"；七穴俗称"老虎穴""白大碗""消食化饮""炕眼门""鸡婆窝""烟洞眼""滴檐水"（图2-62）。

图 2-62 胡缵宗纪念馆

4. 非物质文化遗产

邢泉村圣母庙会是秦安县规模最大、会众最多、历史最久的庙会，会众遍及秦安县城大半及城郊共9个村庄。明嘉靖时期，九龙山圣母与天齐庙东岳泰山同为县内官神，享受官方祭祀。清乾隆二十三年（公元1758年）之前，人们为了庆祝圣母诞辰，报答神恩，于每年七月十二圣母诞辰之日请来戏班，集会娱神，形成庙会。民国二十四年（公元1935年）农历二月十二，年已46岁的副会长高延向老来得子。为了庆祝这一喜事，酬答神恩，高延向特意请来戏班唱戏庆贺。从此立下规矩，圣母庙会每年举办两次，即农历二月十二的春台戏和七月十二的秋台戏。高会长的这个儿子也因之起名为高新会。

5. 人居环境现状

邢泉村位于秦安县城之南郊，东依长山，西傍葫芦河，地处葫芦河冲积滩二级阶地与长山山脉之坡地。村落周围果树成荫，鸟语花香，小溪流淌，四围秀丽，自古以来一直以风景清幽、林泉优美而著称。自明嘉靖之后，见于史料的有杨于果的"非能园"、侯家花园、张家花园、孙振声及其子孙海的园林、民国时名士王友曾的"可园"以及"水过凉亭"等风景园林建筑。邑内名人多聚于此，明嘉靖时有"陇溪九逸"之名宦乡贤，相聚作乡约，倡导一方风化。村坪沟深源长，两侧悬崖峭壁，人置其间，心旷神怡，别有洞天，泉水汩汩，清澈冽醇，上可滋养一方生民，下可灌溉南川菜圃果园（南川也是明代秦安唯一的川水地，列为秦安古代八景之一）。庄内道路整洁，主路均已硬化，部分小路也在政府和村民的共同努力下硬化了，且大多有路灯，交通便利。村内给水和供电基本到达每家每户，排水有明沟和暗沟，环境幽雅，景色迷人（图2-63）。

1. 小路

2. 配电箱

图 2-63 人居环境

四、甘谷县新兴镇蔡家寺村
Caijiasi village Xinxing township Gangu county

蔡家寺位于渭河北崖的甘谷县渭阳乡蔡家寺村,距县城 10 公里,寺院北依巍巍黄山,南临滔滔渭水,山下陇海铁路横贯东西。据清乾隆 34 年《伏羌县志》载,蔡家寺创建于元顺帝至正年间(1341-1370 年),距今已有 600 多年的历史(图 2-64)。

图 2-64 村落鸟瞰图

1. 村落基本信息

大约在元代以前，人们逐渐迁徙到蔡家寺一带而形成今天我们所看到的村落风貌。蔡家寺村庄占地面积大约420亩，户籍人口约为5562人，常住人口约为5000人，以汉族为主，主要以砖厂和养殖业为经济来源。

该村已列入省级特色景观旅游名村。

2. 村落选址和格局

据《汉书·李广传》记载，李广有一从弟叫李蔡，武帝时以军功被封为安乐侯，后升为丞相，因有罪自杀，子孙为了纪念李蔡修建了祠堂，但将家祠以李蔡的"蔡"命名，这便是蔡家寺的来历。现在的建筑主要是明清时代建筑，整个建筑在一条中心轴线上，坐北朝南，依山就势，自上而下。寺内匾额、楹联的铭文，由潘钦岳（清初），何鸿吉（民国），陇上名人王了望、魏荣璋，曾任榆中知县的李蔚起所撰所书，具有较高的欣赏价值。此外，还珍藏了明天启七年（公元1627年）木刻经板220片，为珍贵的佛教经文资料。以前的壁画现存于菩萨楼、财神殿内。寺内古柏苍翠，有文物树21棵，最大一棵古槐直径达一米之多。

3. 传统建筑

现在所看到的建筑依山就势，自下而上，玲珑严谨，营造有序，远远望去，恰似宫殿。北面台阶上耸立三间牌坊山门，上有匾额题名"蔡家寺"，后改为"雨花台胜景"。进山门是财神殿，附阶周匝，四角飞据，上层施平座勾栏，造型秀丽美观。殿后为三国殿，向北拾阶而上，建有菩萨楼、无量殿、文昌殿、藏金楼、大雄宝殿、念佛堂等建筑。蔡家寺1960年被评为县级文物保护单位；2003年被评为"省级文物保护单位"，又被评为"2A级旅游景区"（图2-65）。

图2-65 牌坊立面

（1）蔡家寺

蔡家寺在甘肃甘谷县东北渭水峪火车站（陇海线）以西，渭河北面的二级台地上，寺、村同名，寺在村北一山丘上，依山而建，直达山顶。据清乾隆《伏羌县志》（甘谷旧名伏羌）记载，寺庙建于元顺帝至正年间（公元1341—1370年），至今已有600多年左右的光景。

明万历十五年（公元1578年）重建大雄宝殿，清康熙三十七年（公元1689年）再次修缮。蔡家寺依山而建，坐北朝南。从山脚至半山腰，阶梯而上，营造有序，疏朗自然。山门为明次三间，采用单翘无昂五踩斗拱。财神殿为楼阁式建筑。此外，还有三国殿、菩萨殿、文昌阁、大雄宝殿、祖师殿、伽蓝殿、讲经堂等。寺内大小建筑 30 余处，均为清代所建。与甘谷其他古建不同的是全部建筑均采用悬山顶式建造，清代风格明显。蔡家寺建筑规模宏大，结构布局紧凑合理，气势庄严雄伟。相传，其最初为元代一位王爷修建的私邸，因有人告发其私建行宫，意欲谋反，王爷闻讯大惊，连夜返回，将其全部改造为寺院，方躲过一劫。后来王爷深感仕途险恶，乃皈依佛门，在这里长住下来，广招八方游僧，普度百姓困厄，这里也就成为了远近闻名的寺院。蔡家寺整体建筑共分三层，由山下拾级而上，每到一层，便可游览不同的殿宇建筑。一个层次，如同一个境界。登之弥高，境界弥高，感受亦不同。当登上最高层时，便觉视野迥然开阔，平视白云飞鸟，俯瞰渭水波涛，心游物外，目极八方，给人脱凡去尘之感（图 2-66）。

至于何时有村，县志语焉不详，实难详考；而何以村、寺同名，亦不得而知。最奇怪者，蔡家寺村，顾名思义，村人大多当为蔡姓，就像河对岸斜对的蒋家寺村，其村民多为蒋姓一样，然而，蔡家寺村从来不闻有过蔡姓之人。

1. 菩萨楼屋顶

2. 大雄宝殿正立面

3. 菩萨楼

图 2-66 蔡家寺

(2) 李氏宗祠

李氏宗祠是李氏家族所建的祭祀祖先的祠堂，现仅剩院内正房，后作为村委会办公用地，村委会搬迁后，该祠堂闲置。现院内有两棵树木，立有石碑，碑文介绍了李氏祠堂的修建及历代祖先（图 2-67）。

图 2-67 李氏宗祠

(3) 王增琴民居

蔡家寺村王家院是 20 世纪 20 年代左右的建筑，后经维修，墙体抹灰、加固，但主体结构仍未改变。整个院落建筑都以木材、土坯为主，房屋均为坡屋顶。院落坐北朝南，院落主要以东、北、南三面的房屋为主，其中北房已经有 90 多年的历史，建筑结构以木结构为主，建筑至今保存完好，建筑结构比较精细（图 2-68）。

图 2-68 王增琴民居

(4) 李步宁民居

蔡家寺村李步宁民居是 20 世纪 30 年代左右的建筑，院落式布局，坐北朝南，是典型的三合院，东北西三面都有建筑，北面房屋是最早的建筑，主要材料为土木，后面也是经过维修加固，墙面抹灰，门前有走廊，室内可看见墙体出现裂痕（图 2-69）。

图 2-69 李步宁民居

(5) 李黑记民居

蔡家寺村李黑记民居是 20 世纪 20 年代左右的建筑，东西北三面都有建筑，建筑主要材料为土坯、木材，后经维修，墙面抹灰，但主体结构仍未改变。门窗、檐口简单无雕花，窗户边缘涂油漆，以此装饰（图 2-70）。

图 2-70 李黑记民居

(6) 李虎详民居

蔡家寺村李虎详民居是20世纪30年代左右的建筑，院落式布局，坐北朝南，是典型的三合院，东北两面都有建筑，北面建筑是最早的建筑，两旁有耳房，且耳房低于中间房屋，一般长辈居住在北房。建筑主要材料为土木，后也经过维修加固，墙面抹灰，门前有走廊（图2-71）。

图2-71 李虎详民居

(7) 普通民居

53号民居（图2-72）：

蔡家寺村53号院落是20世纪40年代左右的建筑，院落式布局，坐北朝南，东北两面都有建筑，建筑主要材料为土木，建筑质量一般。院落内搭有葡萄架，架下作为乘凉场所，可供人打牌、聊天。

图2-72 53号民居

127号民居（图2-73）：

蔡家寺村127号院落是20世纪60年代左右的建筑，东南两面都有建筑，主要材料为土坯、木材，东面是现代砖混结构建筑，南面建筑后经维修，墙面抹灰，但主体结构仍未改变，门窗、檐口简单无雕花。院落内有绿化，干净整洁，安静优雅。

图2-73 127号民居

148号民居（图2-74）：

蔡家寺村148号院落是20世纪60年代左右的建筑，院落式布局，坐北朝南。建筑材料主要为木材，整个院落建筑均为土木结构，全坡屋顶。窗户有简单雕花，室内铺地为土地，家具多为80年代自制，简洁大方。

图2-74 148号民居

144号民居（图2-75）：

蔡家寺村144号院落是20世纪70年代左右的建筑，只有北面有建筑，建筑主要材料为土坯、木材，建筑质量较差，墙体开裂，有坍塌，门窗、檐口简单无雕花。

126号民居（图2-76）：

蔡家寺村126号院落是20世纪50年代左右的建筑，东北两面都有建筑，建筑主要材料为土坯、木材，建筑质量一般，室内铺地砖，家具简单，墙上挂有古字画，门窗有简单的装饰，檐口简单无雕花。

图 2-75 144号民居

图 2-76 126号民居

4. 非物质文化遗产

正月十五至二十的唱戏，是蔡家寺的传统，它是人们为了庆祝年末丰收而举行的庆祝活动，在蔡家寺村内传承不息，是一种文化现象，有一定的文化内涵。

发展至今，秦腔文化发展仍以民间文化特色传承为主，因该节日是传统节日，充满象征丰收的喜悦和人们对来年生活的美好憧憬，一直流传民间。该节日节礼相对简单，相沿成习，在蔡家寺村形成固定完整的庆祝仪式，并由全体村民参与（图2-77）。

1. 道具

2. 表演

图 2-77 秦腔文化

5. 人居环境现状

村内有三条主路（北大路、中大路、南大路），为东西走向，中间有六条南北走向的大路连接，交通比较畅通。村内大路为水泥路，路旁修有排水渠，南大路和火车路并行。东面为寺沟，西面为刘山沟，两沟直通渭河，一旦下大雨，两沟有很好的排洪作用。垃圾池建在火车路洞口旁，晚上有路灯。村庄北临卧牛山，山上古柏苍翠，也算一道亮丽的风景线（图2-78）。

1. 村庄排洪沟

2. 村庄水渠

3. 村落整体风貌

4. 村庄周边环境

5. 村内道路

6. 村庄集市

图 2-78 人居环境

五、甘谷县新兴镇张家坪村
Zhangjiaping village Xinxing township Gangu county

有"女武状元"之称的张家坪村位于天水市甘谷县新兴镇,村落以灵龟山为依托而建。泉山环绕,绿树成荫。"方宅十余亩,草屋八九间。榆柳荫后檐,桃李罗堂前。暖暖远人村,依依墟里烟。"陶渊明笔下的田园乡村似乎跟鸡犬之声相闻、炊烟袅袅的张家坪村有着相似之处(图2-79)。

图 2-79 村落鸟瞰图

1. 村落基本信息

明代以前由于人类的自然迁徙形成该村落，村庄占地面积大约210亩，户籍人口约为1 409人，常住人口约为1 400人，主要居住民族为汉族，村民主要以种植业和养殖业为经济来源。

2. 村落选址和格局

张家坪村在八里湾乡东北，距乡政府5公里，明洪武二十年（公元1387年），张玉景被钦赐为女状元，她为全村人修建瓦房，故取名"瓦房村"。该村以灵龟山为依托，依山而建，全村多为瓦房，一条通乡公路贯穿全村，公路旁边有菩萨寺一处，女状元庙宇在菩萨寺隔壁，周围绿树环绕，山峦起伏，风景秀丽。

3. 传统建筑

（1）女状元墓

明朝时期，甘谷县张家坪村的姑娘张玉景"不爱红装爱武装"，自幼习武，15岁得武监生职衔，担任乡里的武术队长。明成祖永乐三年（公元1405年）进京接受选拔，暴露了女儿身，犯了该斩的欺君罪。皇帝好奇，面见张玉景，为她临死还替家乡父老争取瓦房建筑的心愿所感动，赐她"女状元"称号，命她做了皇宫中的武术教官，供职至39岁病逝。张家坪村的热心群众，托人查得的资料证实了这段历史（图2-80）。

2007年11月13日，甘谷县各界人士参加，为张玉景立了碑，这次又将她的坟迁至庙旁，以便于群众参观纪念（图2-160、图2-161）。

1. 女状元墓

2. 女状元庙宇

3. 女状元女史传碑

4. 女状元功绩碑

图2-80 女状元墓

(2) 普通民居

8 号民居：

张家坪村 8 号院落是 20 世纪 60 年代左右的建筑，院落式布局，整个院落建筑都以木材、土坯为主，房屋均为坡屋顶。院落坐南朝北，主要以东、南两面的房屋为主，建筑至今保存完好，建筑结构比较精细（图 2-81）。

60 号民居：

张家坪村 60 号院落是 20 世纪 50 年代左右的建筑，院落式布局，以东北面建筑为主，建筑的主体材料主要为木材、夯土和砖块。院内有绿化，水泥铺地，干净整洁（图 2-82）。

图 2-81 8 号院落大门

图 2-82 60 号院落

4. 非物质文化遗产

张家坪的主要节日有三月二十八的泰山爷诞日、正月初五至十五的社火（图 2-83）。

三月二十八的泰山爷诞日，表现了人们对于泰山爷的敬仰，希望能带来来年的风调雨顺。在三月二十这一天举行祭拜，主要形式为上香，这一传统在张家坪村内传承不息。

发展至今，这些节日仍以民间文化特色传承为主，象征美好的憧憬，它们相沿成习，在张家坪村形成固定完整的仪式，并由全体村民参与。

图 2-83 社火

5. 人居环境现状

村落群山环绕、绿树成荫、民风淳朴，置身其中，令人心驰神往。村内道路已基本硬化，且在主路一侧设置有路灯，这大大便利了村民的生活，部分地方采用明沟排水，村内给水和供电等配套设施相对完善（图2-84）。

1. 打谷场及草垛

2. 村落道路

3. 村落整体风貌图

图2-84 人居环境

六、甘谷县六峰镇觉皇寺村
Juehuangsi village Liufeng township Gangu county

觉溪水由南向北蜿蜒曲折地注入渭河。村南是风景秀丽的兴国山,每年春天,丁香花遍山开放,散发出扑鼻的清香。村东是甘谷八大风景之一的驼峰旭日。兴国山下右侧有一庞大古庙,名觉皇寺,相传唐朝一皇帝,路经该寺住宿一夜,从此该寺改名为觉皇寺(图 2-85)。

图 2-85 村落鸟瞰图

1. 村落基本信息

元代以前由于人类的自然迁徙形成该村子，村庄占地面积大约750.6亩，村域面积5.82平方公里，分11个小组、4个自然村，户籍人口约为3 780人，常住人口约为3 688人，主要居住民族为汉族。该村主要以劳务输出和果椒产业为经济来源。

2. 村落选址和格局

觉皇寺佛殿左侧，巍巍矗立着一棵古槐，胸径7米，高30米，树冠庞大，枝叶繁茂，郁郁葱葱。炎夏槐花开放，灿若冰玉，蜂飞蝶舞，莺歌燕舞，馥香醉人。人立树下，浓荫盖地，神清气爽。此槐是县内现存古槐中躯干最大的一棵，人们统称觉皇寺大槐。古槐相传系唐槐，当年李世民巡视西域，途径冀城（甘谷），曾在此处住宿，此树即为唐王亲手所植（图2-86）。

甘谷县六峰镇觉皇寺村位于县城东10里，在巍峨的兴国山下，北临滔滔的渭水，对面有八卦山脉，东边与黄羊堡相接，与甘谷十大景观"鼍峰琐萃蓄势""朱围晓霞遥"相呼应。觉皇寺村位于甘谷县东大门，村内巷道呈六竖三横格局，形成双田字形，东川公路贯穿东西，周边各自然村落由通村公路相联系。

甘谷县六峰镇觉皇寺村属黄土高原地区，渭河由西向东横贯全县，渭河两岸为冲积小平原，地势平坦，土层深厚，灌溉便利，宜于发展种植业，是全县主要农业经济区，也是全县工商服务业集中地，素有"金腰带"之称。

3. 传统建筑

甘谷县觉皇寺村地处偏远，但历史悠久，觉皇寺寺院更为其增添了文化的内涵。古寺环山抱水，寺院建筑别具一格，分布错落有致，加之跟皇家有着渊源，觉皇寺村由此而得名。寺内国槐姿态

图2-86 觉皇寺内国槐

秀丽，气势雄伟，树龄约1000年，成为全寺第一国槐。村内有民国民居一处，建筑工艺别具一格。

觉皇寺村人世世代代尊奉孔孟之道，重礼仪教育。村人以读书为荣，以不识字为耻，喜好读书的风气代代相传，科举时代有进士、举人等；当代有博士生、硕士生和留学生等约350人。觉皇寺村人不但爱读书，也精武术，不少人练就了一身好武艺。

（1）觉皇寺

觉皇寺原名兴国寺，据《伏羌县志》记载："兴国寺明洪武年建"，距今已有600余年。清同治初年间也就是公元1862—1866年，历遭战乱，焚毁严重，后重建。现存大殿梁记有"大清光绪十六年，即公元1890年重建"的题识。《觉皇寺重修殿宇碑记》中有"其寺原为兴国寺，始建于宋，所载明洪武24年间朱元璋十八子朱梗为岷王，梗往岷为王，所经古冀而至圣息。随易名为觉皇寺"的碑铭。由此可以得知，觉皇寺的得名跟朱元璋的皇子皇孙在此睡了一觉有着某种关联。古寺环山抱水，加之跟皇家有着姻缘，几百年来游僧高士多来此驻足。

觉皇寺原为一进三院，现仅存的后院大殿是最大的建筑，其余都毁于"文革"时期。大殿坐南朝北，进深4.07米，最高为5.75米，宽7.13米，长10.85米。正殿塑华严三圣佛，其他东西厢房以及钟楼和古楼等呈现在我们眼前的十多处建筑，都是近一二十年陆续修建的，这些跟其他的小寺院的建构别无二致。通过大殿西侧，登上七十二台阶，便是文昌宫，文昌宫院内有文昌帝君大殿。"文昌"就是文昌帝君，是道教众仙人的一员，为道教神明，在道教中文昌帝君掌管文章科举。

从规模上讲，觉皇寺是一所很普通的寺院，但有两样东西值得游人流连细品，观瞻膜拜。第一件当属寺内的国槐，人们戏称它是"老槐抱新孩"。相传唐王李世民巡视西域，途经冀城，曾在此住宿一夜，并亲手栽植了此槐。古槐至今已逾千年，枝繁叶茂，树径五人才能环抱过来。树高达15米，胸围715厘米，基围1015厘米，冠幅南北30米，东西22米。由于栽植历史久远，树干已经中空，靠树皮营养生长。树干高3米以上分出5主枝，中间一主枝干枯风折，其余也已腐朽，但树长势较好。树冠高占到全树高的五分之四，边部小枝呈下垂状，姿态秀丽，冠幅广展，枝叶茂密，绿荫笼罩寺院，与大殿雕梁画栋，交相辉映，古朴有致。天水市国槐古树分布广泛，觉皇寺国槐为发现最大之株，树龄约有1000年，成为全市古国槐中的佼佼者。远远望去，在唐槐树荫掩映下的觉皇寺，显得十分幽静。第二件就是钵。钵，又称钵多罗、钵和兰等，是僧尼常持道具之一，一般作为食器。觉皇寺里面保存着一个黑钵。清代有一位称皇经王爷者，道号爽灵道人，名叫王永灵，曾用此钵云走四方，行善化缘，最后在寺内坐化。被称为皇经王爷的王永灵所使用的这个钵呈莲花形状，通体黑色，据说是用一葡萄根制作的。寺院同时还保留王永灵使用过的行囊、扇子等遗物，另外寺院内还存有清代的几部经书。古槐、钵器这两样东西历来被认为是觉皇寺的镇寺宝物，也是觉皇寺值得骄傲的根本。山因水灵，寺院因为有了奇异珍宝而身价陡增。如同南郭寺的春秋古柏、玉泉观的四面道流碑一样，觉皇寺的唐代古槐、皇经王爷的钵器，是这所寺院的命脉和灵魂，也是觉皇寺声名远播、历久而更让人迷恋的缘由（图2-87）。

第二章 陇中地区传统村落

1. 大门　　2. 内部塔楼　　3. 院落　　4. 大门一角　　5. 牌匾　　6. 院内香炉

图 2-87 觉皇寺

（2）普通民居

3号院落：

觉皇寺村3号院落，院落式布局，整个院落建筑都以木材、土坯为主，房屋均为坡屋顶。院落坐北朝南，主要以东、北两面的房屋为主，檐口窗户无雕花，建筑至今保存一般，建筑结构比较粗糙。

12号院落（图2-88）：

觉皇寺村12号院落是20世纪80年代时期建筑，主要有北面房屋，檐口窗户简单无雕花。建筑的主要材料是木材、夯土和砖块。

图2-88 12号院落

15号院落（图2-89）：

觉皇寺村15号院落，主要建筑有北面和东面房屋，建筑主体材料为土坯、木材和少量的砖块，结构为土木结构，窗户有少量的雕花，檐口简单无雕花，墙面无装饰，墙皮部分有脱落。

图2-89 15号院落

17号院落：

觉皇寺村17号院落是20世纪70年代左右的建筑，东西两面有建筑，建筑主要材料为木材、土坯，为土木结构，主体结构有坍塌，墙面无装饰，墙体脱落。窗户有雕花，檐口简单无雕花。

23号院落（图2-90）：

觉皇寺村23号院落，东、北、西三面有建筑，建筑主体材料都为土坯、木材，建筑质量相对完好，为土木结构。门窗为木质材料，简单无雕花，室内陈设木制家具，简洁干净。院落内有花草，环境优雅。

图2-90 23号院落

25号院落（图2-91）：

觉皇寺村25号院落是20世纪80年代左右的建筑，北面和东面有房屋，都是坡屋顶，建筑主体材料为土坯、木材，为土木结构，建筑质量一般。墙体、门窗简单，无装饰，院内种植花草，环境较好。

图2-91 25号院落

30 号院落：

觉皇寺村 30 号院落是 20 世纪 80 年代左右的建筑，东、西、北三面都有建筑，建筑主体材料都为土坯、木材，建筑质量相对完好，为土木结构。门窗为木质材料，简单无雕花，墙面无装饰。

39 号院落（图 2-92）：

觉皇寺村 39 号院落是 20 世纪 90 年代左右的建筑，东、北两面有建筑，建筑主要材料为木材、土坯，为土木结构，主体结构有坍塌，墙面无装饰，墙体脱落。窗户有雕花，檐口简单无雕花。

图 2-92 39 号院落

48 号院落（图 2-93）：

觉皇寺村 48 号院落是 20 世纪 80 年代左右的建筑，东、北两面有建筑，建筑主要材料为木材、土坯，为土木结构，主体结构有坍塌，墙面无装饰，墙体脱落。窗户有雕花，檐口简单无雕花。房屋质量较差，院内种有花草，干净整洁。

图 2-93 48 号院落

58 号院落（图 2-94）：

觉皇寺村 58 号院落是 20 世纪 90 年代左右的建筑，东、北、西三面有建筑，建筑主要材料为木材、土坯，为土木结构，主体结构较好，墙面无装饰，墙体脱落。窗户、檐口简单无雕花。院落通风采光较好，安静整洁。

62 号院落：

觉皇寺村 62 号院落是 20 世纪 90 年代左右的建筑，东、北两面有建筑，建筑主要材料为木材、土坯，为土木结构，主体结构相对完好，墙面无装饰，墙体脱落。窗户有雕花，檐口简单无雕花。屋顶有塌陷，建筑结构较差。

68 号院落：

觉皇寺村 68 号院落是 20 世纪 80 年代左右的建筑，东、北两面有建筑，建筑主要材料为木材、土坯，为土木结构，主体结构有坍塌，墙面无装饰，

图 2-94 58 号院落

墙体脱落。窗户有雕花，檐口简单无雕花。室内陈设有木制家具，年代久远，有收藏价值。

74 号院落（图 2-95）：

觉皇寺村 74 号院落是 20 世纪 90 年代左右的建筑，东、北、西三面有建筑，建筑主要材料为木材、土坯，为土木结构，主体结构有坍塌，墙面无装饰，墙体脱落。门窗、檐口简单无雕花，建筑质量较差，西面房屋无人居住，用于堆放杂物。

图 2-95 74 号院落

4. 非物质文化遗产

觉皇寺村的主要节日有正月十五的社火、三月二十的迎春会、七月十七的李广诞日。

正月十五的耍社火，是我国的传统节日，它是人们为了庆祝年末丰收而举行的庆祝活动，在觉皇寺村内传承不息。

三月二十的迎春会，是人们对于春天的期盼和对来年丰收的美好憧憬，在三月二十这一天举行庆祝，主要庆祝形式为唱戏，在觉皇寺村内传承不息（图 2-96）。

七月十七的李广诞日活动是庆祝李广的生辰以及纪念他所做的贡献的节日。三国时期的姜维故乡在甘谷，他继承了诸葛亮的诸般武艺，为了纪念他，觉皇寺村民成立了姜维武术协会，一直沿袭至今。

图 2-96 迎春会

5. 人居环境现状

觉皇寺村位于甘谷县东端，距县城 20 公里，和麦积区霍家村仅隔一山之遥。村北渭河水像巨龙一样紧紧缠绕着它右边的一片金黄稻田，西沟边架设了一座钢筋水泥桥，车辆东西贯穿，川流不息，是县城到该村公交的终点站，也是甘谷县到麦积区直达车的中转站。

村落交通便捷，道路已基本硬化，内部巷道在道路中心采用明沟排水，但是不影响村民出行和车辆通行。

近年来，随着城镇化进程的加快，村落面貌发生了翻天覆地的变化，村内相关配套服务设施已基本健全，村民在农闲之际可以享受生活（图 2-97）。

1. 周边农田

2. 村落街巷

3. 村落污水渠

4. 周边山水

图 2-97 人居环境

七、武山县滩歌镇上下街村
Shangxiajie village Tange township Wushan county

武山县滩歌镇上下街村由"明清街"的上街、中街、上南巷组成的上街村及与其相对应的下街村组成。在明清一条街,素面难掩昔日繁华,恍惚中驼铃悠扬、马帮阵阵、物流交汇、兴旺繁荣。远眺滩歌原野,田垄似锦、温棚相连,新村连片,欣欣向荣。滩歌因威远寨而千载留名,境内有大南河等三条较大河流,水资源丰富,素有"陇上江南"之称(图2-98)。

图 2-98 村落鸟瞰图

1. 村落基本信息

明代时期，按《宋史·兵志》记载，宋真宗年间在此处设威远寨，是当时设立的军事要塞和行政驻地，为秦陇洮岷汉蕃商贸的重镇，从而形成了一条古代街坊。上下街村占地面积大约65亩，户籍人口约为2 185人，常住人口约为1 900人，以汉族为主。主要以蔬菜、油菜种植为主导产业。

该村编制有《滩歌镇明清一条街保护工程可行性研究报告》。

2. 村落选址和格局

滩歌镇上下街村整体呈东西走向，东高西低。始建于明清时期的古建筑一条街，因其优越的地理位置而发展成为一条规模较大的茶马互市，越来越多的人来这里经商，同时不乏举家搬迁至此定居的，它为今天上下街村的形成奠定了基础。

村落内多为明清时期的建筑，明清一条街向南正对千年古刹万花寺，中与白马峪沟相隔，西依双龙山麓镇兴堡。优越的地理位置、自然条件和悠远的文化交融，成就了其兴盛与发展（图2-99）。

宋真宗大中祥符七年（公元1014年）设立威远寨。次年，渭州知州曹玮按当时大寨的标准在原址夯建了保留至今的威远寨。宋神宗熙宁八年（公元1075年）"废威远砦为镇"。至此，威远既保留着军事要塞，又成为行政驻地和商贸集市场所，且将行政公署和集市迁到山下的今上街、下街村。宋徽宗政和初年改威远镇为滩歌镇，明代始建今天的明清一条街，并一直保持着当地商贸集散中心的地位。

1. 魁星阁

2. 万花寺

3. 郭家寨子

图2-99 村落格局

3. 传统建筑

（1）明清一条街

明清一条街始建于明末清初，东至"滩歌镇古街"牌坊前10米，南至滩歌——马力公路向北30米，西至滩歌镇政府东墙，北至北侧排水渠以北25米。街中间有2条南北向的巷道，两侧皆为店铺，是明清时期民间开展集市贸易的场所。该街道东西贯通上街和下街两村，全长620米、宽7.5米、最窄处3.27米，保护区面积约为30 000平方米。明清一条街南北两面配有古代建筑280间，上街村172间，下街村108间，大多为四合院，保存完好的院宅有5处。

街区建筑以明清商业建筑为主，建筑形式多为双檐深屋，外观简朴大方，檐口屋顶配有砖雕饰头、土烧脊兽，门间墙镶以砖雕牡丹、梅花、石榴、竹子等图案。其间有一青瓦悬山顶式的大门，构造精巧，气势挺拔，结构稳固，颇有特色，但墙体破落。临街均为通体木板式铺面，门扇均可因进出需要而随意卸下几页，至晚间装上所卸门扇，用横木一闩，安全方便。铺面除山墙和后檐墙体用土坯外，其余部位都是木结构。大多院落布局巧妙，内有四明柱深檐住房，四扇门，窗子为两层木结构，内层为内开窗扇，外层为透花方格窗棂，窗棂上贴以精美的剪纸，窗台下用雕有精美图案的青砖砌筑。房屋宽敞明亮，保暖隔热，是当地仅存风格别致的土木结构建筑群。

明清一条街新建牌坊，在街的东口，位于滩歌镇下街村，建于2004年，系仿明清四柱歇山顶式牌坊，上书"滩歌镇古街"，两边配有原中共天水市委书记王洪宾所撰"滩林茂盛自古民众勤劳五谷丰登六畜兴旺""歌鼓悠扬如今社风淳正四邻和睦八方太平"的楹联，系著名书法家范文通先生所书。牌坊下内侧立有一块武山鸳鸯玉碑刻，记述了古镇的发展、古街的保护和牌坊的修建等（图2-100）。

1. 明清牌坊修建碑

2. 入口

图2-100 明清牌坊

明清街建筑群现存规模之大及完好程度之高是武山县及全省少有的，是研究西北地区民间商业街建筑的重要实物资料（图 2-101）。

图 2-101 明清一条街

(2) 郑家大院民居

滩歌镇郑家大院是清代的建筑，院落建筑的主要材料是木材、土坯，房屋均为坡屋顶。院落坐北朝南，主要以东、北、南三面的房屋为主，其中北房已经有 90 多年的历史，建筑至今保存完好，建筑结构比较精细（图 2-102）。

(3) 杜家大院民居

滩歌镇杜家大院是清代的建筑，建筑形式为双檐深屋，外观简朴大方，檐口屋顶配有砖雕饰头、土烧脊兽，建筑坐北朝南以北房为主，东北两面都有建筑，建筑主要材料为土木，建筑质量一般，院落内搭有植物架，架下作为乘凉场所（图 2-103）。

图 2-102 郑家大院　　　　　　　　　　图 2-103 杜家大院

(4) 垂花门 357 号

滩歌镇垂花门 357 号是清代的商业建筑，为双檐深屋，外观朴素大方，檐口屋顶配有砖雕饰头、土烧脊兽，门间墙镶以砖雕牡丹、梅花、石榴、竹子等图案，保存较为完整（图 2-104）。

(5) 普通民居

下街村 216 号民居（图 2-105）：

滩歌镇下街村 216 号民居是 20 世纪 50 年代左右的建筑，院落式布局，坐北朝南，东北两面都有建筑，建筑主要材料为土木，建筑质量一般，院内种植着桃树等植物，树下作为乘凉场所，可供打牌、聊天等。

下街村 284 号民居：

滩歌镇下街村 284 号民居是 20 世纪 50 年代左右的建筑，后经维修，墙体抹灰，加固，但主体结构仍未改变，院落式布局，建筑坐北朝南，整个院落建筑都以木材、土坯为主，房屋均为坡屋顶。院落主要以东、北、南三面的房屋为主。

下街村 292 号民居：

滩歌镇下街村 292 号民居是 20 世纪 50 年代左右的建筑，院落布局已破坏，建筑结构保存得较为完整，周边的建筑质量较差。建筑主要材料为土木，后面也是经过维修加固，墙面抹灰，门前有走廊，室内可看见墙体出现裂痕。

下街村 421 号民居：

滩歌镇下街村 421 号民居是 20 世纪 60 年代左右的建筑，院落式布局，坐北朝南，东北两面都有建筑，北面建筑是最早的建筑，两旁有耳房，且耳房低于中间房屋，一般长辈居住在北房。建筑主要材料为土木，后面也是经过维修加固，墙面抹灰，门前有走廊，室内和室外可看见墙体出现裂痕。

图 2-104 垂花门 357 号

图 2-105 216 号民居

下街村 807 号民居（图 2-106）：

滩歌镇下街村 807 号民居是 20 世纪 70 年代左右的建筑，院落式布局较为完整，坐北朝南，东北两面都有建筑，建筑主要材料为土木，建筑质量一般，院落内搭有葡萄架，架下作为乘凉场所。

上街村 289 号民居：

滩歌镇上街村 289 号民居是 20 世纪 50 年代左右的建筑，东南两面都有建筑，建筑主要材料为土坯、木材，南面建筑后经维修，墙面抹灰。但主体结构仍未改变，门窗、檐口简单无雕花。院落内有绿化和农作物加工空间，整体干净整洁，安静优雅。

上街村 233 号民居：

滩歌镇上街村 233 号民居是 20 世纪 60 年代左右的建筑，东西北三面都有建筑，建筑主要材料为土坯、木材，后经维修，墙面抹灰。门窗、檐口简单无雕花，窗户边缘涂油漆，以此装饰。侧面建筑质量较差，墙体开裂。

上街村 243 号民居：

滩歌镇上街村 243 号民居是 20 世纪 70 年代左右的建筑，建筑主要材料为土坯、木材，建筑质量较差，墙体开裂，有坍塌，主体结构较差，门窗、檐口简单无雕花。院落内有绿化。

上街村 465 号民居：

滩歌镇上街村 465 号民居是 20 世纪 50 年代左右的建筑，民居的院落较为宽阔，东南两面都有建筑，建筑主要材料为土坯、木材，东面是现代砖混结构建筑，南面建筑质量较差，墙体开裂，有坍塌，主体结构较差，门窗、檐口简单无雕花。

4. 非物质文化遗产

滩歌民俗文化从典籍和传说中走出，滋润了秦州大地。滩歌的高脚子（社火的俗表演形式）也起源于古镇滩歌。夹板是男性队列民俗舞蹈，夹板表演时，打腰鼓双人敲击做引导，纯铜大钹和其他轻小打击乐器伴奏。舞者脚绑夹板，首先将夹板合紧，八卦步交错，为行香步。每年春节，各村表演者正月十五日齐聚滩歌古镇汇演，此时观众激情高涨，器乐清脆洪亮，表演者一副虔诚而敬畏的肃穆神情随着舞队传向观众，深情地表达着滩歌古镇人民祈盼生态平衡、风调雨顺、五谷丰登、太平盛世、生活祥乐的美好愿望（图 2-107）。

图 2-106 807 号民居

图 2-107 社火表演

备注：图 2-107 源自天水在线，走进滩歌古镇看社火
http://www.tianshui.com.cn/news/ws/20130224150011813473.htm

5. 人居环境现状

滩歌镇上街村是滩歌镇政府所在地，东与下街村穿插接壤，西靠镇兴堡、野峪村，南与漆庄、卢坪相接，北与关庄村毗连。全村507户，户籍人口约为2185人，由"明清街"的上街、中街、上南巷组成，因处"明清街"的上部，与下街村故名相对。

近年来，村内安装路灯50盏。明清街街面整修，浆砌块石边沟1240米，泰山庙加宽农机路1500米，退耕还林补植补造2万多株，安装自来水设施，入户率达到95%。2011年落实村文化中心建设用地3.1亩，落实村办公用地6间180平方米，修建农民健身休闲广场，农家书屋和农民篮球场等体育文化娱乐场所。

1930年国民军吉鸿昌某部新兵被军阀马廷贤部驻武山的王占林回军追杀，未经战火洗礼的新兵，仓皇躲至万花寺和镇兴堡中。马部血洗万花寺，用马刀砍杀寺内缴械的500多名官兵，其中大部分为陇南新征15岁上下的学生兵。惨状惊鬼神，凄声悲云天。一霎时，鲜血如怒涛，从山门奔泻而下，染红了山坡，染红了冰河，咆哮声撕碎了全街人善良的心，恐怖感罩住了古镇阴霾的天，为武山千年名刹写下了最惨烈的一页记忆，为滩歌古镇写下了最悲壮的一篇历史。镇兴堡凭着险要坚固而未被攻破，堡内官兵幸免于难。

这些辉煌或悲壮的历史，都是踩过明清古街温热的土地，萦绕古街的前生今世，用先民的智慧或殷红的血迹铸成的。来回奔驰的战马就是踏着古街厚实的黄土，涌向万花寺，兵临镇兴堡的。由此，古街变成了探寻古镇文化背景的栖息地，成为穿越时空看古镇的"历史隧道"（图2-108）。

1. 晒谷场

2. 村庄繁华街道

3. 村庄排水渠

4. 村庄排洪沟

图2-108 人居环境

第三节　白银市传统村落

一、景泰县寺滩乡永泰村
Yongtai village Sitan township Jingtai county

永泰建城久远，汉代就在这里修建老虎城，唐代时称为龙沙，明万历年间修筑永泰城，随着历史的变迁，永泰城军堡作用逐渐消失，屯军后裔在此定居逐渐形成如今的永泰村落。

永泰古城是明清时期一座显赫的军事要塞，从景泰县城出发，穿越郁郁葱葱的杨树林，在茫茫戈壁滩上，有一座形似金龟状的城堡卧伏在寿鹿山脚下，傲视着北方广袤的疆域。当硝烟散尽，唯有沿途残存的烽火台遗址诉说着古城的历史（图2-109）。

1. 村落整体风貌图

2. 瓮城

图 2-109　村落概览（1）

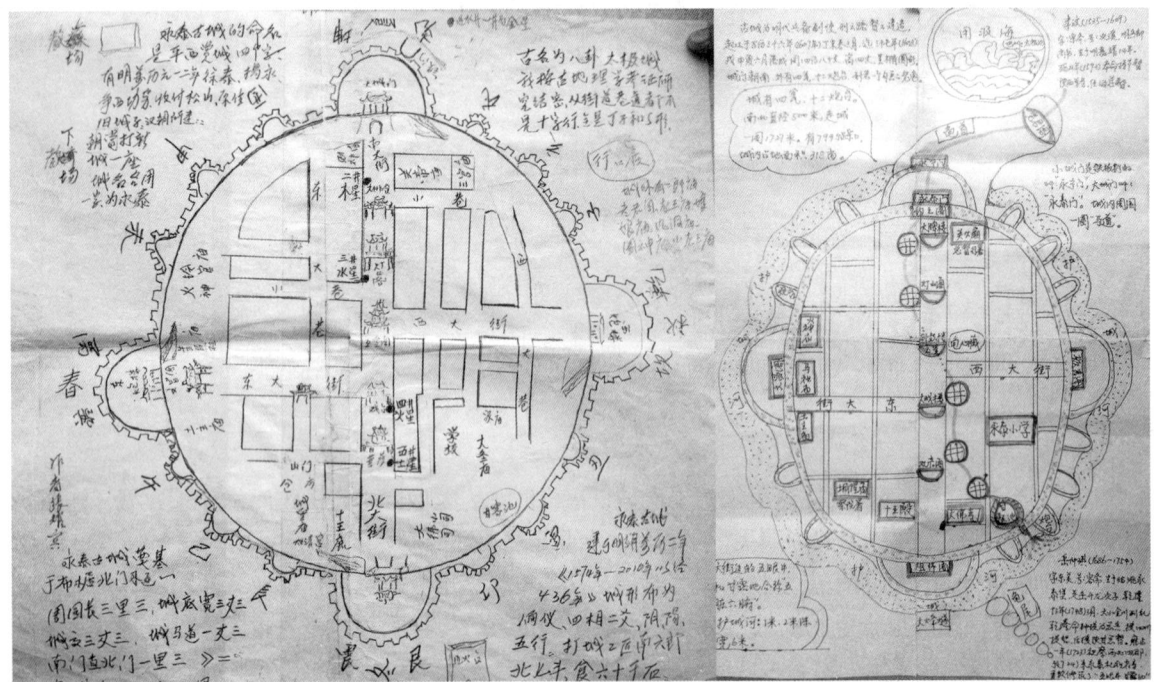

3. 村落示意图

4. 村落鸟瞰图

图 2-109 村落概览（2）

备注：3 源自村里张耀宾老先生手绘；4 源自景泰县寺滩乡人民政府

1. 村落基本信息

永泰村位于甘肃省白银市景泰县寺滩乡，寿鹿山至老虎山北间水磨沟洪积扇上部的永泰川上，南依老虎山，北为西刘庄，西临水磨沟沙河，东北两面皆为川滩，有大片旱沙地分布。永泰村南距寿鹿山坡脚3.5公里，东北距景泰县县城约20公里，西南距兰州市约135公里，东距省道201线约17公里，交通不便。

2. 村落选址和格局

永泰村位于全国重点文物保护单位永泰城址内，城址平面略似乌龟，故又名龟城，为明清时期驻军防务的大型土筑古城。墙周长1 710米（含瓮城、月城2 136米），其中北墙长489米、南墙长314米、东墙长446米，仅有南城门通行，城墙范围内面积约22.59公顷。城墙黄土夹砂夯筑，高8～12米，墙基宽6米，顶宽5米，夯层厚0.12～0.14米。城东、西、北三面筑有半圆形月城，城门南开，宽4米。外筑瓮城，形似龟头。

永泰城址四周有护城河，宽约6米，深约2.5米。距北城墙20米处筑大墩1座，墩东北有小墩5座，呈一字形排列，曰点火台。城西有地下泉水串流城内五井之中，俗称"五脏"。永泰城内村落街道基本保持原有格局，有南北向街道三条，东西向有三条小巷，城墙下部分区段保留有环城路。文物院落10处，其中建于1913年的永泰小学，保存有完整的两进院落，其余均为一层单坡硬山顶的民居，且伴有部分传统院落荒废的现象。

永泰城址为全国重点文物保护单位，包括永泰城的城墙、护城河，城内古建筑，周边烽火台等相关军事设施，附属遗存和其他遗存（图2-110）。

（1）涝池

城外涝池（1号）与城墙同时期修建于明代，面积4 227.4平方米，是调节城内用水的主要蓄水设施；城内涝池建于清代，2号涝池面积1 652.4平方米，也称"甘露池"；3号涝池面积1 505.5平方米，是排洪蓄水设施。

（2）水井

城内原有5眼井系，现存4眼水井。水井沿南城门内主街南北一字排列。水井寓意"龟城"的"五脏六腑"。5眼水井通过地下暗渠相通，连成一线，井水相汇流入城南外涝池，为城内人、畜解决了用水问题。

（3）校场（靶场）

校场位于东南侧，距东城墙约0.9公里。校场内现残存靶墙遗址夯土墙10余米。校场原能容纳骑兵约1 000名，步兵约500名。

（4）岳家祖坟

岳家祖坟位于村落西南侧，距南侧城墙约2.7公里。清朝初期，岳飞19世孙岳镇帮屯守永泰，岳家祖坟为其孙岳钟琪之墓，19世纪90年代被盗掘。

甘肃传统村落

1. 护城河

2. 烽火台

3. 城墙

4. 村落街巷格局

图2-110 村落格局

3. 传统建筑

文物建筑院落共 10 处，建筑 26 座，均在城内。其中永泰小学建于 1913 年，两进院落，含文物建筑 5 座，保存完整。其余 9 处均为民居，建筑为单层，是西北地区传统民居样式的硬山单坡与双坡顶（图 2-111）。

10 处历史建筑翔实情况列表

序号	名称	位置	建造年代	保护范围（m²）	保护等级
1	13 号民宅	永泰村	明末	812	国家级
2	21 号民宅	永泰村	明末	377	国家级
3	53 号民宅	永泰村	明末	435	国家级
4	20 号民宅	永泰村	明末	457	国家级
5	32 号民宅	永泰村	明末	662	国家级
6	98 号民宅	永泰村	明末	445	国家级
7	100 号民宅	永泰村	明末	684	国家级
8	110 号民宅	永泰村	明末	511	国家级
9	永泰小学	永泰村	1920 年	2698	国家级
10	民宅	暂缺	明末	255	国家级

4. 非物质文化遗产

永泰村历史悠久，非物质文化遗产丰富，有传统社火、背鼓子舞、景泰滚灯、景泰拉花和寿鹿山道教音乐，还有一些地方小曲和其他口头传承及民间工艺。

5. 人居环境现状

随着城镇化进程的加快和外出务工人员的增多，村内缺乏活力；另外，在生活条件改善的情况下，当地群众缺乏文保意识，将有价值的民居拆除建设新住宅，导致传统居住模式的解体甚至消失；古民居的院落产权关系趋于复杂，由于建筑的布局难以适应人口增长的需求，以及家庭结构的变化，部分院落居住密度较高，而有的则仅有老人居住或无人居住。从居住环境上看，村内部缺乏供居民活动的公共绿地，虽部分住宅内部有少量绿化，但仍无法满足居民对公共环境的需求。

村内现有的公共服务设施主要靠近中大街，公共服务设施种类较单一，居民使用的文化娱乐设施不足。服务性行业不够健全，且无特色，缺乏文化内涵。

1. 永泰小学大门

2. 20 号民居

3. 村落整体风貌图

图 2-111 传统建筑

二、靖远县平堡乡平堡村
Pingbu village Pingbu township Jingyuan county

平堡村地处黄河上游、祁连南支东延余山尾、黄土高原西北边缘、乌金峡出口处黄河东岸谷地，距靖远县城西南44公里，距白银市23公里，与四龙度假村和白银市高科技农业示范园隔河相望。平堡村现代农业发达，甜瓜、温室花卉、反季节蔬菜等名扬陇上。平堡村历史悠久、文化灿烂、风貌独特，文物古迹丰富集中，自然景观别具一格，平堡八景、黄河飞虹等美不胜收。村落汇集了星罗棋布的人文景观，宗教寺庙、书院宗祠建筑，更具有独特的地方习俗与文化传统，是一个具有很高历史、文化、艺术和旅游价值的历史古镇。现存文物遗址20余处，已有12处被列为县级文物保护单位。随着乌金峡水电站的建成和白银市黄河风情旅游线的通航，平堡村将具有广阔的发展前景（图2-112）。

1. 村落鸟瞰图

2. 村落整体风貌图

图 2-112 村落概览

1. 村落基本信息

据当地老人讲,最早有 48 个士兵,在堡子山上定居,后由于黄河水位降低,人们逐渐到山下定居,形成了今天的平堡村。村落整体处丘陵上,村域面积约为 6.27 平方公里,村庄占地面积 4 200 亩,户籍人口约为 5 657 人,常住人口约为 5 035 人,主要是汉族聚居在此。村民以日光温室种植、养殖业和旅游业为主导产业。

2. 村落选址和格局

平堡,靖远之门户,地控榆银,水通蒙宁,临河踞胜,四面天险,是汉唐丝绸之路上的重镇和"边防要塞"。村落背靠平堡文明的发祥地堡子山,三面环黄河水,形似月牙状。元时期为重要的通衢驿站;明代初叶,为控扼北疆,英宗正统二年(公元 1437 年),设靖虏卫军民府,并置下属军政机构"九堡"为所辖,平滩堡是其一,属陕西行都司。始有"平滩堡"建置,驻堡子山"平滩堡城"。

平滩堡址位于平堡乡平堡村东的堡子山,距乡政府约 600 米。城堡始建于汉代,堡墙就地取材,黄土夯筑,夯层厚 0.13~0.20 米,剖面呈梯形。该堡平面呈方形,堡内现为平滩堡中学的果园和附近村民的菜地,南墙外侧毗邻深沟,沟内有通往南坪的便道。依地势判别并据当地群众所言,原南墙偏东处辟门,今已毁之,遗迹不存。南城门外有瓮城城墙残段,西北城墙角墩上建有一钟亭,内曾悬挂"道光六年"铁钟一口,堡内曾有零星散布的明清瓷片、砖瓦碎片,并出土有王莽时期"货币"一枚,据考证应为汉代至清代的关堡,为探讨靖远境内汉代至清代历史及军事边防史提供了线索和证据。平滩堡城西北角为平滩堡城遗址(图 2-113)。

图 2-113 平滩堡遗址

明万历二十六年（公元1598年），三边总督李汶、甘肃抚臣田乐，收复黄河以北地，蒙古人北去，境域遂成内地，大局稳定，时有落籍戍兵，定居"平滩堡城"及堡子山西麓窑坡一带，号称"四十八门军户"，被认为是当今多数平堡人之开宗始祖。"平滩堡城"中居民因取水不便遂于康熙二年至三年（公元1663—1664年）渐次迁徙移居堡子山下滩台地，一些以军户姓氏命名的村落庄园屡见不鲜，至今流传沿用，如麻家巷、穆家园、武家圈圈子、张家湾、杨家巷子、吴家庄子、刘家嘴子、蒋家滩等。昔日平滩堡古街为方圆少有的经济文化中心，对现在平堡文艺发展有深远影响，古街元宵灯会习俗沿用至今。

堡子山遗址位于平堡乡平堡村东堡子山顶，距乡政府约600米，东西长约500米，南北长约300米，占地约15万平方米。地表暴露有彩陶、素红陶、灰陶、夹砂陶等残片，彩陶以黑红二色为主，纹饰有网状纹、平行纹、绳纹等。据考证属于马家窑文化半山、马厂类型时期人类生活遗址，现地表为砂田。堡子山烽燧为明代所修，是古代报警通讯工具（图2-114）。

1. 烽火台

2. 六角亭

图2-114 堡子山遗址

3. 传统建筑

(1) 城隍庙

城隍庙建筑群金时在堡子山城内，清康熙初年移至平堡街，有山门、屏风门、大堂、二堂、卧房、班房，百子宫等，建筑雄伟（图2-115）。

(2) 贞节牌坊

建于清代，原在平堡东街，1958年移作平堡中心小学校门，为县级文物保护单位（图2-116）。

1. 外观

2. 寝宫

图 2-115 城隍庙

图 2-116 贞节牌坊

(3) 蜂窝楼

蜂窝楼结构严谨，造型独特，建筑全用木条卯套而成，因形似蜂窝而取名，玲珑别致，巧夺天工，楼阁大柱全为四方形，属元代建筑，为县级文物保护单位（图2-117）。

图 2-117 蜂窝楼

(4) 灯山楼

灯山楼位于平堡中街街中心，建于清康熙三十年（公元1691年），阁楼建筑为歇山顶式，砖、木、土混合结构，面东向西，东西向街道从楼下穿过。灯山楼面宽三间，计6.8米，进深5.5米；单面呈长方形，上层略小，主体呈梯形；下层为大街过道，上层为阁楼，为县级文物保护单位（图2-118）。

图 2-118 灯山楼

(5) 平堡戏楼

平堡戏楼原建于清康熙年间，原戏楼为砖木混合结构。化妆室为硬山顶，后出廊，前台为卷棚顶，与化妆室巧结一体，中间以木装修隔开，南北开边门为上下场口。台面宽7.5米，台口宽5.5米。1979年拆除原戏楼，后由韦继文、王学正等人新建一座在原基础上扩大的宽敞高大的仿原貌新戏楼。化妆室在戏楼右侧靠后，戏台留通道与化妆室相通。台面宽14米，进深18米，台口宽12米，台口高10米（图2-119）。

图 2-119 平堡戏楼

(6) 吴氏民居

吴氏民居位于平堡乡平堡村东街,距乡政府约300米,始建于清光绪年间,原为四合院式建筑,占地面积约600平方米,现存南房及大门,坐东南向西北,大门为双坡水砖木结构(图2-120)。

(7) 白氏民居

白氏民居位于平堡乡平堡村东街,距乡政府约300米,始建于清咸丰年间,原为四合院式建筑,占地面积约800平方米,现存南房及大门,坐东南向西北,大门为双坡水砖木结构,砖封到顶(图2-121)。

图 2-120 吴氏民居

1. 概览

2. 白氏民居匾

图 2-121 白氏民居

4. 非物质文化遗产

平堡小学旅行鼓、号、笛,原为北伐军鼓、号、笛,于1930年前后传入,一直沿用至今。旅行鼓、号、笛,隆重欢快,富于节奏性,易于行进间吹打,平堡小学有大鼓一个、小鼓若干个、笛子若干个、号若干把,配以锣钹,组成乐队。节日集会、少先队活动及旅行时,出动乐队(图2-122)。

舞狮是由金家园子的第二代"金把式"(九云公第十代玄孙仁华公)独创的,大概有200多年的历史,现由其第八代传承人传承。舞狮共由28人组成,其中乐队有16人,舞狮有12人,经典之处是应用拳术中的"迎手棍""敲四门""十二环"。舞师在乐队鼓点的指导下完成全部动作(图2-123)。

平堡小曲与平堡秦腔同时派生,始为陕西艺人传授,有"七十二大调""三十六小调"之说,曲牌繁多,旋律线条简朴流畅,易学易记。平堡小曲,串村演出。剧目多属小段文戏,如《卖水》《华亭》。

图 2-122 平堡小学

图 2-123 舞狮

备注:来源于网络

5. 人居环境现状

平堡村所在地属黄河河谷阶地,南高北低、山环水绕,自西向东,呈带状。境内有平堡、蒋滩两大南坪。海拔1 425米,属大陆性气候,干旱少雨,冷热分明。

居民住房有土木结构、砖混结构,村庄依山傍水,滨河而居,水、土、光、热资源十分丰富,发展农业得天独厚。蔬菜、瓜果、花卉等优质农产品周年生产,四季上市。电信、移动、联通、铁通等通信设施相继落户平堡,通信方便,交通便捷,群众生活、文化水平高。村庄内有初中、小学各一所。村内主干道及小巷全部为水泥硬化路，基础设施有待完善，村内没有公厕，无污水处理系统。各农户家有旱厕，积蓄肥料供田间使用。村庄内常用电为电线杆架设引入（图2-124）。

1. 文化娱乐场所

备注：图来源于网络

2. 公共活动空间

3. 俯瞰图

图 2-124 人居环境

第四节 定西市传统村落

通渭县榜罗镇文峰村
Wenfeng village Bangluo township Tongwei county

文峰村作为甘肃历史文化名镇榜罗镇镇政府所在地，历史悠久，文化底蕴深厚，是有名的书画之乡。据史料记载，榜罗汉代以前是中原汉族与西北少数民族交界地带的一个商贸口岸，处于多民族交融杂居地域。榜罗意为"盆地"与"骡马市场"，它有夫妻诗人巨匠秦嘉、徐淑桑梓故里的骄傲，有秦长城遗址的历史文化瑰宝，有爱国国防教育基地——红军长征榜罗纪念馆（图2-125）。

图 2-125 村落环境图

备注：源自当地政府

1. 村落基本信息

村域面积18平方公里，村庄占地面积约120亩。户籍人口约为2 151人，常住人口约为4 500人。主要是汉族聚居在此。村民靠农牧业、劳务输出为经济来源。

文峰村是省级历史文化名村、省级特色景观旅游名村。现有规划为《通渭县榜罗镇城镇建设总体规划》《通渭县榜罗镇历史文化名镇保护规划》，由甘肃省建设厅批准。目前对文峰村历史遗存主要以博物馆的方式进行保护和县政府挂牌保护，同时主导发展旅游业和服务业（图2-126）。

2. 村落选址和格局

文峰村域内现存清代后期古堡（党家堡——长征战斗遗址）1处、长征纪念馆1座、百年老树（核桃树）2棵、古河道（南河湾、北河湾）2处。传统民居分布于村内"十字"型街道周围，绿树掩映，星罗棋布，景致古色古香。

文峰村保存有大量清末民国时期的居民建筑群，毛泽东、周恩来等伟人曾在此居住过。该村有一条主干道，周围开出许多支路延伸至周边；村子北高南低，西高东低，四面环山，水势汇聚到村庄水渠中由北向南流淌。

文峰村有古院落14座，各类古建筑73座，大多是县级文物保护单位，部分为省级文物保护单

1. 古核桃树

2. 耀邦树

备注：耀邦树为1982年时任中共中央总书记的胡耀邦同志在定西视察工作时，亲自委托原定西地委书记韩正卿同志栽于纪念馆内，当地群众故称为"耀邦树"

图2-126 村内景观

位。由于自然、经济、社会和民俗的影响，建筑材料以生土为主，建筑形制简陋，民居建筑多为四合院布局，院墙用黄土夯筑，处理方法简洁朴素。村落至今仍在居住，每家每户都保留有古字古画，是历史悠久、文化深厚、保留得较为完整的一个古村落。

（1）警卫团住宿旧址

红军警卫团住宿旧址位于镇中党家堡内，占地 7 800 平方米，内有 5 户居民和反映当年战争场景的弹痕残壁一堵。1935 年 9 月 26 日，红一方面军红四团（警卫团）攻占该堡并驻扎其间，担负警戒保卫任务（图 2-127）。

图 2-127 警卫团住宿旧址

（2）朱家堡战役遗址

朱家堡战役遗址位于岔口村下店社的沟沿上，面积 2 100 平方米，属清同治年间建筑的正方形土堡。因在红军长征及解放战争时期，红军和解放军曾三次与国民党军团在此发生激战而著名。现属下店社集体所有（图 2-128）。

图 2-128 朱家堡战役遗址

（3）红军饮马池遗址

红军饮马池遗址位于南巷涝坝，呈圆形大水池，占地 260 平方米。1935 年 9 月至 1936 年 10 月，红军经过榜罗时在此饮马（图 2-129）。

图 2-129 红军饮马池遗址

（4）弹痕残壁

碉堡城墙上留有当年红军作战时留下的子弹、炮弹痕迹（图 2-130）。

（5）战国秦长城

其遗址在今四新、坪道、桃园境内绵延 20 余

图 2-130 弹痕残壁

备注：图 2-128、图 2-130 源自当地史书记载

公里，脉络清晰可见，最宽处可达12米，高度达9米，堡垒高耸矗立，部分古关隘、营寨和烽火台遗址保存完好，登极远眺，榜罗镇四周风貌尽收眼底。

(6) 红军驻地一条街

红军驻地一条街在榜罗镇北街，长100余米，沿东西两侧有206间房屋，建筑面积3 462平方米，现为85户农户住房（图2-131）。

(7) 榜罗镇纪念馆

榜罗镇纪念馆位于榜罗镇文峰村原榜罗小学。1979年完成了榜罗小学的搬迁及重要遗留文物的征集工作，并在原址修建了榜罗会议纪念馆。纪念馆包括榜罗会议遗址和革命文物陈列室两部分。当年毛泽东主席住屋及举行榜罗会议的校长室完整地保持着70多年前的原貌，供人们参观；革命文物陈列室里陈列着红军在榜罗镇期间遗留下的标语、背篓、子弹箱、文件袋、水瓢、面杖等珍贵文物260余件，其中有国家一级文物2件，国家二级文物3件，是省级文物保护单位。榜罗镇会议纪念馆占地610平方米，是甘肃省国防教育基地、甘肃省文物保护单位、全国爱国主义教育基地，是列入全国13条红色旅游精品线名录的著名红色旅游景点（图2-132）。

(8) 榜罗瞭望台

榜罗瞭望台于2005年12月始建于镇区北部的圆嘴山上，居镇区制高点，树立有毛泽东大理石镀金雕像一尊。1935年9月，毛泽东首次到达该地时，曾在此处登高望远、察看地形。

(9) 千人会址

1935年9月28日凌晨至中午12点多，陕甘支队在原榜罗小学南侧打麦场上的核桃树下召开了全军连以上军政干部千人大会，传达贯彻榜罗镇会议精神，进行进军陕北的总动员。同时于当

图2-131 红军驻地一条街

图2-132 榜罗镇纪念馆大门

天下午整顿军容军纪、补充兵员、筹备物资并休整，晚上各连队还举行了气氛热烈的联欢晚会。从此，中央红军从这里走向陕北，走向胜利。千人会议会址中央挺立一棵枝繁叶茂的核桃树，这棵百年老树保存完好，伟岸挺拔，印证着一代伟人高瞻远瞩的英明决策和威震四海的号召力。该会址占地2800平方米（图2-133）。

图2-133 千人会址

3. 传统建筑

文峰村是榜罗镇政府所在地，处于战国秦长城脚下。镇域内有汉代夫妻诗人秦嘉、徐淑墓，建于民国初年的红军长征纪念馆（原榜罗小学）和建于民国初年的古庙宇2处，清代中后期所建的民居100多座，古街道（街巷）2处。其中纪念馆为省级文物保护单位，有25处县政府挂牌保护的文物。该村历史上属汉族与少数民族交汇地带，商贸繁荣，历史悠久，文化底蕴极其深厚。

（1）毛泽东住宿旧址

原榜罗小学校长室，现保存有当年召开中共中央政治局会议用过的办公桌2张、办公椅6把。毛泽东住宿旧址保持原有陈列，为纪念馆内主要陈列馆藏展品之一（图2-134）。

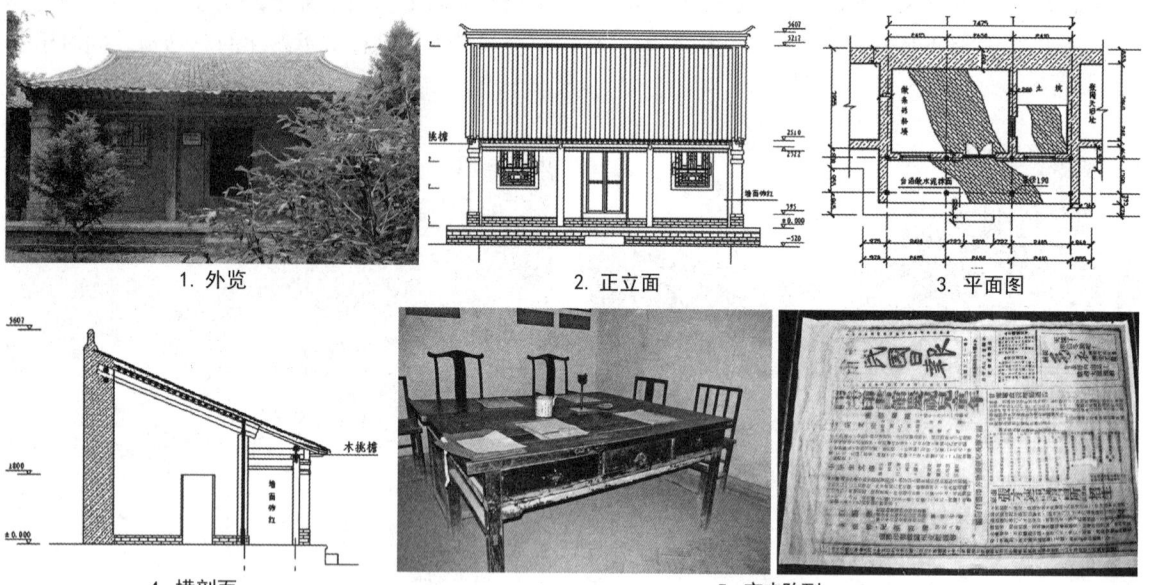

1. 外览　　2. 正立面　　3. 平面图

4. 横剖面　　5. 室内陈列

图2-134 毛泽东住宿旧址

(2) 张闻天住宿旧址

张闻天同志住宿旧址位于小学校长宿舍旁，住宿旧址内有当年办公用过的椅子2把、办公桌1张（图2-135）。

(3) 肖克住宿旧址

肖克住宿旧址位于镇区大集社9号的伍乔来住宅内，院落占地面积375平方米，建筑占地48平方米。其居室砖雕考究，古朴典雅（图2-136）。

图 2-135 张闻天住宿旧址

1. 大门

2. 院落

3. 堂屋

4. 室内陈列

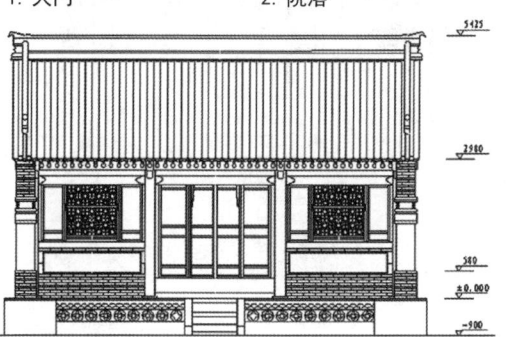

5. 堂屋正立面　　　　6. 堂屋平面图

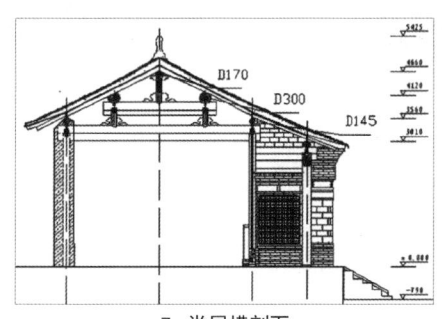

7. 堂屋横剖面

图 2-136 肖克住宿旧址

(4) 林彪住宿旧址

林彪住宿旧址属镇区大集社 29 号户主陈庭栋管理，占地 42 平方米，院内保存着陈氏先人石砌的八卦太极图。院落占地面积 300 平方米，建筑占地面积 42 平方米（图 2-137）。

1. 八卦太极图

2. 堂屋

3. 堂屋正立面

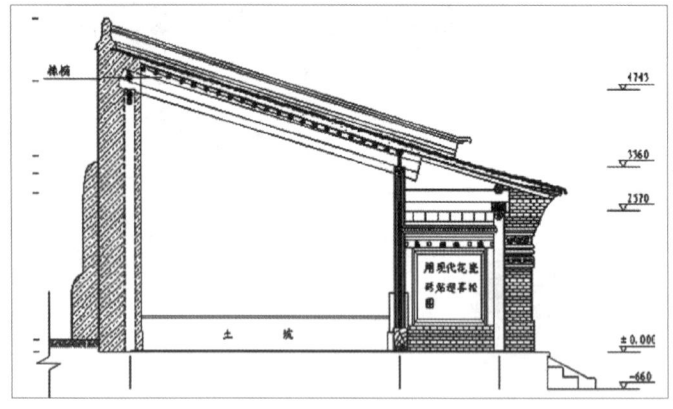

4. 堂屋横剖面

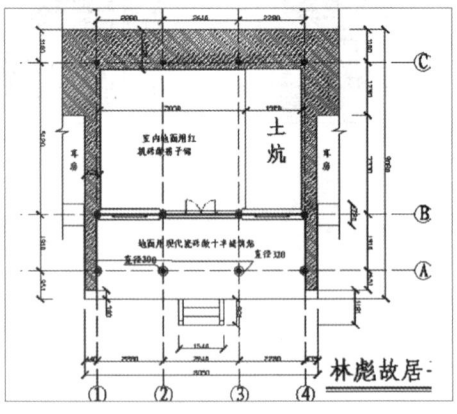

5. 堂屋平面图

图 2-137 林彪住宿旧址

(5) 周恩来住宿旧址

周恩来住宿旧址位于镇区北街 7 号蒲永清民宅内，院落占地面积 310 平方米，建筑面积 42 平方米，院内有房屋 5 间，屋内墙壁上有红军当年的宣传标语。现周恩来住宿旧址主体已有部分裂痕，屋顶屋檐经多年的风雨侵蚀，破烂不堪（图 2-138）。

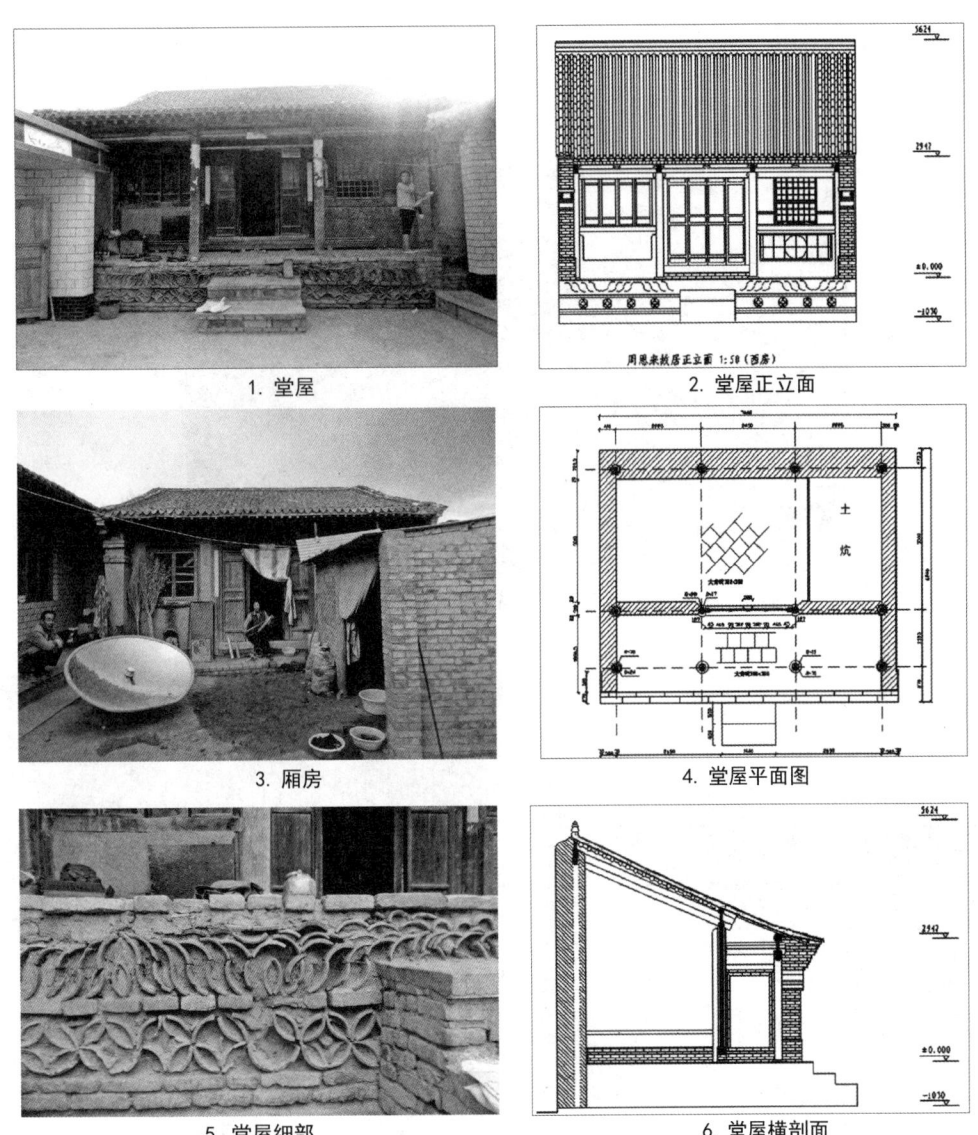

图 2-138 周恩来住宿旧址

(6) 王稼祥、陆定一住宿旧址

王稼祥、陆定一住宿旧址位于镇区东街社 20 号伍宗信的住宅内，为两间各为 63 平方米的房屋（图 2-139）。

(7) 任弼时住宿旧址

任弼时住宿旧址位于镇区尹台社 18 号王顺乾的民宅内，占地 40 平方米（图 2-140）。

图 2-139 陆定一、王稼祥住宿旧址堂屋

1. 堂屋

2. 收藏

图 2-140 任弼时住宿旧址

(8) 罗荣桓住宿旧址

罗荣桓住宿旧址位于镇区尹台社 23 号舒万清的民宅内，占地 42 平方米（图 2-141）。

1. 堂屋

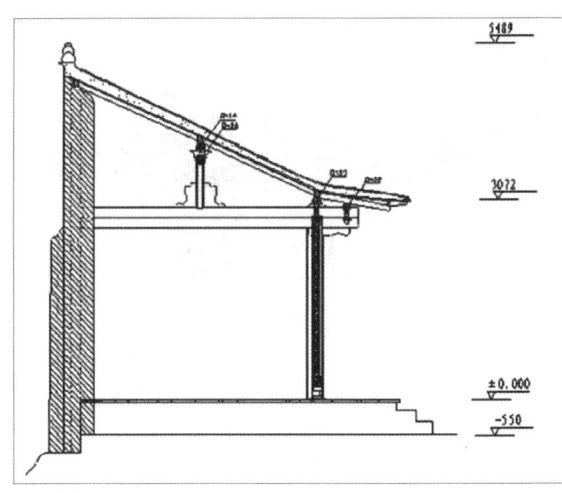

3. 堂屋横剖面

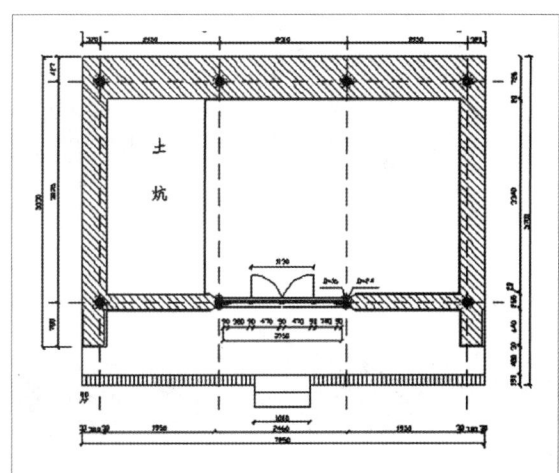

2. 室内陈设

4. 堂屋平面图

图 2-141 罗荣桓住宿旧址

(9) 彭德怀住宿旧址

彭德怀住宿旧址位于镇区北台社27号张小平住宅内，院落占地面积375平方米，建筑占地42平方米（图2-142）。

图2-142 彭德怀住宿旧址堂屋

(10) 张云逸住宿旧址

张云逸住宿旧址位于镇区尹台社53号张永锋的民宅内，占地39平方米（图2-143）。

图2-143 张云逸住宿旧址堂屋

(11) 邓小平住宿旧址

邓小平住宿旧址位于镇区尹台社16号尹建荣的住宅内，建于民国初年，土木结构，建筑面积23平方米（图2-144）。

1. 堂屋

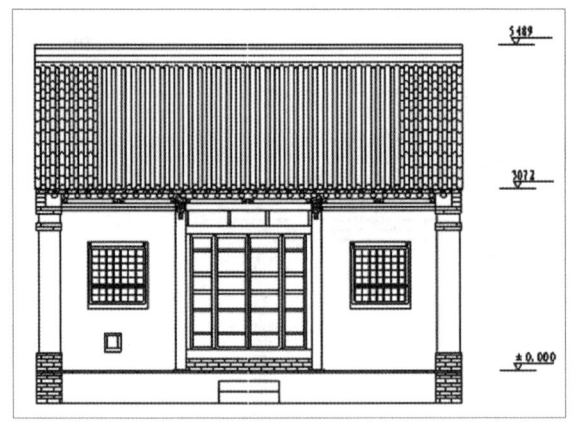

2. 堂屋正立面

图2-144 邓小平住宿旧址

(12) 博古住宿旧址

博古住宿旧址位于文峰村南巷社26号王顺宝民宅内，占地32平方米。

(13) 杨尚昆住宿旧址

杨尚昆住宿旧址位于镇区大背社 7 号，占地 28 平方米（图 2-145）。

(14) 聂荣臻住宿旧址

聂荣臻住宿旧址位于镇区西团社 15 号蒲克勤民居院内，占地 57 平方米（图 2-146）。

(15) 叶剑英住宿旧址

叶剑英住宿旧址位于镇区南街社 32 号雷林的住宅内，占地 46 平方米（图 2-147）。

(16) 贺龙住宿旧址

贺龙住宿旧址位于镇区东街社 4 号伍小明的住宅内，占地 70 平方米（图 2-148）。

图 2-145 杨尚昆住宿旧址堂屋

图 2-146 聂荣臻住宿旧址堂屋

图 2-147 叶剑英住宿旧址堂屋

图 2-148 彭德怀住宿旧址堂屋

4. 非物质文化遗产

文峰村留传保护的非物质文化遗产主要有秧歌小曲以及独具特点的榜罗方言话等。另外，本地历史传承的砖（木）雕艺人手工艺制作精良，具有地方特色。每逢节日，文艺演唱活动开展得有声有色，招来四方观众，声名远扬。

(1) 秧歌

文峰村有着定西独有的秧歌，是春节百姓娱

乐的一种歌舞形式。秧歌，顾名思义它最初是农民在插秧时的一种歌咏活动，是劳苦人民在劳动时为了排遣辛苦，同时也是为了娱乐而放声歌唱的一种方式。每到春节，村里秧歌队都会到各村游走，场面极为盛大。而小曲是通渭县的汉族民俗文化娱乐生活中最为主要的组成部分，老百姓甚是喜爱。小曲即是"眉户"或"迷胡子戏"，因有别于秦腔大戏而得名。它在明代已经非常盛行，据当地老艺人讲，其是由古丝绸之路传到这里，并且在这里得到了丰富和发展。

（2）木雕与砖雕

木雕与砖雕在这里被展现得淋漓尽致，每家每户的房子上或多或少都会有各类砖雕与木雕。例如毛泽东故居、周恩来故居等，他们的墙面就有精细的砖雕，甚至在屋檐、青瓦上都有，而在门窗、房梁上就运用了精美的木雕，有的雕花，有的雕动物，房间内的桌椅上边缘处也雕了各式花色，极为精美。这些能工巧匠用简单的材料却创造出了一件件精美绝伦的艺术品（图2-149）。

1. 砖雕　　　　2. 木雕

图2-149　木雕与砖雕

（3）中国书画艺术之乡

榜罗镇是西北地区有名的书画之乡，每家每户都有名人字画，文化底蕴极其深厚。每逢当地的艺术节，沿街都会陈列着一幅幅书法字画，而且都是出自当地有名的大家之手。每个人都能欣赏评价一番，整个文峰村都充满了浓浓的书画气息。通渭县有史以来，人们一直崇尚耕读、重视教育、重视文化，力求从文化教育上寻找出路，摆脱贫穷，走向富裕。通渭深厚的文化底蕴、崇尚文明和书画的文化氛围，造就了"人人赏书画，个个练书画，家家挂书画""家中无字画，不像通渭人"的通渭现象。榜罗镇作为通渭县西南部最大的建制镇，书画艺术文化已成榜罗文化的主流（图2-150）。

图2-150　字画

（4）草编工艺

榜罗镇地处黄土高原边缘，属黄土丘陵半干旱区，年平均降水量400 mm左右，以农作物生产和加工为主，农作物以小麦种植为主。当地农民早在 30 多年前就开始利用小麦秸秆加工各种工艺品，主要以草编工艺加工为主流，草编可深加工成草帽、草席、草枕等日常生活用品。同时，草编加工成为当地农民农闲季节的经济收入来源之一。草编产业的发展有利于增加当地农村收入，促进地方经济增长（图 2-151）。

5. 人居环境现状

文峰村四面环山，山顶已退耕还林，北面有塘坝 2 处，水域面积 12 亩，域内呈"田"字形街（巷）道，全部水泥（砖）硬化，主干道两侧设置有排水沟，道旁栽树绿化。车站、垃圾处理场、供水点、供电所、卫生室等公共设施完善。

居民用水为井水。村落内配有自己的法院、卫生室，中小学和幼儿园等公共服务设施，其中学校坐落在山上幽静之处。村内线网分布整齐。

村子整体感觉朴素幽静，民风淳朴。大量民居都保留着传统建筑形式。民居建筑基本都是四合院形式，墙壁用黄土夯筑，房屋架构为木结构，细部有雕花、砖刻等，每家每户都保留有较多的古字古画、匾额画像等。有的人家依山而居，用山做墙，就地取材，并且不失美感与实用。房屋整齐有序，村落道路整洁干净（图 2-152）。

图 2-151 草编工艺

1. 传统格局

2. 传统街巷

3. 整体风貌图

4. 老人

图 2-152 人居环境

第三章 陇东南地区传统村落

陇东南是甘肃省人口相对密集，但经济发展和城市化水平偏低的区域。陇东南广义指包括庆阳、平凉、天水（包括秦州区、麦积区、清水县和张家川回族自治县）、陇南四市及其所属的31个县区。该地区旅游业以天水市发展较好，平凉、庆阳和陇南矿产资源较丰富。

陇东南地区是我国南北自然景观和历史人文的过渡区，是我国古代文明的重要发祥地，有丰富的史前文化遗存。这一地区经5000多年历史文明的沉淀，历史遗迹、自然资源和人文资源都极为丰富，被誉为"天然历史博物馆"，成为了我国最重要的文化旅游带之一。

陇东南地区处于温带季风气候区，同时也处在我国南北方地理分界线上，气候温暖湿润，夏无酷暑冬无严寒，雨水充沛，植被多样，动植物种类繁多，是天然的动物园，境内还有国宝大熊猫。这块土地不但有北国的雄奇，更兼有江南水乡的秀美，境内拥有大量的自然风景区，是理想的旅游胜地。

第一节 天水市传统村落

一、清水县贾川乡梅江村
Meijiang village Jiachuan township Qingshui county

村庄位于梅江峪，北依山顶岭，南有梅江沟，整个村落位于台地上，村落院落层层跌落，与山体浑然一体。该村保留有约 20 处清中期建筑风格的民居，大都是悬梁土木结构，粗柱宽廊、直棂隔窗、雕刻精美，书房、客厅均以花石铺地，院内花木葱郁，端庄大气。村内其他建筑多为土木结构、土墙灰瓦，传统建筑保留较好（图 3-1）。

图 3-1 村落鸟瞰图

1. 村落基本信息

梅江村形成于元代以前，朱元璋有一个后人曾被分封为关中王，关中王的后代后来流落到清水，住在了这里，发展演变成现在的村落。梅江村依山而建，所有建筑以带状分布在六个不同高度的台地上，高低错落有致，功能布局严谨而合理，街巷、公共活动中心等井然有序，三棵古树点缀其中。

村域面积1.6平方公里，村庄占地240亩。户籍人口约为537人，常住人口约370人。主要是汉族聚居在此。村民以外出打工作为主要经济来源。

2. 村落选址和格局

村落基本是根据地理环境和生活习惯自发形成的，布局较为自由。同时，村落的形成很大程度上又受到宗族、传统文化以及人为等方面的影响。村庄位于贾川乡东侧台地上，背靠梅坪山，面朝梅江河，形成了山环水抱、藏风聚气的传统格局。同时，在传统古村落的建设过程中，对人居与自然的关系方面，也考虑了符合"天人合一"的环境观，建筑以群山为背景，增加景观的层次感；以水为前景，取得开阔的视野，形成了在封闭环境中展开男耕女织的田园生活（图3-2）。

村落主入口位于村落最南侧，主要活动中心位于村落北侧。村委会位于较中间的台地，山神庙位于较高台地，其他的居住院落等每个台地分布不一，但总体而言西侧台地较东侧台地少。一条已被硬化的主要道路贯穿着村落南北，其他巷道因为地形和院落规模等限制，自由地穿插于整个村落内部，整体呈枝状散开，小路之间均贯通连串，宽度大约在2～4米，脉络清晰，主次分明，尺度亲切宜人。

村落整体风貌较好，大部分为传统乡土建筑，其中有六个院落已定为县级文物保护单位，三棵古槐树为文物树。

3. 传统建筑

传统民居建筑以院落为核心，房屋紧凑，屋顶形式为单坡和双坡并存。民居的平面布局为东西窄、南北长的长方形庭院，常见的为一进式四合院，由正房、厢房和倒座房围合而成，开间数一般为单数，如三间或五间。有的住宅带偏院，或纵横拼接形成多重院落，原来的朱家大院就属于这一类型。梅江地处山地，平地少，土地资源比较贫乏，所以院子相对其他地方四合院较窄，这样可节省土地。

古民居重点保护院落7户，位于梅江村三组，属于清中期古建筑。其中有六座相连，是清代中期一位朱姓进士的故居，被称为"梅江六大院"。朱家先祖先后建成了六座院落，有老院、中院、边院、上中院、当中院和书房院，几个院落紧紧连在一起。古建筑共有23间，面积300多平方米，现居住村民24人。每座院院墙很高，有很强的封闭性，体现了农耕文化封闭保守的思维特质。墙角用石片或青砖砌成，墙体用夯土筑成，有些墙段从墙根痕迹看过去曾是用砖砌成的。房间为悬梁土木结构，粗柱宽廊，直棂隔窗，雕刻精美，整体古朴又不失雅致。书房、客厅均为花石铺地，端庄大方，气息不

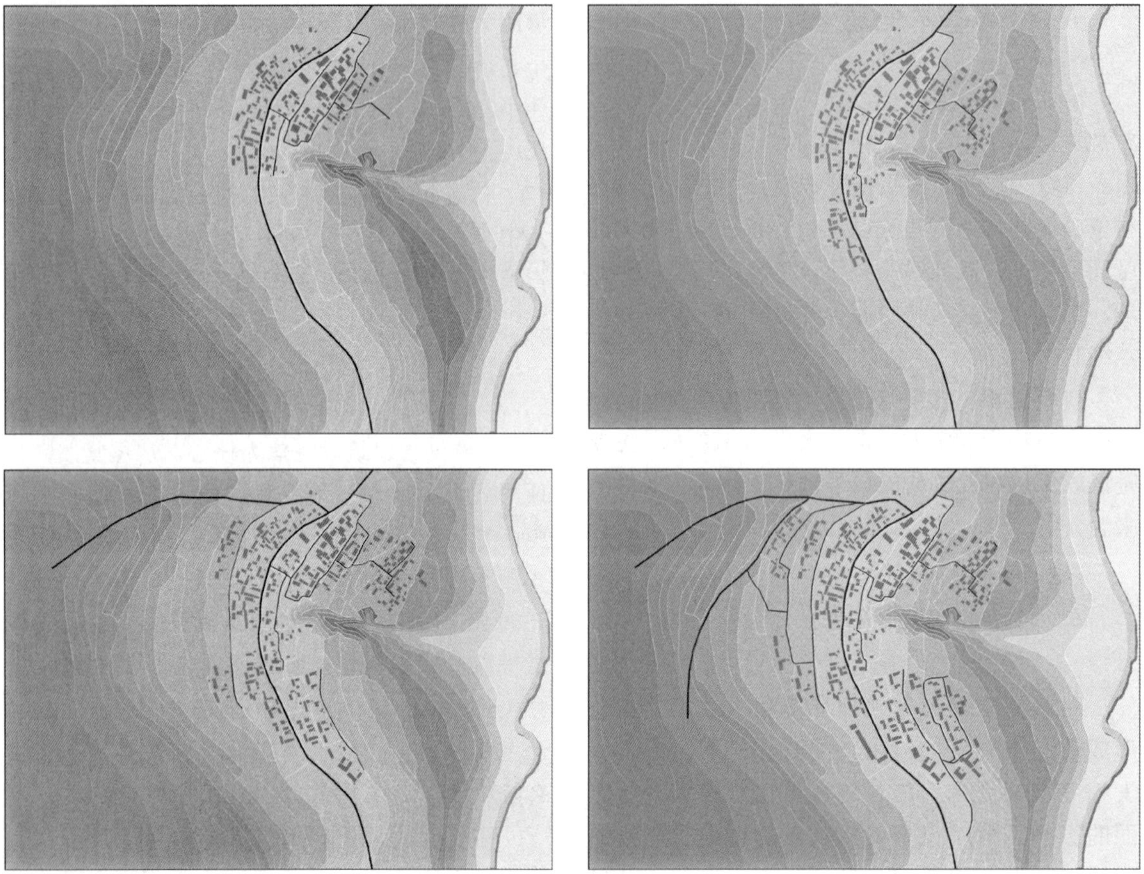

1. 村落格局演变

2. 村落整体风貌图

图 3-2 村落遗址和格局

备注：源自博客《春天的山梁》
http://blog.sina.com.cn/s/blog_badd6dd30101j7iy.html

凡。古民居中至今还保留着一些古书和古旧家具，都是老宅子的原主人留下来的。院落里时时散发出幽静清雅的书香气息，也因为有了这样的承袭，梅江村自古民风淳朴，村民知书达理，热情好客，加之四季鸟语花香，空气清新，实属上乘之地。

梅江峪"六大院"的建筑都是木构架、土木结构，基本构造方式是以立柱和横梁组成构架，屋顶与房檐的重量通过梁架传递到立柱上，墙壁起隔断作用（图3-3）。

（1）三多堂

此屋据说为康家里康师傅修建。康师傅曾主持修建清水县城隍庙大殿，是清水有名的木匠。

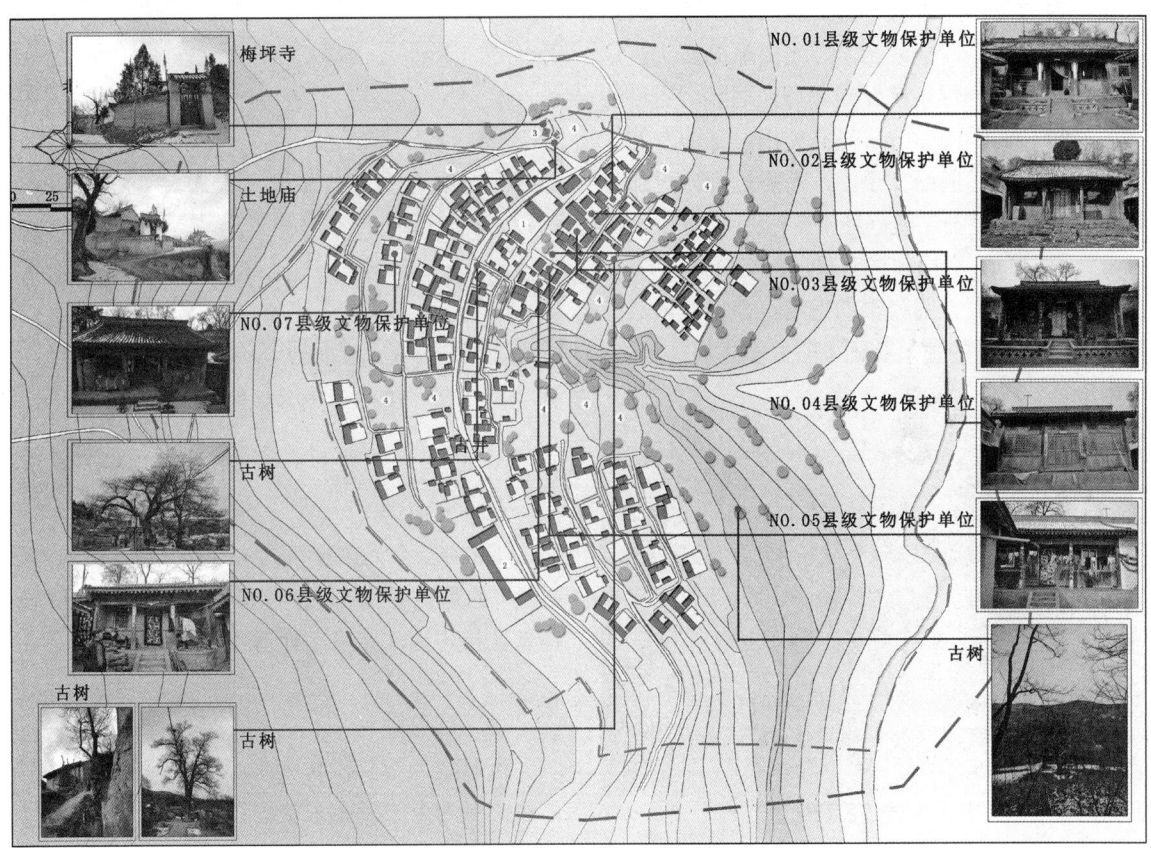

图3-3 梅江六大院分布图

今天院子的主人是朱家的后代——已七十多岁的朱四德及老伴。朱四德先生是四代单传。

正房三多堂三间，下房三间，北房三间，南边是一座小木楼，并带一排小房。所谓"三多"，即多子、多福、多寿。房基明显高出庭院，以乾字向定位，以云落三檐式修建，显示出一种肃穆庄重的气派。廊沿宽畅，四根明柱挺立庭前，屋面上部镶装了木板、木窗，四栏门窗使用一色的木质。窗台下部是青灰色磨砖砌成的图案。门楣刻有"三多堂"，檩铆相套，飞出雕刻云头，这样的建筑恰似一位气宇轩昂、目光迥然、眉目清秀的长者。砖雕的屋脊，高高突出，延伸左右，飞来的燕、鸽、鹊矗立于上，高瞻远瞩，更加衬托出屋子的气度与生机（图3-4）。

下房三间，房椽圆椽双重，不仅加固了房檐，而且显示出主人方圆处事的态度。那门，依然是四栏，只是在屋的建筑装饰上略低于主房的规格。

图3-4 传统民居堂屋

北房三间，今作厨房用，但房的大小构式却是普通人家的主房结构。

南边是两层小楼，合坤字。有木板梯可以登楼。楼梯口有活动盖房，人上去后，压上盖房，这楼便成为空中之阁，外人是上不去的，是女眷的绣楼。有木栏杆可以看庭院，有小窗可观外面风景，也有供卧息的床榻（图3-5）。

主房的东侧有一排一间一小门的低矮房屋，是仆人们居住的地方，住在这里是为了方便主人召唤差使。

图3-5 传统民居阁楼

(2) 五福堂

五福堂，今为朱家后人朱鸿祥居住。命名"五福堂"的是当中院，今仅存留西房三间。中院"五福堂"相传为郭家塄高师傅修建。

(3) 百忍堂

百忍堂为边院，传为本土支家河支师傅主持修建，今为朱家后人朱映辉老人居住。

百忍堂上房比三多堂开阔，通体五间，屋顶做出假脊假带，突出中间的三间主体。左身房开侧门，右身房开内门，十分紧凑。屋檐一字排开七个云头雀替，很有气度。

(4) 佛堂院

佛堂院门额题匾"积善德",廊前有四根明柱,檐底雕以板饰,看上去很气派。

(5) 上院

上院在 1958 年曾被作为食堂。

(6) 书房院

梅江峪古民居,尤其是上房,采用"大式作法",饰以斗拱、雀替、月梁,外加宽廊明柱,重檐筒瓦,砖雕高脊,四栏门窗,明显有别于其他普通民房。

4. 非物质文化遗产

梅江村至今仍较好地保留了具有特色的文化传统,如马社火、皮影等。这些文化传统形成于传统农业文明时代,是农耕文明的真实见证,也是古建筑群赖以生存的深厚土壤。保护和研究这些传统,对保护好古建筑的完整性及文化的多样性能起到至关重要的作用。

(1) 马社火

贾川乡梅江村"马社火"是一种古老的汉族民俗文化活动,文化底蕴深厚,已列为清水县第二批非物质文化遗产保护项目。"马社火"如今传承情况良好,且有固定的传承人,每次表演者达 30 人以上,全村观看。"马社火"由锣鼓队打头,后按历史戏剧故事装扮成各个角色,骑骡马列队成行,于进行间变化动作姿势,叙述故事内容。"马社火"以扮演角色的演员骑在马背上而得名。用作社火的马,除对鞍鞯进行装饰外,还要在马头上挂红,有的在马额上扎饰"圆镜"。

(2) 皮影

贾川乡梅江村皮影戏已列为清水县非物质文化遗产保护项目。如今虽有固定的传承人,但却处于无人管理的状态,传承情况一般。皮影戏,又称"影子戏"或"灯影戏",是一种以兽皮或纸板做成的人物剪影,在蜡烛或燃烧的酒精等光源的照射下用隔亮布进行演戏,是中国汉族民间广为流传的傀儡戏之一。表演时,艺人们在白色幕布后面,一边用手操纵戏曲人物,一边用当地流行的曲调唱述故事,同时配以打击乐器和弦乐,有浓厚的乡土气息。皮影戏在梅江的表演已近百年,虽然由于场地等客观原因每次表演和观看的人数并不多,但多年来一直是村民们喜爱的娱乐项目。

5. 人居环境现状

村庄周边环境较好,基本保持原本的地理风貌,内部主要道路已硬化,其余支路为土路,没有垃圾和污水处理设施,垃圾和污水基本被倒入深沟,这对村庄的环境造成一定的影响(图3-6)。

梅江古村历史巷道总长约 3 公里,主要沿着村庄六层台地边缘分布,台地上两排房子之间,一般为一排住宅一条巷道。

梅江村至今还保留着当地特色的传统劳作、生产方式,从院内水井、晾晒玉米的构架、堆积的草垛、编织的农筐,到屋外开阔的谷场、生产粮食的农具,一系列零碎的场景串联成了一个完整的耕作体系。

梅江的古树名木资源极其丰富，有保护价值的古树约3棵，古槐树龄约400～600年。

图 3-6 村落整体风貌图

备注：源自《天水在线：走进中国传统村落》
http://www.tianshui.com.cn/news/qs/20140118215727775541.html

二、秦州区天水镇庙坪村
Miaoping village Tianshui township Qinzhou district

庙坪村位于天水镇中心区域，属半山区地貌。村内传统院落保留较好，形成集中连片分布，整体风貌较好。灵源候庙又称高皇庙，是该村的一处县级文物保护单位，占地面积2970平方米，宋元丰三年（公元1080年）朝廷下诏重建，后经历地震等灾害，清初再建。现存殿宇12件，戏楼1座，宋清碑6块，现代碑4块，照碑2处，山门4处，办公室、库房、炉房各3间，围墙96米（图3-7）。

图3-7 村落鸟瞰图

1. 村落基本信息

庙坪村位于天水市秦州区天水镇，坐落在半山坡上。在三国时，这里为历史记载的历城。守卫历城的抚夷将军姜叙，被母亲的一番慷慨陈词说服，和杨阜、赵昂等人联合，竟使英勇无敌的马超败走历城。

村域面积约为 0.68 平方公里，村庄占地面积大约 81 亩，户籍人口约为 738 人，常住人口约为 694 人。主要居住民族为汉族。村民主要以种植业为生活来源。该村极具地方特色，但一直没有特别的保护措施。

2. 村落选址和格局

庙坪村位于高坪之上，与天水村隔河相望，国道 316 从中穿过。村落整体分布呈矩形，南北长，东西窄，南低北高，村落最南端是高皇庙建筑群，红墙灰瓦，非常醒目。村中有一条南北向主要道路，东西向道路有多条，重要的公共空间有高皇庙院和篮球场，在其北边有居委会办公楼。院落的格局多规整，在村落的最南边有前城门，其古城墙依稀可见（图 3-8）。

3. 传统建筑

村落中 20 世纪 70 年代建造的独特民居经过重新修缮，墙面用白色涂料粉刷，远远望去颇有点江南民居的味道。

村落中传统建筑占村庄建筑总面积的比例达 40%。

图 3-8 村落格局和道路

（1）高皇庙

高皇庙是经政府认定的历史建筑群，建于唐朝安史之乱时期，石碑有宋元丰六年（公元1083年）的天水县灵源侯封爵敕碑、元丰八年（公元1085年）的天水县新修灵源侯庙碑，清咸丰六年（公元1856年）的灵源侯高皇庙诉讼碑（图3-9）。

庙宇虽然并不宏阔，但由于它为北宋神宗皇帝所敕封，因而名震陇上，闻于四方。它所在的地方就是著名的庙坪和王家坪新石器遗址。寺庙原名湫泉庙，大约建于唐代中晚期。后因祈雨灵验，在北宋时便受皇帝敕封，并新建为灵源侯庙。灵源侯就是唐代战将雷万春，他因在睢阳之战中英勇捐躯而名满天下。

由于雷万春将军的神威，天水关的人们对灵源侯始终非常敬仰。近千年来，虽因地震等灾害，灵源侯庙几经塌废，但当地人们总是想方设法进行修缮。清嘉庆九年（公元1804年）、光绪十六年（公元1890年），民国四年（公元1915年）就曾进行过三次大的维修和重建。1982年，灵源侯庙被天水县政府确定为县级文物保护单位。近年来，当地群众又投资投劳，使这座古庙焕发新的光彩。

如今，这座古庙除保存有较为完整的清代建筑外，还保存有八块石碑，它们都是不可多得的宝贵文化遗产，对于历史考古和民俗文化研究都有重要作用。在石碑中，又尤以三块宋代石碑最为珍贵。它们分别是宋元丰六年（公元1083年）所立的"秦州天水县灵源侯封爵敕碑"、元丰八年（公元1085年）所立的"天水县新修灵源侯庙记碑"，以及宋绍圣四年（公元1097年）所立的"柳氏家训碑"。

1. 入口

2. 院内

3. 全览

图3-9 高皇庙

备注：1、2 源自网络

（2）传统民居

庙坪村 6 号民居（图 3-10）：

6 号民居建筑为单进院落，由三栋房屋组成；四合院形制，院落与房屋对称性较好；正房抬升三阶 60cm，土木混合结构。

正房坐北朝南，五间，两边耳房作储存室，两卧一厅。东厢房作厨房，西厢房作卧房。院落南面有一花园，院落包含柴房厕所，排水口位于门口。

正房：双坡屋顶，灰瓦白墙，双开木门，格网木窗，48 椽，挑出 80cm，水泥勒脚。室内地面覆砖，水泥墙面，装饰简单，无隔断、吊顶，家具单一，部分家具为老式家具，部分家具为新式家具。

东西厢房：双坡屋顶，灰瓦白墙，双开木门，格网木窗，30 椽，水泥勒脚。素土地面，夯土墙面，装饰简陋，东厢房内有地窖，灶头老化，无隔断、吊顶。

庙坪村 31 号民居（图 3-11）：

31 号民居为传统四合院形式，正房及东、西厢房对称布局；正房及东、西厢房均为单坡屋顶；木土混合结构。

正房为客厅，正房两侧为耳房，均作储藏用，西厢房已改建为现代建筑，为卧室，东厢房为厨房。院落坐北朝南，正门开在东南方，入门有一小花园，旁边有一间房作储藏用，院落内包含后院，后院有厕所、储藏室、柴房。

正房：单坡屋顶，灰顶白墙，建筑基底抬起 3 个踏步，双开木门，格网木窗。

室内布置较考究，为客厅，承重结构为木构架，围护墙体为土坯，已用白灰进行粉刷，地面铺砖，屋顶有吊顶，室内家具较新，一部分为老

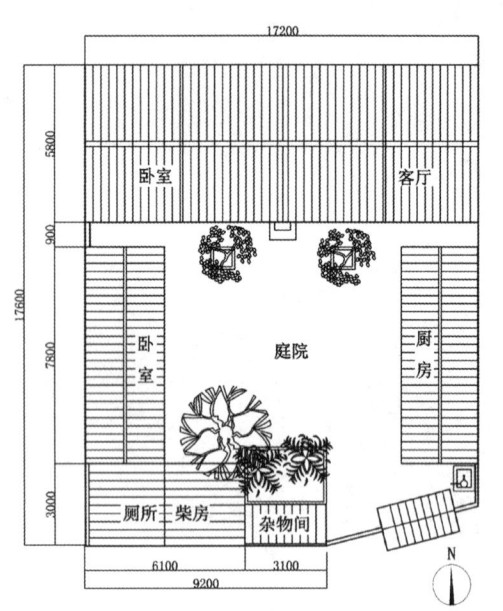

1. 总平面图

图 3-10 6 号民居

2. 院落格局

3. 厢房

式家具，一部分为现代家具。

东厢房：单坡屋顶，覆瓦。灰顶白墙，建筑基底抬起 0.3 米，水泥勒脚。

东厢房采光较差，为厨房，地面用砖铺成，布置有灶台、碗柜等。

庙坪传统民居把院子作为建筑平面的组成部分，室内外空间融为一体，富有生活气息。院周围建筑互不独立，相互联系。但合院建筑不是群体，而只是一座建筑。

4. 非物质文化遗产

（1）迎喜神（图 3-12）

正月初一早上，大人、小孩赶着马、牛、驴、骡等家畜，朝着喜神所在的方位前进。进入旷野以后，老年人要举行礼仪。大家三跪九拜，祈祷喜神保佑、出门顺利等。小孩子鸣放鞭炮，家畜任其自由撒欢奔跑。迎喜神，若能惊起一只野兔或山鸡，则被看作最大的吉祥喜庆，就是看见喜鹊、麻雀等小鸟，也是一种好的兆头。回家的时候，老人们习惯捡根柴，取谐音"财"，意喻招财进宝。

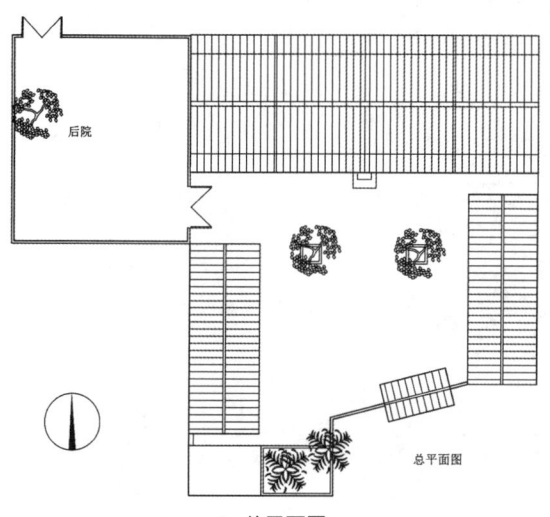

1. 总平面图

2. 正房

图 3-11 31 号民居

图 3-12 迎喜神

备注：源自网络《乡村风味：出行迎喜神》
http://blog.sina.com.cn/s/blog_a556c41e0101dgoj.html

（2）社火

农历正月初，为了丰富村民的文化活动、增添热闹的气氛，全村要耍社火，包括舞龙舞狮、唱秧歌、划旱船等节目。社火白天演习、晚上汇演，走村串户，热闹非凡。

5. 人居环境现状

近年来，村民们修建水利设施，解决特色蔬菜的灌溉难题，平整、拓宽、硬化通村道路和村中小道，电力设施完备。村里2006年初成立的农家书屋约40平方米，存有420多册图书。

村内没有公共垃圾收集点，自来水供应不够充足，基础服务设施有待完善。

现在庙坪村人的日子越来越好，但是他们依旧保留了古老的民居，保留了纯朴的民风。村里人的关系一直都很好，要是谁病了，大家都会去看，要是谁家需要帮忙，只要说一声就行。

尽管多年来庙坪村的村民们习惯墨守成规，放慢了过上现代化生活的步伐，但却正是在那种环境下形成了勤俭节约、邻里和睦、互敬互爱的纯朴民风（图3-13）。

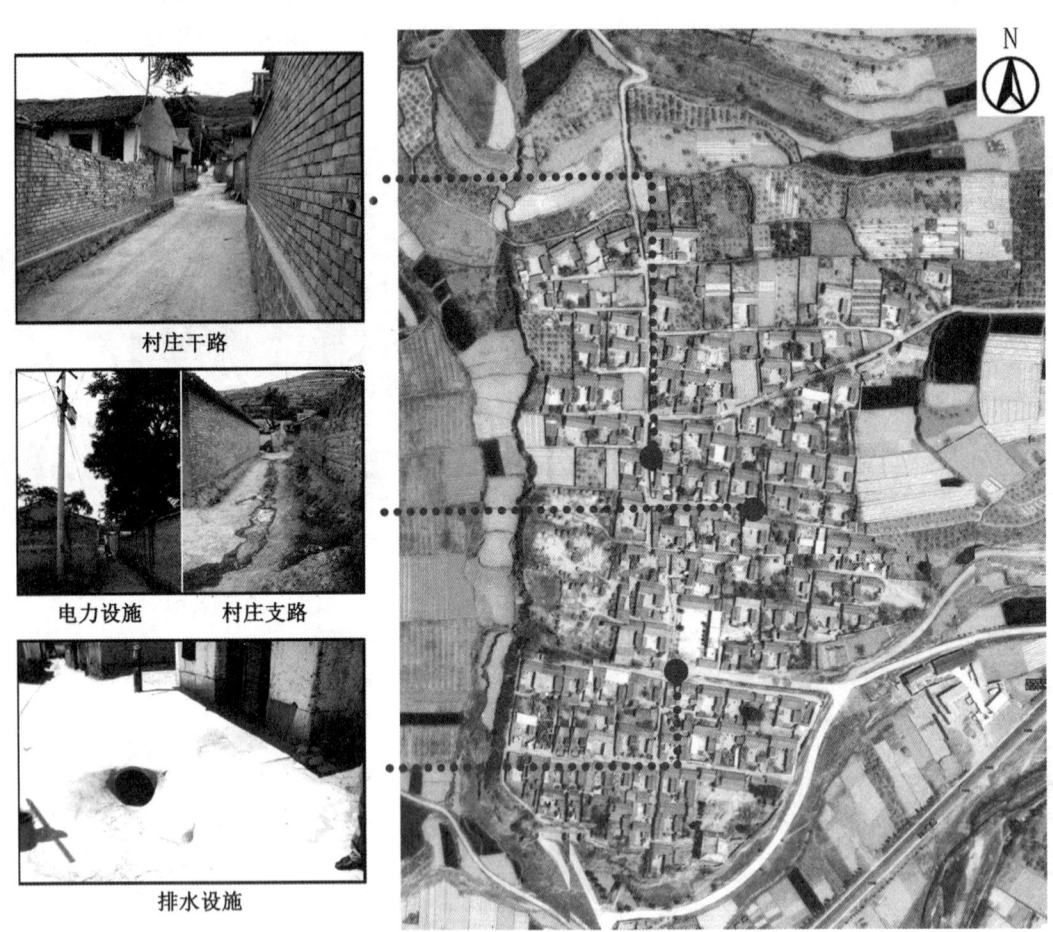

图3-13 村落公共设施

三、秦州区天水镇天水村
Tianshui village Tianshui township Qinzhou district

天水村历史悠久，是三国古战场，古天水关遗址，俗称天水关口。该村子的面积较大，目前传统建筑多集中于旧城内，部分传统建筑保存较好，但院落却不完整，而且分布较分散。传统民居多为土木混合结构，坡屋顶，且很多都是当地名人的故居。村内有明初修建的槐花寺，历史悠久（图3-14）。

1. 村落鸟瞰图

2. 整体风貌

图3-14　村落概览

1. 村落基本信息

天水村村落大约在元代以前就已经形成。其村域面积约为3.9平方公里，村庄占地面积大约391亩，户籍人口约为4 160人，常住人口约为4 058人。主要居住民族为汉族。村民多以种植业、养殖业为生活来源。

2. 村落选址和格局

村落主干道为十字形，周边有南、北两河环绕，原城墙及东南、西北城门形成环状的格局，上街槐花寺前形成公共空间。在原旧城范围内，建筑形态多样化，既有传统建筑，又有新建的平顶建筑，主要功能还是用以居住，部分院落保存较完整（图3-15）。

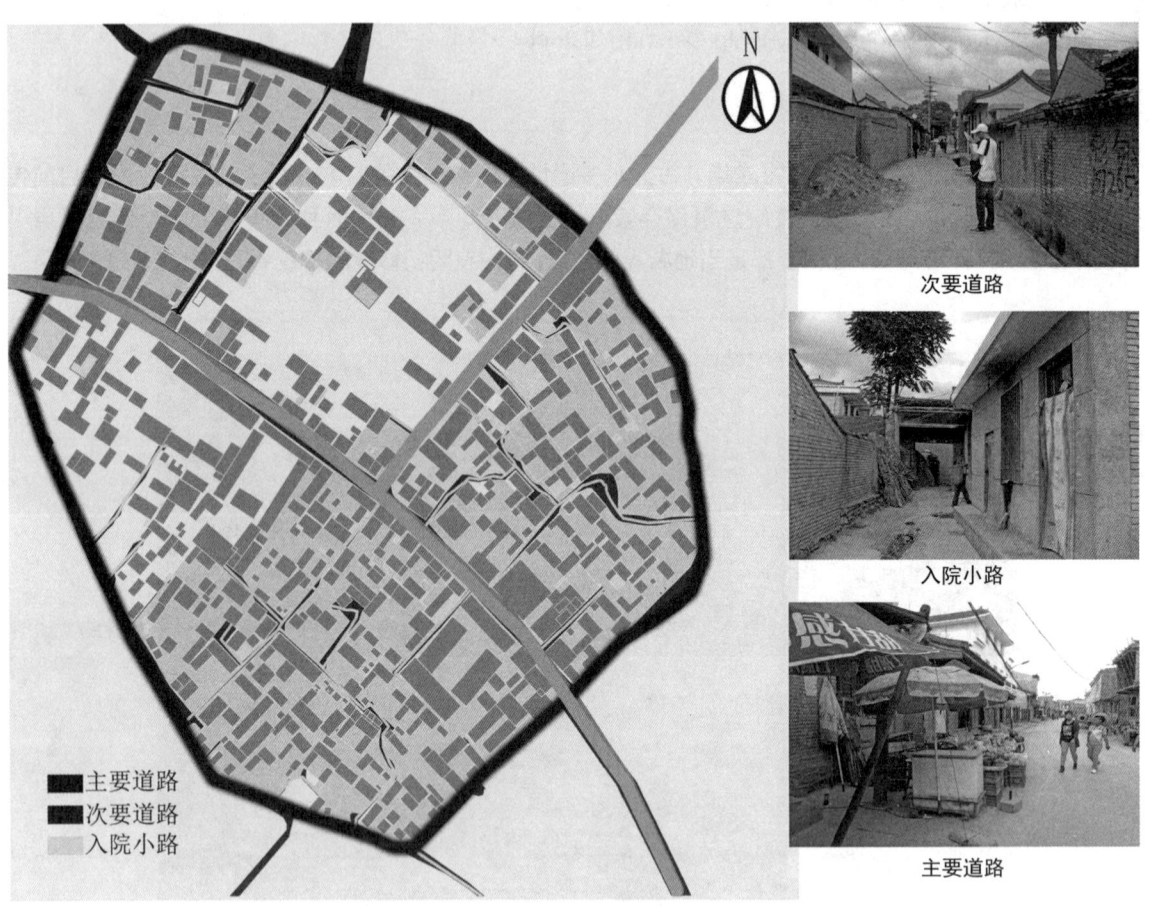

图3-15　村落道路图

3. 传统建筑

天水村村落有两处古建筑群为县级文物保护单位，即武颂扬故居、槐花寺。

旧城范围内传统建筑占村庄建筑总面积的比例达50%（图3-16）。

1. 村落建筑风貌图　　　　2. 村落整体格局图

图3-16　村落风貌及格局

武家大院（图3-17）：

两进院落，主要院落为传统四合院落；室内采用东西方风格相结合的装饰形式；用第一个窄长院落烘托主院落。

此民居建筑为木构建筑，即板屋，整体为灰顶白墙，木构件保持原木色。正房为双坡屋顶，东厢房与西厢房均为单坡屋顶，横材与竖材之间辅有花绘木雀替。八边形及四边形雕花木窗格更使得此民居建筑极具趣味。

正门开向西方，从正门首先进入一个窄长小院落，院落右侧依次布置有杂物室、花园、厕所，再通过一扇圆拱门，进入一个传统四合院形式的主院落，北房为客厅，两侧为耳房，东侧耳房用作卧室，西侧耳房则用作贮藏室，西侧耳房连接有一后期用砖墙围合的杂物院。

4. 非物质文化遗产

（1）迎喜神

正月初一早晨，全村男女老幼出门向喜神的方位进行祭祀活动，祈祷来年风调雨顺、大吉大利。迎喜神，是农村民间的一项喜庆活动，热闹非凡。

（2）黑社火

农历正月初，为了丰富村民的文化活动，增添热闹的气氛，全村要耍社火，包括舞龙舞狮、唱秧歌等节目。社火白天演习、晚上汇演，走村串户，热闹非凡。

3. 堂屋室内

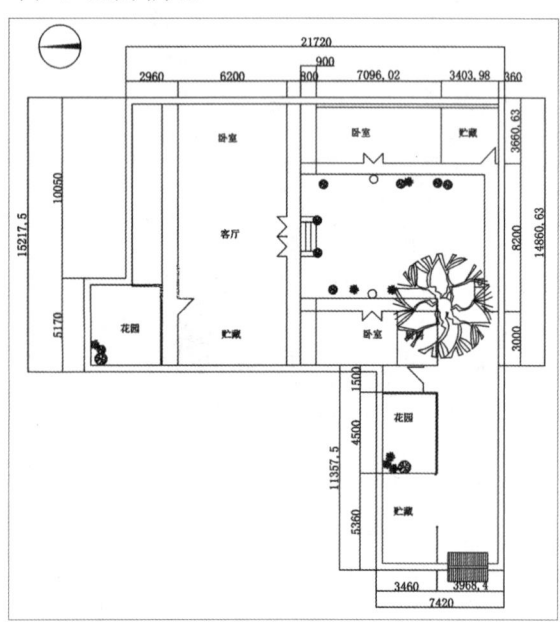

1. 平面图

2. 堂屋

4. 厢房室内

图 3-17 武家大院

5. 人居环境现状

天水村村内道路主要以沥青路和水泥路为主，已建成13年，有路灯，采用暗沟排水，设有固定的垃圾收集点，村内环境较为整洁，自来水通到每家每户。

天水村人居环境也存在着大量亟待改善的问题，这样的环境难以满足日益富裕的村民对生活品质的要求（图3-18）。

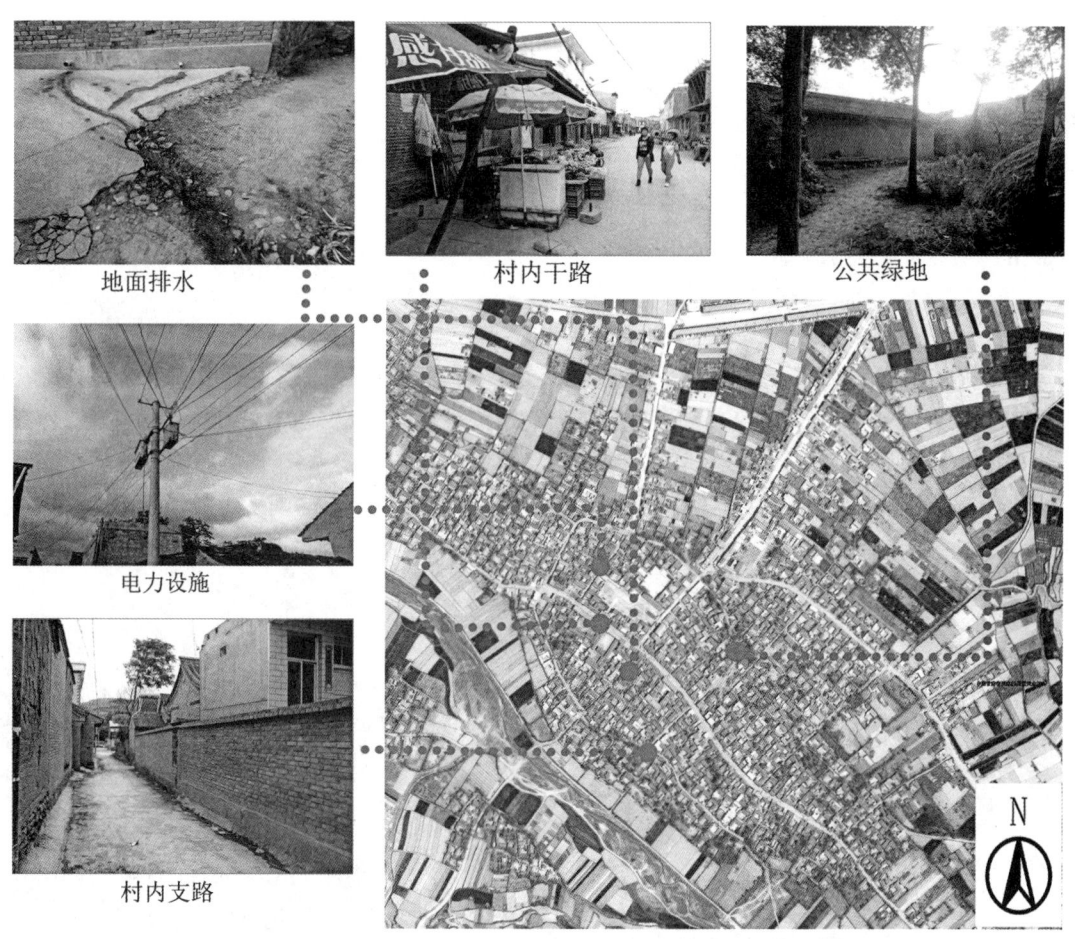

图 3-18 村落环境设施图

四、麦积区麦积镇街亭村
Jieting village Maiji township Maiji district

街亭村地处西秦岭北麓观龙山下,东柯河尽头的南北支流交汇的三角洲上,群峰环拱,景色绮丽。该村周边旅游资源丰富,背依西秦岭,麦积山、仙人崖、石门环列其后;其左有温家峡,右有黄家峡(即冯国瑞先生题字并作志的石莲谷);观龙山绵延而来雄踞村后,南北二河于村前交汇,形成二水环村、两山夹河的独特地貌(图3-19)。

目前街亭村存有百年以上的杨柳、国槐等古树十余株,村落中心的国槐树龄约1000年,崇福寺山上一株国槐树龄约1300年。街亭村现有明清时期古井6眼,井口为石块,中间为圆形井口。

图 3-19 村落鸟瞰图

1. 村落基本信息

街亭村占地面积 7 000 多亩，海拔高度在 1 300～1 800 米，属北温带气候，四季分明，日照充足，雨量适中。现有户籍人口 3 592 人，常住人口 3 907 人，村域面积约 10 平方公里，村庄占地面积 450 亩。主要居住民族为汉族。村民以苹果和劳务输出为经济来源。

街亭村在 2014 年 3 月被评为"第六批中国历史文化名村"。

2. 村落选址和格局

街亭村两侧有河流并在村前交汇，村落背靠观龙山，"十"字形主街道贯穿其中。据史料记载，街亭村在唐代就有集镇形成，街巷主要格局形成于明、清两代，民国得以延续。明清时期的村落呈正方形，东西南北四个街口建有四座雄伟壮观的城门楼，楼内塑有金木水火四大神像，楼下城门供行人车马通行。十字街中心建有土地祠，村落以观龙山下东城门为中轴线，"五行"布置，取阴阳平衡、人与自然和谐绵延昌盛之意。用"十"字形主街将村落分割，整体布局井然有序，四方互通，体现了中国传统的城市设计理念（图 3-20）。

街亭村东西街长 400 余米，南北街长 300 余米，街宽 9～13 米，街面原铺有青石板，后以水泥覆盖。街道两侧建有土木结构的商栈店铺、民居，主要为明清至民国时期建筑，有许多小街巷通向纵深的居民院落。现村内大街小巷相互贯穿，民居错落、店铺栉比，明清乃至民国时期已形成的古建筑保存基本完好。村内南北城门已被损毁，具体地点已无法查证，根据历史资料以及当地居民口述，原有南城门位置处于现南河以南，村落原有范围已遭到破坏，现状范围比原有范围要略小一些（图 3-21）。

1. 街巷格局　　　　　　　　　　2. 村落布局

图 3-20 村落街巷格局和布局

备注：源自天水市麦积区麦积镇政府

图 3-21 村落格局演变图

3. 传统建筑

街亭村是陇右现存的唯一一座保存比较完整的明清风貌村落。现存古民居 41 处,有山陕会馆、文昌阁、文庙、子美阁、崇福寺等古迹 8 处,这些明清古建筑群落起脊瓦兽、砖刻木雕,与紫藤深巷、石坊牌楼、小桥流水相互映衬,代表了明清时期陇右地区较高的建筑水平。

(1) 城门

古镇原有城门四座,均在主街尽头,南北城门因河流冲毁无存,现存东西城门。东城门为二层悬山顶土木结构,因门位居观龙山下,门前套有照壁,故呈一出二进形式。门楣上书"瞻麓门"三字,字体洒脱流利。门洞所砌条形青砖均系明代遗物,有清康熙、乾隆、道光年间维修时所题梁记。西城门亦为二层悬山顶土木结构,前墙面嵌有清乾隆三十七年(公元 1772 年)"仁明傅佳太爷截止木税德政碑"一块。二层内龛有观音塑像,外龛供诗圣杜甫塑像,故西城门又称"观音阁""子美阁"(图 3-22)。

(2) 山陕会馆

会馆建于清康熙甲申年(公元 1704 年),乾隆三十四年(公元 1769 年)由山陕商人重修,

图 3-22 子美阁

关帝大殿前建有卷棚、钟、鼓、戏楼、廊房六间。清道光十三年（公元 1833 年），山陕商人又出资重修，格局为两院。前墙在 20 世纪 70 年代被生产队前移，改变了原来风貌（图 3-23）。

（3）崇福寺

崇福寺为县级文物保护单位，位于麦积镇街亭村东观龙山，地处南北两河相汇的高台上。据寺内出土的建庙砖刻"大唐弘道元年（683 年）秋月吉日建"可知，该寺建于唐初，2011 年 7 月新建崇福寺山门（图 3-24）。

图 3-24 崇福寺

（4）民居院落

街亭村传统民居保存较为完整，由院门、倒座、正房和厢房组成四合院，这是天水民居最基本的形态。十字街两侧尚存数十座明清时期的民居和商铺，特别是还有不少二层古木楼，建筑精美，风格古朴（图 3-25）。

图 3-23 山陕会馆

 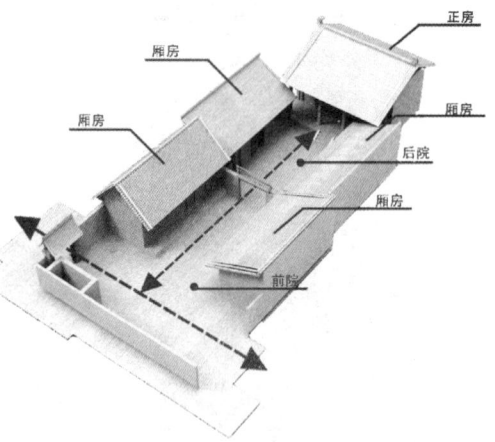

1. 文昌阁

2. 牧家院落

3. 文庙　　　　　　　　　　　　　　　　　　　　4. 商铺

图 3-25　民居院落

4. 非物质文化遗产

(1) 木偶戏

1945年,街亭村为庆祝抗日战争胜利,成立太平春社民俗曲艺表演团,次年又专门成立木偶剧团,经过三代人的传承与发展,现已发展为具有一定规模的专业表演剧团,总人数50人左右,经常在外演出,目前代表传承人是村民王维民,木偶戏属于省级非物质文化遗产(图3-26)。

(2) 麦积高抬

麦积高抬是街亭村每逢春节、庙会由村里人自发组织表演的社火类民俗节目,主要传承人为张居义、王守业。

(3) 街亭长腿子

街亭长腿子是通过传统民间技艺而得来的,最初只有几个人表演这项技艺。由于街子古镇是一个民俗文化大镇,长腿子技艺通过在春节期间的"上九""十五"庙会上表演,吸引了很多年轻人,调动了群众的好奇心,以致有了今天广泛的传承。"长腿子"的表演十分精彩,表演时吸引了周边相邻的伯阳、元龙、甘泉等七八个乡镇的约五六万人前来观看,规模居陇右之首。

5. 人居环境现状

街亭村原称街亭古镇,古时为商贸军事重镇,坐落在群峰环绕的小盆地中。这里山清水秀、林草丰茂,自然景观极为优美,东面有温泉一处,水质极佳,吸引着周边游客纷至沓来。街亭村村民大多都居住在20世纪六七十年代建造的民房中,有40多户人仍然居住在古民居建筑内。村里没有完善的供水、排水及污水处理设施;村内道路建造于30年前(混凝土路面),亟须修补和拓建;村里生活垃圾采取集中倾倒、简易填埋的方式处理。

图3-26 木偶戏

五、麦积区新阳镇胡家大庄村
Hujiadazhuang village Xinyang township Maiji district

　　魏晋初期，因与羌人作战建胡家大庄村，后因水患搬迁至现址，大部分人迁于现址总门北侧，逐步发展到东至小什字，西至西门，形成了两纵四横的村落布局。

　　村落内部整洁明亮，绿树遍布，人文景观与自然景观均非常优良；街道立面统一而富有韵味；周边景色优美，绿林遍野，古遗址众多。

　　村落整体呈现出宽敞明亮的格局，传统建筑分布较集中，体现了当地的文化特色。村落整体风貌保存良好，村民们对传统民居的保护也很积极（图 3-27）。

图 3-27 村落鸟瞰图

1. 村落基本信息

胡家大庄村祖先胡氏,最早始于安徽阜阳、绩溪等地,随秦人在渭水上游兴起。由于淮河多年水患及战乱,胡氏祖先不断向西北方向迁徙。胡氏祖先添秩公携四子于明洪武年间(公元1368至1390年)移民山西,经洪洞大槐树来到新阳。后幸存三子,繁衍为胡族三个房头。半个世纪以来,随着村内人口迅速增加,村落又不断向水泉、老苹果园、老坟头背后、窑圈套、电灌渠等处扩展。20世纪60年代吴家山庄从琥珀划入该村,2005年又与霍家坪合并,胡家大庄村现成为三个自然村组成的全镇第二大村庄。

胡家大庄村村域面积约为3.1平方公里,村庄占地面积大约2200亩。主要居住民族为汉族。主要以旅游、农作物种植为经济来源。

胡家大庄村是"市级新农村建设示范村"、全省"精神文明建设先进村""省级生态文明建设先进村",2012年入围"全国第一批传统村落"名录,2014年成为"全国第六批历史文化名村"。

2. 村落选址和格局

胡家大庄村始建于明崇祯八年(公元1635年),在清乾隆年间形成了有总门、东门、西门、北门和具有排水系统及防御功能的堡寨式村庄。胡家大庄虽历经了几百年的岁月沧桑,却保持着传统村落的风貌,并把胡氏祖先早年的规划设计延续和逐渐扩展成了现在的六纵六横的村庄格局。

胡氏从山西出来时,在龙王庙一带修庄建宅,开荒造田,营造了胡家第一处庄园。因屡遭水患,村人难以安居,经三个房头主事人商议,决定村庄大搬迁。除少数户去了温集庙背后定居外,大多数户迁于现址总门北侧,建庄落户,逐渐发展到东至小什字,西至西门,形成了两纵四横的村落形态。后来逐渐拓展为以总门、西门为入口的村堡式胡家庄。后由于其他姓氏通过成亲、投靠、雇工、当佃户等形式迁来胡家大庄村,逐步形成了现有的居住模式。胡家大庄村居民的建筑布局类似于古代西安的九宫格布局,基本以矩形排列,按总门、西门、头门、七门进行布局。

胡家大庄建设时分别一次性规划为8米、4米宽巷道,布局整齐、道路宽阔。街道尺度在当时的条件下十分恰当,在小什字到总门的横向街道里,传统街巷的亲近宜人尺度尤为明显。街道两旁的建筑高度保留了原有建筑的高度,少部分的街巷里两旁有绿化,其他的绿化仍然是在传统的院子里布置。胡家大庄的南北和东西向主要街道都铺成了石板路,总门东西向为水泥路,少数地段是土路,道路的通达性良好。通往县城和麦积区的主干道规划在了胡家大庄的北面,避开了对村庄内部的干扰(图3-28)。

3. 传统建筑

胡家大庄村内有建于明、清和民国时期的传统建筑。庙宇清池观为宫殿式建筑群,有大殿、抱夏、山门,雕刻绘画精细,至今保持原有风貌。胡家大庄的传统院落是以四合院形式布局的,庭院的门头对着街巷,院落沿街巷布置。建筑多为砖木结构和土木结构,建筑单体以单坡为

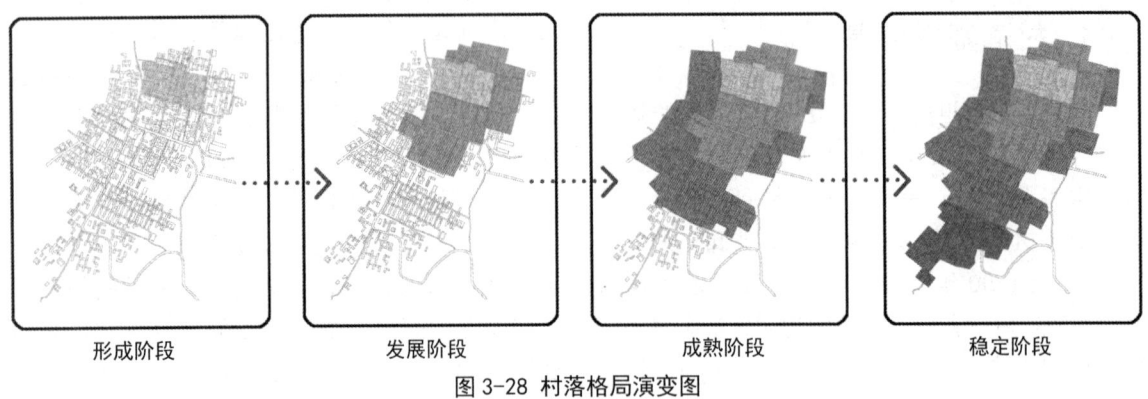

形成阶段　　发展阶段　　成熟阶段　　稳定阶段

图 3-28 村落格局演变图

主,多数有柱廊,延续了天水秦州地区的古民居传统建筑风格。

胡家大庄古民居共有 236 处,这些古民居处处体现着传统建筑的优美风格,分别建造于明、清和民国时期,其中较有代表性的是清乾隆年间的四柱、四门八窗的厦房和同治年间的四合院。

传统建筑占村庄建筑总面积的比例为 50%。

(1) 清池观

天水新阳胡家大庄清池观位于胡家大庄东面台地边缘。翠柏掩映的清池观前立有一块石碑,上面镌刻着"光前裕后"四个大字。据资料记载:清池观修建于乾隆六年(公元 1741 年),同治七年(公元 1868 年)遭回族动乱而焚毁。后人在废墟上重新修建清池观大殿,以及三霄殿、财神庙、大王庙、文昌庙、钟鼓楼等,由于历史原因被人为破坏。现在清池观里面仅存最早的建筑也就是民国时期修建的山门了。随着社会的发展,富裕起来的村民又陆续重建清池观大殿、三霄殿、财神庙、大王庙、文昌庙、钟鼓楼等,已经具有一定的规模。这里的雕梁画栋精美,一草一木似乎都散发着历史的馨香。1989 年,清池观被定为县级文物保护单位(图 3-29)。

(2) 古民居院落

当步入村中,整齐的街巷边是令人目不暇接的古民居,每座院子都有牌匾,"挹清风""永安居""三欣居""祥和瑞",一个个名字寄托着人们对美好生活的向往。

在村民马贵梅家的院子里,悬挂在厦房门首上的"太史第"匾额,至今被保护完好无损。和马贵梅家一样,村里的很多村民对他们祖先留下的传统建筑都非常珍惜,从来舍不得随意拆毁,虽然有一些古民居因年久失修或暴雨、地震已成危房,但居住者修缮时仍会按照原貌修复。

在胡家大庄村有美丽宜居示范户 200 多户,占全村总住户的三分之一。这些美丽宜居示范户无论是居住在传统土木、砖木的建筑里,还是居住在现代砖混、钢混建筑的平房或楼房中,院内都种植着花草树木,有的还铺着鹅卵石的甬道,使整个庭院显得幽静而雅致(图 3-30)。

1. 入口牌匾

4. 一角

2. 祖师殿（抱厦）

5. 撞钟

3. 家神庙

6. 重建山门功德碑

图 3-29 清池观

1. 整体鸟瞰
2. 堂屋
3. 倒座
4. 厢房

图 3-30 197 院落

4. 非物质文化遗产

传承和延续了历史的不仅仅有建筑，胡家大庄村的非物质文化遗产也丰富多彩，村里有民俗礼仪全集、戏曲戏剧、曲谱曲牌、传统秦腔表演艺术和歌舞表演。此外，还有一个由30多人组成的鼓乐队，这支鼓乐队每年都会为伏羲庙祭祀人文始祖和卦台山祭祀大典仪式进行音乐伴奏。

鼓乐队相传于清乾隆四十年（公元1775年）左右形成，起初叫作秧歌、社火，在平地演出，后来逢年过节，在搭建的临时舞台上表演。在村口处，一座民间的戏台与清池观相对而建，人们在劳动之余也可以举行一些娱乐活动，大家齐聚一堂，相互交流，享受浓浓的生活氛围。

5. 人居环境现状

胡家大庄村所属新阳镇是由渭河冲击、侵蚀而形成的河谷盆地，其河北属于黄土高原南缘，河南属于西秦岭北支系山脉。新阳镇川区海拔1 100米左右，南北山区海拔高度在1 300～1 800米，新阳镇气候温暖，四季分明，雨量适当，属于暖温带气候。

村落自来水已入户，无排水设施，主干道均已硬化，部分小巷路仍为土路，遇雨雪天气时泥泞难行。

六、麦积区琥珀乡罗家村
Luojia village Hupo township Maiji district

　　罗家村是地处山沟的一个小村,有圣境寺等庙宇。宏伟气魄的庙宇吸引着周边的村民前来膜拜。罗家村发展养殖业、种植业,全村种植着大量的花椒,为村民带来了可观的经济收入。自从退耕还林以来,山变绿了,水变清了。在渭河上游边上,有座山名叫鸡儿嘴,顾名思义,它的形状就像鸡儿张开的嘴,鸡儿嘴还流传着一个很古老的传说。村落整体为传统风貌,道路硬化较好,部分小巷道古色古香,耐人寻味(图3-31)。

1. 鸟瞰图

2. 地形图

3. 整体风貌图

备注:源自网络

图 3-31 村落概览

1. 村落基本信息

甘肃省麦积区琥珀乡罗家村地处渭河南岸谷地，海拔1 184米，又名沿川子，为乡政府所在地，全村共有15个村民小组，450户，户籍人口约为2 230人，常住人口约为2 800人。村域面积约为2.7平方公里，总耕地面积2 187.2亩，其中川水地750亩，山旱地1 437.2亩。

罗家村盛产花椒，色鲜味醇厚，销往全国。目前栽植花椒2 000多亩，花椒产业已成为村民增收致富的主产业。2007年3月，罗家村被区委评为"畜牧养殖先进村"。

罗家村积极响应"把三新阳地区建成全市最大的高效农业主产区和畜禽养殖示范基地"的号召，抢抓机遇，实施养殖小区建设工程。该工程占地6.8亩，建成后年出栏生猪将达到2 000头左右，目前已投入资金4.7万元，完成了地基工程。

2. 村落选址和格局

村落最初由五户罗姓人家搬迁至此形成，最初分为五个部分，后沿主干道两侧分散发展。

村内没有大型公共空间，皮影等活动都在戏台附近展开，村落整体风貌依旧延续原有风格。

3. 传统建筑

村落有三处古建筑群，即圣境寺、皮影戏台、罗祖祠。

（1）圣境寺

圣境寺建于清代，总占地面积2 160平方米，建筑面积约532.7平方米，大小共10栋建筑，被列入县级保护单位名录中。整个寺院掩映在一片苍翠的绿竹中，肃穆庄严中又透出一种勃勃生机，给人一种心旷神怡的宁静感。

圣境寺临街的入口是一个很大的牌坊，进去正对面是文化站，右边是圣境寺的正殿和过殿，还有偏殿。正殿的对面是一个戏台。

圣境寺中大殿采用砖木结构形式，地面由砖和石头铺砌，墙体由砖和石材堆砌，屋面采用覆瓦的形式。圣境寺建筑屋顶的形状和装饰占重要地位，屋顶的曲线和微翘的飞檐呈现着向上、向外的张力，配以宽厚的正身、廓大的台基，主次分明，升降有致，加上严谨对称的结构布局，使整个建筑群显得庄严浑厚。行观其间，不难体验到强烈的节奏感和鲜明的流动美（图3-32）。

（2）皮影戏台

皮影戏台始建于清代，南北朝向，建筑面积61.36平方米。建筑共两层，从一层东侧中段可上至二层。一层不仅用于表演时备用，也起着交通节点的作用，因为道路穿底层而过。

罗家村皮影戏台室内全是木结构。木材作为一种永恒的建材，古老而又现代。木质天然材质使建筑具有一种特别的亲和力，消除建筑本身作为外来物的冰冷感，木结构建造的灵活性可以充分发挥个性化、人性化特点。木结构建筑不仅是可供使用的建筑实体，更是一座座人文景观（图3-33）。

1. 入口牌坊

2. 正殿

3. 钟楼

4. 偏殿

图 3-32 圣境寺

图 3-33 皮影戏台立面

4. 非物质文化遗产

皮影戏，又称"影子戏"或"灯影戏"，是一种以兽皮或纸板做成的人物剪影，在蜡烛或燃烧的酒精等光源的照射下用隔亮布进行演戏，是中国汉族民间广为流传的傀儡戏之一。表演时，艺人们在白色幕布后面，一边用手操纵戏曲人物，一边用当地流行的曲调唱述故事，同时配以打击乐器和弦乐，有浓厚的乡土气息。

罗家村内有很多个皮影社，由民间自行发展形成，经历百年风雨未衰败，每年春秋季各有一场演出，村民参与积极性很高。

5. 人居环境现状

罗家村村落内部环境整洁，基本延续传统风貌，但主路沿街建筑立面已经多次修整，呈现现代风貌。村落周边为农田，环境优美。

罗家村按照琥珀乡小城镇建设规划，制定了罗家村新农村建设规划。新建260多平方米的村级组织办公楼，动员党员群众对村中心地带及临街道所有乱搭乱建的建筑物进行了拆除，共计拆除房屋13间共109平方米，简易售货棚27间共216平方米。硬化村内主干道400多米，有路灯照明。同时利用戏台院子，修建了720多平方米的休闲娱乐场所。罗家村还建有小学和幼儿园。

罗家村内道路没有排污设施，故而雨雪天气对人们的出行带来极大的不便，整体公共设施水平还较低（图3-34）。

1. 巷道

2. 道路

图3-34 人居环境

七、麦积区三岔乡吴砦村
Wuzhai village Sancha township Maiji district

吴砦村传统建筑建造工艺多样化，年代跨越大，呈现出不同时代的风貌格局，但传统建筑分布零散，部分未得到有力保护。村落基本呈现出传统风貌，主干道两侧建筑由于翻新重修，其传统韵味不足（图3-35）。

1. 鸟瞰图

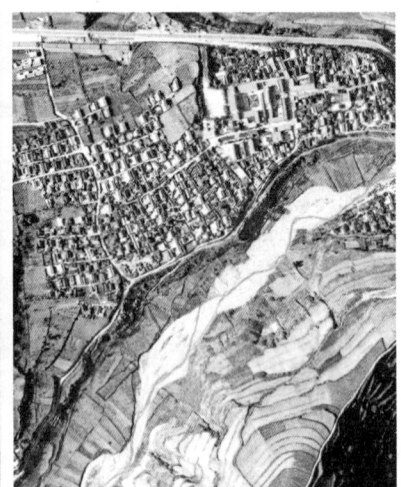

2. 村落地形图

图 3-35 村落概览

1. 村落基本信息

吴砦村形成于元代以前，最早是因为抵抗金朝的统治而建，经过岁月的洗涤而逐步形成今日的村落风貌。

吴砦村位于天水市麦积区以东75公里处。村域面积约为15平方公里，村庄占地面积2 944亩，户籍人口约为1 825人，常住人口约为1 277人。主要由汉族和回族组成。种植花椒、核桃是该村村民的主要经济来源。

吴砦村种植花椒、核桃、毛栗、苹果、桃梨等干鲜果1 803亩。为了发挥林果产业资源相对丰富的特色优势，政府多方筹资408万元，启动310国道旁占地20余亩的干鲜果市场建设工程，彻底扭转农产品销售渠道单一、缺少规范固定的交易场所及群众商贩卖难买难的被动局面，提升了三岔产业化发展层次。

因为吴砦村旅游资源丰富、民风淳朴，有着很大的发展空间，故而规划主导发展旅游业和服务业，这也是今后的重要方向。

2. 村落选址和格局

吴砦村因抗金战争而建，基地由渭河冲击形成，整体呈三角形状。近年来因翻修新建部分民居，已失去其原有传统风貌，但在新建时并未破坏村落原有的肌理格局。

3. 传统建筑

吴砦村有多处古建筑群，即三岔龙王庙、吴砦城隍庙、春台观、三岔镇牌坊、水陆寺、资深门等。全部传统建筑占村庄建筑总面积的30%。

（1）三岔龙王庙

三岔龙王庙始建于明朝，总占地面积约180平方米，建筑面积约70平方米。建筑位于半坡上，南北朝向，南面有一处空地用作疏散人群。

龙王庙明间面宽3米，次间面宽2.8米，建筑素色，长短坡，室内装饰简单端庄。由于年久失修，目前属于闲置状态（图3-36）。

1. 大门

2. 建筑细部

3. 屋顶

图3-36 三岔龙王庙

(2) 吴砦城隍庙

吴砦城隍庙总占地面积约 520.133 平方米，建筑面积约 313.26 平方米。其是明代的建筑，具有明代建筑的特色。正殿柱子上缠着两条龙，很霸气。从大门进去左边是戏台和广场，右边是庙门，进庙门正对的是正殿，旁边有两个侧殿，正殿坐南朝北（图 3-37）。

图 3-37 吴砦城隍庙

(3) 春台观

吴寨村春台观东西走向，面积小，总占地面积约 60 平方米，建筑面积约 30 平方米。春台观由一个正殿和一个偏殿组成，院子里有一棵年代久远的红柳，还有一处祭祀台。观内有壁画、神龛、供台等，壁画有补修过（图 3-38）。

图 3-38 春台观

(4) 三岔镇牌坊

三岔镇牌坊是坐落在渭河畔的一座牌坊，它具有标志性作用，总占地面积约 21.76 平方米，建筑面积约 12.54 平方米（图 3-39）。

图 3-39 三岔镇牌坊

4. 非物质文化遗产

吴砦村民俗小调，从清朝流传到今，过年时集体表演，是村内重要的民俗之一，传承了百年之上，目前处于濒危状态。

5. 人居环境现状

村庄内部：环境良好，内部主干路有简易垃圾桶，有排水明沟。

村庄外部：村落边界处城墙大部分已被破坏，残留不多。在三岔中心学校内部有一段城墙，但是保护不足。村外环境优美，山脉众多，绿树环绕。

另外，"吴砦古城高边坡灾害治理工程"通过了"一事一议"议事会，属民政救助范畴（图3-40）。

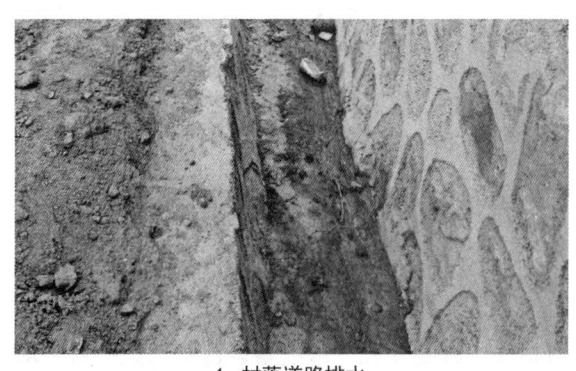

1. 村落道路排水

2. 苹果树

图 3-40 人居环境

备注：源自李建学的博客《来自故乡的好消息》http://blog.sina.com.cn/s/blog_5f5c51770102ed3f.html

八、麦积区麦积镇永庆村
Yongqing village Maiji township Maiji district

在美丽的神龙山脚下，有这样一个村落，它没有华丽光鲜的外表，却有着近百年历史的古老木屋，没有色彩斑斓的霓虹，却凭借着厚重的木色和质朴的风格，让人心驰神往。流水潺潺，山风徐来，泥墙黑瓦的古朴民居旁，农妇正在翻晒稻谷。这里有着令人神往的自然风景，也有着最淳朴的生活环境。这就是麦积镇永庆村。

村落分为五个部分，每个部分之间有一定的距离，永庆寺下部的历史最悠久，传统民居也是最多的。村落内有6处传统民居，保存相对较好，但分布零散，多数传统民居内还有村民居住（图3-41）。

图 3-41 村落鸟瞰图

1. 村落基本信息

元代以前，佛教盛行，因这里有一座永庆寺而逐渐形成了今日的永庆村。

村域面积约为2.8平方公里，村庄占地面积1 983亩，户籍人口约为1 685人，常住人口约为1 548人，主要为汉族，以玉米种植为主导产业。

2. 村落选址和格局

村落因永庆寺而建，最初选在位于半山腰的永庆寺旁，后因村民增多向四周扩展，最终形成五个片区分散布置的格局（图3-42）。

图3-42 村落入口牌坊

村落有一条主干道，沿街建筑大多为新建建筑，传统建筑隐藏在村落内部。

3. 传统建筑

永庆寺又称佛窑，位于神龙山北不远永庆村王家碾北山南麓。据寺内保存的清光绪建元年（公元1875年）木刻《重修永庆寺碑记》载，续建于乾隆壬午年（公元1762年）的佛窑，其历史可谓远矣。

现今的永庆寺由普渡桥、滴水观音及观音洞、无量洞、佛祖洞、三官洞、古禅洞和新建的千佛洞、药师洞、地藏洞、山神庙以及山脚清光绪戊寅年（公元1878年）立的"惠流梓里"功德碑等组成，是以窑洞为特色的宗教建筑群。

满山翠柏掩映，林间紫丁飘香，是永庆寺又一特色。特别值得一提的是，在"文化大革命"时期，有当权的打起了砍光满山柏树的坏主意，要不是时任队长的仙正率众三顶逼压，勇于保护，佛窑这一片宝贵的苍翠柏林早已毁之殆尽。

近年来村民们在神龙山、永庆寺挖掘出不少陶片、陶罐、石斧、石佛头和鹿角、兽骨化石以及取火用的物件，可能还会有更多的发现，足见神龙山、永庆寺历史之悠久，文化之深厚。

永庆寺坐落在半山腰，占地面积很广，曾经因发大水被冲掉了一部分，后来又有修建。

山门进去有两个背靠背的神殿，再往前就是千佛洞，其后就是正殿。由于地理位置特殊，永庆寺呈狭长的条状（图3-43）。

1. 从山下看永庆寺　　2. 外连廊桥
3. 正殿　　4. 神龛
5. 过殿　　6. 建筑檐部彩绘
7. 建筑浮雕　　8. 建筑屋脊飞檐

图 3-43 永庆寺

4. 人居环境现状

永庆村内有一条硬化后的主干道穿村而过，其他道路均未硬化，生活污水直接排入土路，流向田地或其他用地，基础设施相对较为落后。

永庆村依山而建，向四周扩展，田地环绕，周边环境优美，适宜人居住（图3-44）。

图 3-44 村落内干道

九、麦积区伯阳镇石门村
Shimen village boyang township Maiji district

村落依山而建，整个村落分为上下庄，错落有致，在天水地区属较特殊的分布方式。各民居穿插其中，风格、大小不同，高低错落，村内空间节点丰富多变（图3-45）。

图 3-45 村落鸟瞰图

1. 村落基本信息

石门村形成于清朝，村域面积约为3平方公里，村庄占地面积2 020亩，户籍人口约为1 983人，常住人口约为1 920人。主要是汉族聚居在此（图3-46）。

图3-46 村落整体风貌

2. 村落选址和格局

村落依山势而建，与地形结合得非常好，村内空间错落有致，别具一格。

由于经济条件限制，村落基本上保持原有格局风貌，不仅完整且特色突出（图3-47）。

1. 村落空间格局分布图

2. 村落地形图

图3-47 村落格局

3. 传统建筑

石门村的传统建筑为五阳观，其总占地面积约1 456平方米，建筑面积约1 132.16平方米，包含房屋数量11间。庙门进去是一个小殿，后边是正殿，旁边是偏殿，正殿与偏殿保持了原有的风貌，过殿是翻新重修的，院落里有灶房等。整个建筑坐南朝北。庙门对面有个戏台，保护不足（图3-48）。

1. 正殿

2. 石碑

3. 偏殿

4. 建筑细部

图 3-48 五阳观

4. 非物质文化遗产

社火为石门的非物质文化遗产。"社火"亦称"射虎"，是中国北方地区古老的汉族民间艺术形式，是指在祭祀或节日里迎神赛会上的各种杂戏、杂耍的表演。火具有红火、热闹之意。

每年春节，石门村群众自发组织各种社火活动。社火规模从几十人到上百人，包括锣鼓手、舞狮等。群众燃放爆竹迎接社火队伍，并赠予烟酒等礼物。社火经过之处，爆竹声声，锣鼓喧天，人山人海，反响热烈（图3-49）。

石门村的社火在重要节庆日表演，由于资金紧张，未有专门人员管理。

5. 人居环境现状

石门村周边环境非常好，四面环山，景色优美。

近年来，在村庄治理工作上，通过环境绿化、美化，大力开展以清理院落、清理街道、清理村庄为主要内容的农村环境卫生综合整治活动。柴草乱垛、粪土乱堆、垃圾乱倒、污水乱泼、禽畜乱放等现象得到进一步治理，农村人居环境得到明显改善。石门村进村道路为土路路面，村内主干道均为硬化的路面（图3-50）。

为加快产业结构调整步伐，促进农业增产，增加农民收入，石门村还积极实施了农业综合开发、退耕还草、退耕还林等项目，以保持生态平衡。

图 3-49 社火

图 3-50 上山道路

备注：源自黄土塬人的博客《人山人海耍社火》http://blog.sina.com.cn/s/blog_71d715820101hy4m.html

十、麦积区花牛镇董沟村
Donggou village Huaniu township Maiji district

村落临河而建,多为外迁居民。董沟村靠近城市主干道,交通便捷,发展迅速,现村内建筑大多翻新成砖混结构(图 3-51)。

图 3-51 村落鸟瞰图

1. 村落基本信息

清代,大量的移民聚居在此,逐渐形成了今日的董沟村。村落临河而建,村域面积约为 3.1 平方公里,村庄占地面积 2 020 亩,户籍人口约为 990 人,常住人口约为 800 人,主要是汉族聚居在此。村民以农作物种植为主要经济来源(图 3-52)。

2. 村落选址和格局

董沟村的形成发展与外来移民密切相关。村落在城市主干道旁边,呈带状形态,村内建筑依山而建,错落有致,新建筑与旧建筑混合分布(图 3-53)。

3. 传统建筑

董沟村经济发展较快,大部分建筑已被翻新重修,只留下几个民国时期的民居散落在村里,部分已残破不堪。

碱峪寺始建于清代,总占地面积 829.9 平方米,建筑面积 343.61 平方米。碱峪寺内共 5 栋房屋,均为一层。

图 3-52 村落整体风貌图

1. 村落传统格局

2. 村落传统街巷

图 3-53 村落全览

董沟村碱峪寺是单进院落，院落较大。刚进庙门右边是戏台，左边是寺庙，正殿旁边有两个殿，左右有两个偏殿，后边还有厨房等。

碱峪寺修建于2005年左右，至今维护较好，建筑南北朝向。

建筑特征如下：砖墙和木柱作为承重体；屋面为双坡，瓦片覆盖，屋脊兽均匀排布；室内壁画表现细致（图3-54）。

1. 偏殿

2. 撞钟

3. 壁画

4. 细部

5. 旁殿

6. 牌匾

7. 观音阁正面

图 3-54 碱峪寺

4. 人居环境现状

村内部环境较好，道路整洁，建筑形式丰富多样。村庄邻羲皇大道，发展潜力巨大，又因依山而建，环境优美。

董沟村内居住在传统建筑的居民数量为50人。村内基础设施较落后，仅有垃圾收集设施和排水设施，垃圾送往镇上处理，污水村内集中处理。村内道路建成已有4年，道路为沥青或者水泥路，局部地段有公共照明。

第二节　陇南市传统村落

一、两当县左家乡权坪村
Quanping village Zuojia township Liangdang county

　　权坪村坐落于红崖河东侧台地之上，四周山水环抱，山体植被丰茂。主要道路由南向北穿过村落，村落南侧入口处为广场和学校等公共活动空间。村落西侧的红崖河岸分布有大片水秀石，并且有泉水涌出，自古便成为村落的风景之地。原建有大规模的庙宇和花园，现在仅存歇马殿庙一间。村落核心区域集中分布有合院式传统民居，统称为权家大院（图3-55）。

图 3-55 村落鸟瞰图

1. 村落基本信息

此村落大约在清代形成,传说当时四川有三兄弟来到当地淘金,定居于此,进而形成村落。村域面积约为40平方公里,村庄占地面积大约100亩。户籍人口约为189人,常住人口约为142人。主要居住民族为汉族。以农作物种植和村民外出务工为生活来源。

2. 村落选址和格局

权坪村选址于红崖河东侧凸岸的台地之上,背靠大坪山,四周山环水抱,山体植被丰茂,具有中国传统村落选址的典型特征(图3-56)。

红崖河发源于秦岭山脉,流经甘肃、陕西后汇入嘉陵江。当红崖河流经权坪村基址时形成了一个几字形的大拐弯,强烈的水流侵蚀作用使权坪村河岸处的岩石被冲刷形成了大片的水修石,石上不仅生长出了茂盛的植被,并且由于其虹吸作用涌出了大量清洌的泉水,也因此为权坪村提供了丰富的水源。此后,在水修石及泉水四周修建了大规模的寺庙和花园,遗憾的是在解放初期破"四旧"时被毁,现在仅存歇马殿庙宇一间(图3-57)。

权坪村入口位于村落南部,入口有新修建的公共活动中心和广场。村庄内有一条主要道路沿南北向将村落划分为东西两部分,东侧为村落核心区域,集中分布有合院式传统民居,称为权家大院上院,村落西侧分布有合院式传统民居——权家大院下院和遗存的歇马殿、古泉水。

3. 传统建筑

权家大院内共有四个院落,分别为前院、中院、后院和下院。每进院落或由一字三间的过厅相连,或由垂花门相连。权家大院四个院落中前院、中院、后院基本相连,统称为上院,与下院之间由村落主要道路相分隔。在前院与中院之间有一棵古老的国槐,它安静地诉说着权家大院的历史,十分具有标志性。

权家大院现存主要传统建筑为木梁架结构,

图3-56 红崖河岸

图3-57 歇马店庙

土坯墙体，门窗均为木质结构，屋面覆瓦，正脊上的雕花十分精美，具有很高的艺术价值。

权家大院所存传统民居皆为清代所建，其中有部分传统建筑被拆除或整修过，个别拆除建筑在原址新建了砖混房屋，使得部分民居建筑面貌呈现出新旧并存的状况。虽然如此，村落内传统建筑风貌依旧保持较为完整，具有很高的艺术价值（图3-58）。

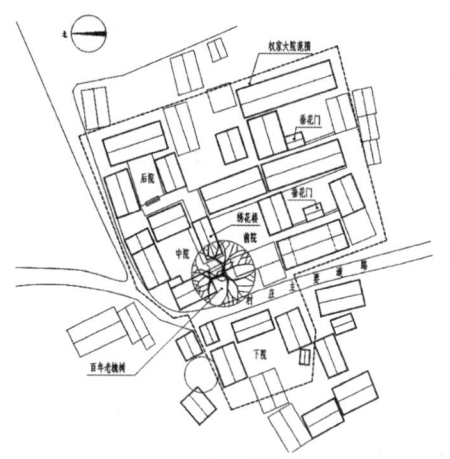

1. 总平面图

2. 前院正房

3. 中院垂花门

4. 中院过厅

5. 中院绣花楼

6. 下院厢房

图3-58 权家大院

4. 人居环境现状

权坪村村内道路为硬化水泥路面，排水为人工渠道引流，自然排水，无污水处理设备。村民各家各户均已通电、通水，可接受有线电视信号。村庄主要道路沿街进行了风貌改造，统一粉刷为白色墙面，村内生活垃圾统一收集后填埋，村容整洁（图3-59）。

权坪村四周山体植被丰茂，抬眼即可看见青山绿水。村内绿化环境好，生长有国槐、核桃树、栾树、凌霄等植物。

3. 村落入口广场

1. 传统街巷空间

4. 街巷空间

2. 村内排水

5. 村内电力设施

图3-59 人居环境

二、康县平洛镇中寨村
Zhongzhai village Pingluo township Kang county

中寨村依山傍水，一至四社及古城所在村社地理位置居于两河交汇之处，易守难攻，有很强的防御性。

村落群山环绕，居住地地势平缓，中寨河从村庄东侧流过，土地肥沃，气候宜人，为茶马古道西去天水的必经之地，亦是通商贸易之驿站。关于中寨古城，据考系明洪武二十五年（公元1392年）修建，土筑，城高11米，宽1.4米，设烽火燧（中寨墩），东西两城门和城楼炮台4个，城垛无数。明万历六年（公元1578年）西固参将、山西平定人郭邦新修了中寨堡寨，今尚留有城墙遗迹。村庄传统建筑占比达50%左右，由于"5·12"汶川地震，传统建筑破坏较为严重（图3-60）。

图 3-60 村落鸟瞰图

1. 村落基本信息

该村位于康县平洛镇北部，距平洛镇约 4 公里，东接南山村，南接平洛镇镇界，西毗邻瓦舍村，北接张坪村。中寨村具有典型的高半山区黄土地貌，地处中纬度地带，属亚热带向暖温带过渡区，春季干旱少雨，夏秋炎热多雨，冬季寒冷多雪，无霜期平均 220 天，年平均气温 16℃，年平均降水 518.58 毫米。境内的平洛河属长江流域、嘉陵江水系，自西南向东北方向流经该村。

西汉元始二年（公元 2 年）置平乐道，相传道址即为现中寨村所在地。村落村域面积约为 1.2 平方公里，村庄占地面积大约 80 亩，户籍人口约为 630 人，常住人口约为 512 人，主要居住民族为汉族。村民主要生活来源为种植花椒、核桃和中药材（图 3-61）。

2. 村落选址和格局

中寨村建于明月山山嘴缓坡上，位于河谷北侧，南面对山，道路和河流从山谷中穿过，村子所在山坡两侧山沟内部都有小溪穿行。村子的坟地在明月山阳坡上，对着后面形状如三炷香的大山，风水极佳。每年农历四月初八村民还会在明月山山顶举行庙会。中寨村村民都姓雍，是古时一个大户人家不断繁衍，逐渐发展而形成的村落。

1. 村落田园风光

2. 古寨墙遗址

3. 村落整体风貌

图 3-61 村落概览

中寨在历史上是茶马古道的重要节点，经康县望关的茶马古道北线，中寨古镇是必经之地。村子以前的寨墙分东南西北四个大门，现今都不复存在，仅剩下东门前的两棵古树和一些寨墙遗迹。

村内有一座古碑，圆首方形，碑通高1.3米，宽0.72米，厚0.2米；额题"官清民安"；左右有对联"蒙皇恩庶民咸庆被圣泽万世承休"额联一幅。首题"署阶州直隶州正堂加五级记录五次"。碑文楷书竖行7行，约180字，内容为清嘉庆二十五年（公元1820年）通告八旗军废除以前收取军饷的制度，规定新的制度。碑文后有罗旗的人名，尾题"嘉庆二十五年（1820）正月吉日"，撰者王正德、刘长荣、蒋学（图3-62）。

1. 村内古碑

2. 寨墙东门前的两棵古树

3. 街巷格局

4. 茶马古道古桥遗址

图3-62 村落格局

3. 传统建筑

中寨村村落坐落在山嘴缓坡上，掩映在青山绿水中，环境优美，古色古香。村内古建筑数量多，分布较密集，较好地保留了村落的传统风貌。传统建筑修建年代从清代早期一直延续到20世纪90年代，保留了传统建筑做法及外观变化的延续性。一些典型传统建筑缺少有效保护，或已无人使用，损坏严重，亟须维修。村内传统建筑尤以"中寨古城"保存较为完整。"5·12"汶川地震和灾后重建，古建筑拆除和破坏较为严重，重建房屋紧邻传统风貌建筑。现存传统建筑集中分布于"古城"旧街两侧及"古城"东西门周边。由于灾后重建新居，较多人搬迁至省道205线两侧，传统建筑废弃较为严重。

村内传统建筑主要以木结构和土木结构居多，正面多为纯木，屋顶为人字形青瓦铺装，顶部以精美雕花砖装饰屋脊。门窗以镂空雕花装饰为主，现存传统房屋工艺精美复杂，展现了中寨传统村落丰富的历史（图3-63）。

1. 传统建筑民居

2. 屋脊　　　　3. 院落空间　　　　4. 建筑细部

图3-63 传统建筑

4. 非物质文化遗产

相传在茶马古道鼎盛时期,南方茶叶等物资通过马队商队源源不断地向西部地区运输通商。中寨虽不产茶叶,喝茶却因茶马古道商队的通行而变得普通。中寨村又产出优质的六月花椒,南方的茶叶和本地的花椒交织在一起,形成了平洛独特的炒茶文化。至今,炒一罐香浓而不酽,汤汁清亮,油而不腻的平洛炒茶,就着馒头,就是中寨周边群众最常见的早餐食品。尤其在逢年过节、婚丧嫁娶等聚集的时候,一个火盆,周围煨满了炒茶的陶罐,人们喝茶聊天,谈古论今,别有一番风味(图3-64)。

图 3-64 平洛炒茶

5. 人居环境现状

中寨村背倚明月山，两边有河流穿过，植被覆盖率高，自然环境优美。村内道路状况良好，基础设施还有待完善。吃水以独户或者联系3～5家打井抽水为主，排水无专用水渠，以自挖土渠和以路带渠代替。垃圾处理上采用分户收集，集中填埋焚烧的方式。村落无污水处理设施。

村庄内部历史建筑年久失修，加之灾后重建搬迁至省道205线两边的居民较多，现存传统建筑多有空置（图3-65）。

3. 田园

1. 村落街巷

4. 平洛河

2. 民居大门

5. 吊桥

图3-65 人居环境

三、康县岸门口镇朱家沟村
Zhujiagou village Anmenkou township Kang county

中华人民共和国成立前,康县中南部常遭土匪抢劫,岸门口被康县五大家族之一的朱氏家族所盘踞,现存"朱家大院"民居即为朱氏家族所留。民国三十三年(1944年)5月至1957年,县治由云台迁至岸门口。该村落由此也见证了红色康县的历史。

岸门口古街是康县中华人民共和国成立的开篇之地,有十分重要的历史意义,而竖立在岸门口朱家沟村口的千年麻柳树和围绕在岸门口流淌的燕子河,见证了这一幕幕令人惊心动魄的历史画卷(图3-66)。

1. 村落整体风貌图　　　　2. 麻柳树

图 3-66 村落概览

1. 村落基本信息

朱家沟村位于陇南市康县中南部地区的岸门口镇，距县城 8 公里，处于两道山梁之间的山谷地带。村庄三面环山，地势狭长，呈东西走向。村内环境优美，古朴灵秀。村落村域面积约为 0.13 平方公里，村庄占地面积大约 127.2 亩，户籍人口约为 181 人，常住人口约为 70 人。主要居住民族为汉族，主要经济来源为农业和劳务输出。2017 年朱家沟村被列入省级历史文化名村。

2. 村落选址和格局

据朱氏后人朱彦杰说，按风水学说，村落背靠牛头山，前对燕子河，有"象鼻吸水"之势，为敛财吸金，开枝散叶之地；按家族需要来说，在土匪横行之时，背靠大山，前据河流，是天然的易守难攻之地，为保护财产之地。村落后期一些民居修建时，会偶尔挖出金银器皿首饰等。

朱家沟村传统街巷位于村内水沟两侧。村庄内至今还是一条凹凸不平的土路，门前是天然石阶，房屋地基基本由石砌而成。

据村里老人讲，岸门口朱氏家族势力很大，清同治年间朱登云在山西同治县做县令，光绪年间朱登连在西安府做府卫，朱云武也考取阶洲武举人第一名、甘肃省武进士第三名，传闻朱氏家族在陕西华阴县也曾做过一个县令，但是暴病去世，只做了半年的县令。民国初年，岸门口的物资交易量远远超过了商道要口大南峪云台等地，在岸门口旧址的戏楼坝、打钟梁、关帝庙附近有很多外地的商会，最远有山西商会。当时岸门口的经济已经占据了康县的三分之二，为了更有效地完成政府的税务，于是就把国民政府搬迁到岸门口。

村里老人回忆的岸门口古街上是一派繁荣景象，打钟梁上每天晨钟响起，街面上就开始熙熙攘攘，戏楼坝天天有各会馆点包的堂会，关帝庙附近云集了很多外地客商，茶楼牌社、酒楼烟馆样样俱全。朱家梁上暮鼓声传来，家家闭门打烊，夜半更夫"天干物燥，小心火烛"的提醒声和那更夫的梆子敲打声，至今好像还旋绕在那棵千年麻柳的树梢之间。

沿着溪流往沟内走，至今还保留着民间较大的古墓群，也就是朱氏家族的祖坟所在地。占地大约有八十余亩，有上千座墓穴，其中清中期、清晚期的墓穴较多。在墓志铭上可以清晰地看见清代同治、光绪、宣统年号，其中不乏汉白玉石料的墓穴，有做工精良的石刻，祥云浮雕、人物肖像栩栩如生。墓志铭中的文字工整，笔法清晰，具有一定的民间考古价值（图 3-67）。

第三章 陇东南地区传统村落

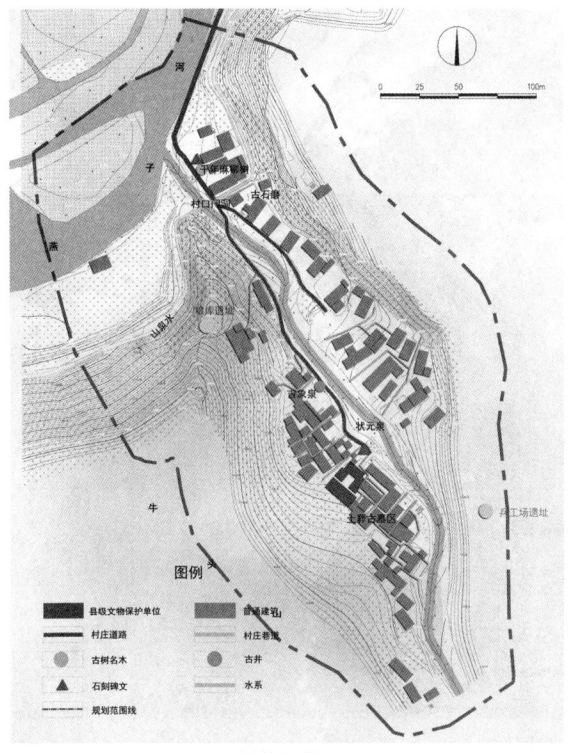

1. 村落格局图示

2. 墓葬

3. 传统街巷

图 3-67 村落格局

3. 传统建筑

目前村内部分民居建造年代久远，据初步调查统计，朱家沟村内保护价值较高的民居建筑约27座，并且大部分遵循传统民居格局。部分民居改建，其体量、形式尚未构成对环境的破坏。村口少部分已经更新为现代砖混房屋，失去了地方传统特色，但是近年来村民又做了部分修缮，将其外墙面进行处理，使其重新恢复地方传统风貌（图3-68）。

（1）朱家大院

朱家大院始建于清道光二十八年（公元1848年），占地面积400平方米，属复式四合院土木石结构。房屋主体完好，共有20间，分上下两层，长50米、宽18米、高10米。院内两副牌匾均完好，牌匾内容体现大院文化传承，部分窗花在"文革"时期被损坏。该建筑石刻、木刻艺术较高，建筑风格具有时代气息（原大院有三进院落，"5·12"汶川地震损坏两进院落，主家灾后拆除并修建了砖混房屋）。内院正门走向为坤山艮向。据后人回忆，大院修造那年是风水大利之年，寓意人财旺盛。

朱家大院坐东朝西，房屋为两层土木结构，穿斗式转角楼，系一门一进四合院古建筑。正

图 3-68 传统民居

房五间，面阔三间，正中一间有六扇两开木门，上方有透雕窗花，南北两头两间均为土墙。正房门头匾额和厢房部分有木雕图案，正房月台立面有石刻图案，两边均有石条台阶，拱鼓垂带。倒房三开间一楼正中一间为大门过厅，门头有匾额"玉树生香"。该院大门损毁后已进行过维修，总体保存完整。木雕窗花、栏板崇尚汉风，多用凤纹雕饰。保存石刻一块，雕刻图案内容为婚嫁场景，碑题"道光二十八年立"。该四合院为康县传统古建筑之一，现由朱氏后裔居住和保护管理（图 3-69）。

门口的朱氏家训引人深思。

(2) 武举人民居

该民居是清代建筑，占地面积 70 平方米，民居结构框架主要以土木结构为主。房屋主体较好，分上下两层，面宽 11 米，进深 6 米，高 8 米，建筑屋顶形式为双坡屋顶，墙体为夯土。

武举人即被大家称为武老爷，共有二人，即朱殿花、朱耀山两兄弟，据家存练功石锁记载，二人于清光绪二十三年（公元 1897 年）考武科举人。武举人民居现只有传统房屋三间，院落左右两侧已在"5·12"汶川地震之后拆除重建。此处每逢年节，在外的朱姓都要来此祭拜先人。武举人民居上刻有两幅牌匾"庭有余香""堂宁紫气"。

1. 拴马桩

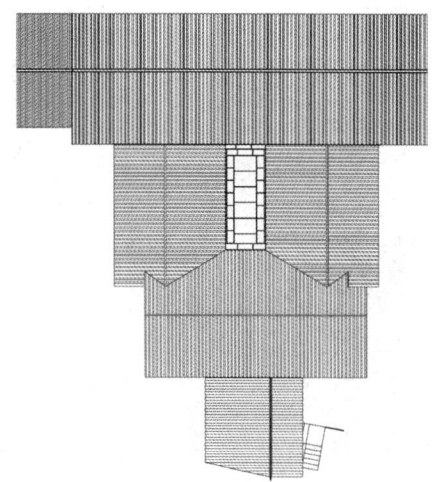

2. 屋顶平面图

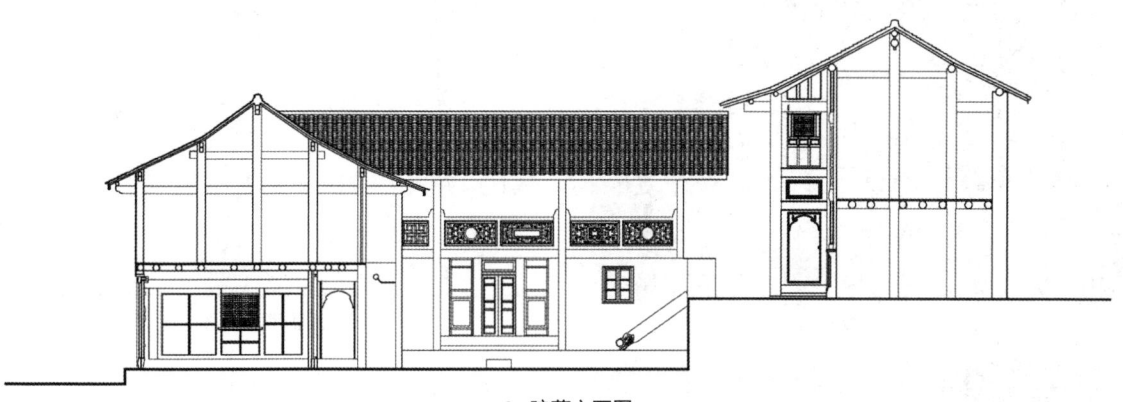

3. 院落立面图

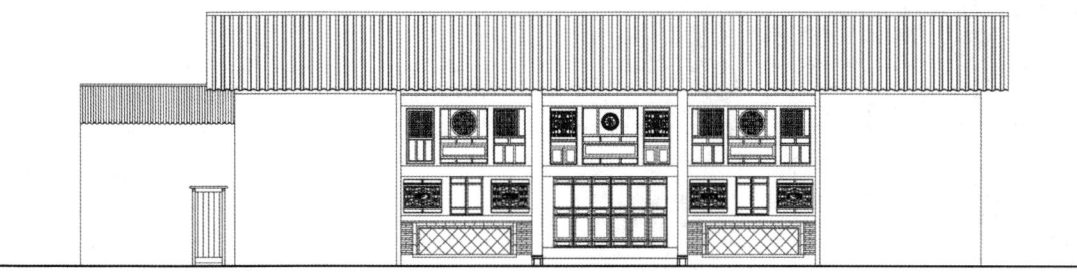

4. 堂屋立面图

图 3-69 朱家大院（1）

5. 院落空间

6. 堂屋

7. 西厢房

8. 西厢房立面图

9. 东厢房

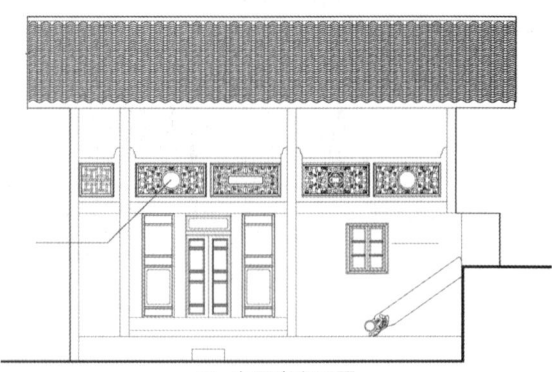
10. 东厢房立面图

图 3-69 朱家大院（2）

第三章 陇东南地区传统村落

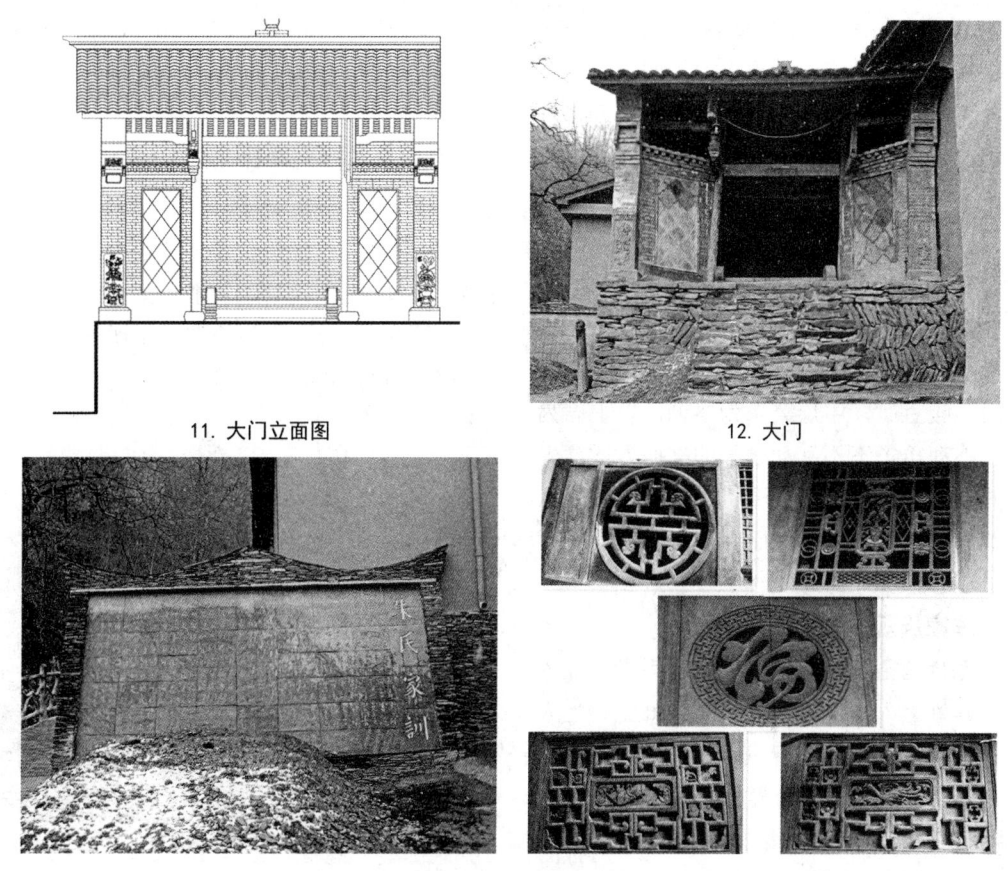

11. 大门立面图　　12. 大门

13. 朱氏家训　　14. 建筑细部

图3-69 朱家大院（3）

备注：图2、3、4、8、10、11由孟祥武提供

4. 非物质文化遗产

（1）毛山歌演绎

康县毛山歌，是一种具有地域特点的原生态民间演唱形式。"毛"即粗糙的意思，没有固定不变的唱词与曲谱，都是通过口传心授的方式代代相传。它内容健康、思想性很强，是广大群众在生产生活中触景生情、即兴演唱的歌曲形式。其唱词内容丰富、通俗易懂，真切地反映出当地人民的生活、生产状态。演唱者常常喜欢将不同的歌词放到这两首曲调当中，再加上一些衬词，就开始即兴演唱，见山唱山、见水唱水，只要唱词的句式的字数一致，都可以拿来用这两首曲调演唱。也就是说，唱词大多都不固定，一个人一个唱法，但整体曲调一致。

（2）饮食文化"十大碗"

"十大碗"说到底其实是康县墓葬文化的延

伸,其席面较为讲究,摆席放菜以"1、2、3、4"的方式呈三角状态,农村人习惯叫它一面旗的摆法。吃"十大碗"必须具备一定的条件,首先是白事,喜事是九碗;然后要有出嫁在外的女儿。放在第一碗的坨子肉,是老人去世之后出嫁的女儿给自己逝去的老人和答谢亲朋好友所准备的菜,也叫祭菜,这样就形成了"十大碗"。

不管红白喜事,其常规是"九碗三行子":以正方形的方式摆放在桌子中心,以"上渣下丸,左酥右甜,腰豆腐,中烩菜"为格调。以上席为主、以上不动筷子下不乱动筷子的文明方式,先吃中间的菜,然后以上方为顺序,依次调整中间、旁边的菜,按此风俗礼仪进行用餐。

(3) 朱家族规——土葬文化

朱家墓地有五类人不能入:①无后者不能入祖坟;②异姓之人不能入祖坟;③作奸犯科之人不可入祖坟;④得天花、麻风病等传染病者不能入祖坟;⑤不是全尸,身首异处的不能入祖坟。

所以,在朱家沟,家里只有女儿没有儿子的家庭,需招上门女婿,又叫"引儿子",即女婿进了家门后,要当自己儿子一样对待,且必须改名换姓,这样既可以解决父母入祖坟,又能让女婿百年以后同样入祖坟。

如女儿的名字是彦字辈,叫朱彦红,女婿姓周,如果进了朱家门,就叫朱彦周。那么,从户口本上反映,朱彦红和朱彦周是夫妻俩,感觉像亲兄妹,近亲结婚,其实就是朱彦周入赘朱彦红家,成为上门女婿。所以,在朱家祖坟的墓志上,可以看出,每一个墓穴,都是朱家族人的,没有异姓墓穴。这种土葬祖坟文化,在整个康中、康南是普遍存在的,所以在阳坝、康县文化所宣传的男到女家,招上门女婿,实际上是对引儿子,改名换姓,顶门立户,去世之后可以顺利入祖坟的文化传承。

5. 人居环境现状

朱家沟自然环境优美,背山面水,区位条件良好。村庄已铺设给水管道、污水管道,部分道路已经硬化,道路旁边设置排水明沟,但没有垃圾收集箱和公共厕所(图3-70)。

1. 村落人居环境

2. 村落街巷

图 3-70 人居环境

四、宕昌县两河乡王院村
Wangyuan village Lianghe township Tanchang county

两河乡王院村为传统风貌村落，位于关庙山、立湾崖和阳安坡山脚下，沿长江支流岷江而建。当地经济除劳务输出外，主要以花椒种植为主。村落传统民居建筑为土坯房，在经历5·12汶川地震及7·22岷县地震后，当地政府对部分村落建筑加固。王院村传统民居建造年代不一，其中王家大院年代最久，为清代所建，距今已有一百多年。王院村大部分民居保存完整，木框架结构稳定结实，土坯墙体完整。王院村传统民居建筑转角楼主要为木框架结构，土坯墙体，建筑立面在地震重新修整后以白色为主，建筑屋顶形制为平屋顶，上覆砂石，檐口为红色板材。王院村传统民居多为二层，一层为杂物间，储存粮草，二层为居住空间，加上村中多为留守老人，因此每个转角楼有一到三户人家居住（图3-71）。

图 3-71 村落鸟瞰图
备注：源自《一个村》http://www.yigecun.com/cityfild/showpic.aspx?id=28EFE19F3ECA51E6

1. 村落基本信息

此村落大约在明代就已经形成，因村落占据山间有利地势，同时有岷江提供水源，逐步发展至今。村庄占地面积大约3 000亩，户籍人口约为307人，常住人口约为295人。主要居住民族为汉族。村民主要以外出务工为生活来源，该村非常具有地方特色，但一直未有特别的保护措施。

2. 村落选址和格局

两河乡王院村东南侧是一座名为立湾崖的带状山，西面为阳安坡，此坡由于早晨阳光可以直射到而得名；东侧为关庙山，因山上的关庙而得名；西南方为长江支流岷江。传统民居与内部道路呈自由布局状。王院村北侧关庙山上保留有关帝庙，为清代所建。村落有重要历史建筑烽火台和立湾崖南侧三国时期的古栈道遗址。整个村落主要是以这三个传统的节点空间为边缘点逐步发展起来。整个村落依山而建，面朝岷江，主要生活用水为山泉（图3-72）。

村中现有建筑基本为传统建筑，都照常居住，但存在一定程度的破损，如部分房屋的木构架变形开裂，部分房屋有用水泥加建的现象。村落整体风貌保存较好。

3. 传统建筑

村落传统民居建筑为土坯房，在经历"5·12"汶川地震及"7·22"岷县地震后，当地政府对部分村落建筑进行了加固，将土坯墙粉刷成白色。王院村传统民居建造年代不一，其中王家大院年代最久，为清代所建，距今已有一百多年。王院村大部分民居保存完整，木框架结构稳定结实，土坯墙体完整（图3-73）。

王院村传统民居建筑转角楼主要为木框架结构，土坯墙体，建筑立面在地震重新修整后以白色为主，建筑屋顶形制为平屋顶，上覆砂石，檐口为红色板材。王院村传统民居多为二层，一层为杂物间，储存粮草，二层为居住空间，村中多为留守老人，因此每个转角楼有一到三户人家居住。

图3-72 村落环境

1. 院落入口　　2. 院落空间

3. 建筑细部

图 3-73 传统建筑

4. 人居环境现状

两河乡王院村传统村落依山而建，其主要道路为 3 年前新修的柏油沥青路。村内传统民居建设时没有规划道路，建筑呈自由状布局，内部道路关系复杂。村内道路旁没有排水沟，每家每户的污水分各户处理，通常直接排进山边小水渠。村中的生活用水主要为山泉水，由村中统一埋管，各住户自行用小水管接入各自院落内。村中无路灯照明。王院村垃圾由各户分散处理，多采取直接填沟的方式处理。

两河乡王院村周围有三座山峰，绿化率较高，村内也有一定绿化，整体居住环境较好（图3-74）。

图 3-74 街巷空间

五、宕昌县哈达铺镇上街村
Shangjie village Hadapu township Tanchang county

哈达铺镇上街村传统民居保存完整度较好，但红军邮政代办所附近的几处民居保存不够完整，檐口破损较多，梁部出现部分弯曲断裂，建筑虽有人居住，但无特别保护和修缮措施，因而有大部分被列入危房。上街村传统民居建筑主要屋顶结构为五檩四椽（五条檩和双坡四段椽），建筑立面以红色为主，以双层建筑为特色，建筑屋顶形制为硬山顶。

1. 村落基本信息

元代以前由于平原上原本由藏族建立的聚居地有汉族人的迁入而形成村落，其村域面积约为148.1平方公里，村庄占地面积大约3 000亩，户籍人口约为2 700人，常住人口约为2 418人。主要居住民族为汉族、回族、藏族、羌族等。村民主要经济来源为中药材种植。该村已被列为国家历史文化名村、特色景观旅游名村，并且有相关的保护规划，主导发展旅游业和服务业。

2. 村落选址和格局

哈达铺镇上街村有三条贯穿村庄的主道路，从西南至东北依次为211国道、哈达铺上街村街道和哈达铺滨河路。三条路由若干巷道及一条新建街和一条灾后重建变宽的余家巷串联起来。村落重要历史建筑主要是红军住在下街村时的领导人住所、红军指挥部、银行等建筑物，而其沿街传统民居主要在上街村。上街村传统民居保存完整度不一，近一半民居保存完整，结构框架稳定结实，砖瓦齐全,将近三四成民居保存不够完整,檐水和梁出现部分弯曲断裂情况。总之,整体风貌保存较好。

3. 传统建筑

村落传统建筑为毛泽东故居。整体为四合院形式,沿街一栋建筑开间较多,为后来修建,同时作为入口。主体建筑位于院子中间,是一座三间一檐水瓦楼,东侧有一小门。色彩以红色为主。房间朝向均为西南朝向。沿街道的建筑有入口,两侧现为毛泽东墨迹博物馆,里面的房间为三间一檐水瓦楼,中间为厅堂,两边为卧室。房檐滴水有花纹装饰图案,屋内桌子有木雕花(图3-75)。

1. 室内环境

2. 房屋筒瓦

3. 桌子细部

图 3-75 传统建筑

4. 人居环境现状

整个上街村传统村落呈带状,村落道路修建时间大概在20年前,疏于修缮已有较多破损。道路两旁有排水沟,用石材板排列遮盖,两边的排水沟连接了许多小巷道的排水沟,将各个居民家的污水统一排出。村内绿化主要为松、柏、杨树。两个主要街口处有集中收集垃圾的垃圾箱,沿街有很多公共垃圾桶,密集处约25米就有一个垃圾桶,每天收集的垃圾均送往县城处理,并且村内公共厕所有旱厕和水冲式两种。村落给水为政府用大水管从山背后统一给水,各住户自行用小水管接入各自院落内。夏天部分住户会出现无水的情况。街道两旁基本已配置太阳能照明路灯(图3-76)。

1. 古街公共空间

2. 义和昌药店

图 3-76 人居环境

六、宕昌县哈达铺镇下街村
Xiajie village Hadapu township Tanchang county

哈达铺镇下街村为传统村落，整体呈现东南—西北走向的带状形态。村落传统民居原为土坯房，后经历5·12汶川地震及7·22岷县地震后，部分传统民居按灾后原貌修复重建为砖房。下街村传统民居保存完整度不一，近一半民居保存完整，结构框架稳定结实，砖瓦齐全，近1/4民居保存不够完整，檐口破损较多，梁部出现部分弯曲断裂，如红军暂居哈达铺下街村时的银行建筑现已废弃无人居住，且无保护和修缮措施。下街村传统民居建筑主要屋顶结构为五檩四椽（当地梁架结构的一种做法，类似五檩前廊式），建筑立面以红色为主，建筑屋顶多为硬山顶。

哈达铺镇上街村与下街村原为红军暂居地，村落每一处都充满着革命气息，如在街道两旁的红墙上会见到很多类似"打土豪，分田地"的革命标语。村中还有红军长征布鞋店和红军凉粉店等红军住在哈达铺时使用过的老店铺（图3-77）。

图 3-77 村落鸟瞰图

1. 村落基本信息

与上街村一样,下街村在元代以前因为原本由藏族建立的聚居地有汉族人的迁入而形成村落,其村域面积约为148.1平方公里,村庄占地面积大约为900亩,户籍人口约为2 148人,常住人口约为2 400人。主要居住民族为汉族。主要经济来源为中药材种植。该村已有相关的保护规划,且正在发展旅游业和服务业。

2. 村落选址和格局

哈达铺镇下街村西南侧有一座名为烽火梁的带状山,西面有一座名为哈拉马顶的山脉,是下街村周边最高的一座山,东北侧有一座西北高东南低的当地名为哈住山的山脉,村落东北方向约200米有秋漠河,为长江支流白龙江的一条分支。哈达铺镇下街村有三条贯穿村庄的主道路,从西南至东北依次为211国道、哈达铺下街村街道、哈达铺滨河路。三条路由若干巷道及一条新建街和一条灾后重建变宽的余家巷串联起来。村落重要历史建筑是红军住在下街村时的领导人住所,如红军指挥部、银行等建筑物,以及沿街传统民宅。下街村传统民居保存完整度不一,近一半民居保存完整,结构框架稳定结实,砖瓦齐全,近1/4民居保存不够完整,檐水和梁出现部分弯曲断裂情况。村落整体风貌保存较好,但道路修建时间大概为20年前,已出现较多破损。

3. 传统建筑

下街村的传统建筑为张家大院。其原貌为四合院形式,正房为三间两层两檐水(双坡)木楼瓦楼(当地对单栋建筑的叫法),东西厢房各为三间两檐水瓦楼,下房为三间一檐水瓦楼,西厢房北侧有三间一檐水灶房。有一间两檐水虎张口大门,色彩以砖红色为主。北向正房为两层,一层以厅堂、卧室为主,二层以卧室为主,为西南朝向。东西厢房和下房均以会客和卧室为主,分别是西北朝向、东南朝向和东北朝向。西厢房北侧房以厨房和储藏为主,为东南朝向(图3-78)。

4. 人居环境现状

下街村传统村落为一带状形态,其道路为20年前修的砖石路,因疏于修缮已有较多破损,道路两旁有宽0.6米排水沟,用约0.6米(长)×0.5米(宽)×0.1米(高)的石材板排列遮盖,两边的排水沟连接了许多小巷道的排水沟,将各个居民家的污水统一排出。村内绿化主要为松柏杨树。街道两旁基本全面覆盖太阳能路灯照明,两个主要街口处有集中垃圾收集点。政府从山背后引水统一供给村民,各住户自行用小水管接入各自院落内,冬夏季水量供给不稳定。沿街有很多公共垃圾桶,密集处约25米就有一个垃圾桶。烽火梁和哈拉马顶基本被植被覆盖,哈住山绿化覆盖率达到了80%(图3-79)。

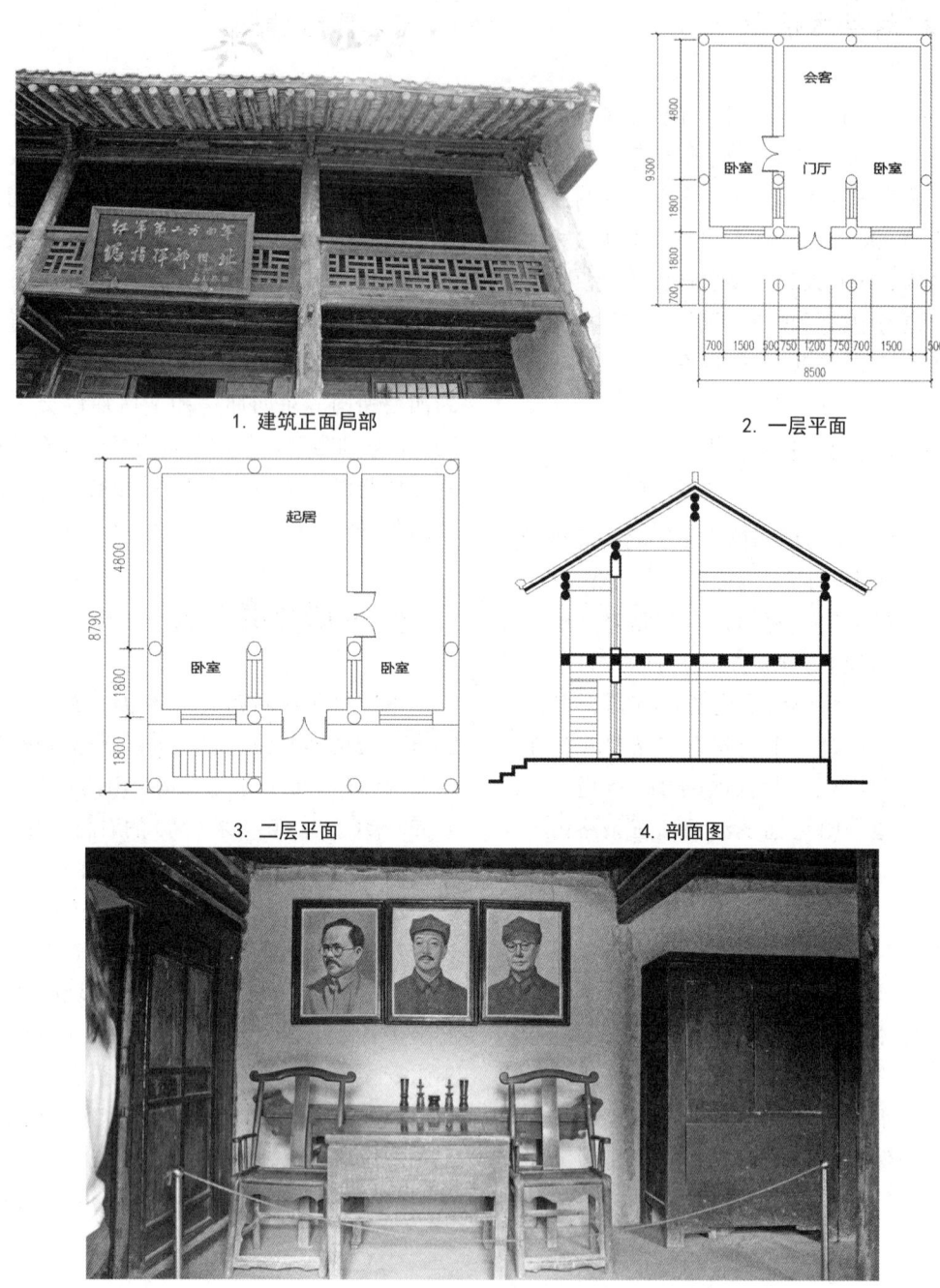

1. 建筑正面局部
2. 一层平面
3. 二层平面
4. 剖面图
5. 室内陈列

图 3-78 张家大院

第三章 陇东南地区传统村落

1. 民居大门

2. 同善社

3. 概览

4. 村落街巷空间

图 3-79 人居环境

七、宕昌县狮子乡东峪村
Dongyu village Shizi township Tanchang county

东峪村安静优雅，与世隔绝，它兼具北国山川的雄伟壮丽和江南水乡的秀美妩媚，宛若一个含情脉脉的少女，温情缱绻，使人梦绕魂牵，流连忘返。这里的人们热情好客，无论是远方的朋友还是外地的游客，只要来到这里都会受到热情款待，村民们宰几只自家养的土鸡，做上最可口的饭菜。还有自家煮的罐罐酒，客人来了煎上一罐，插一根竹管慢慢地喝，就像到了世外桃源（图 3-80）。

图 3-80 村落整体风貌图

1. 村落基本信息

狮子乡东峪村位于陇南市宕昌县东南部,处于岷峨山南,境内沟壑纵横,地势北高南低,海拔2 083～2 169米。村落北临青崖沟,西接大许沟村,东接冉家,南到王家山村。村域面积约为2.2平方公里,村庄占地面积44亩,户籍人口约为311人,常住人口约为280人。主要是汉族聚居在此。村民以中药材、蚕豆种植为主要经济来源。

2. 村落选址和格局

东峪村形成较早,由三个小的聚落组成,各聚落内部布局紧凑,小巷纵横交错,将各民居紧紧地联系在一起。因山势地形限制,村落整体呈现狭长形,沿角狮路和东峪河顺势而建,两侧层峦叠嶂,踏板房掩映其中,东峪河缓缓而过,宁静而又安详。村落整体布局紧凑,呈"两山夹一沟"形式,即后坝山、南山和东峪河(图3-81)。

村落内没有公共活动中心,唯一的重要公共建筑是村落内的庙宇,即古佛寺、备爷庙。每逢节庆,村民会自发聚集在此处烧香祭拜。

3. 传统建筑

(1) 盘龙山高庙(龙王庙)
天池坪龙王庙是村里一个历史非常悠久的古迹,周围三四个村子共同祭祀。据传庙宇始建于明代万历年间,飞檐画阁,极具气势。原殿已在"文革"期间被毁,连带许多珍贵的文物至今不知去向,现在的庙宇是20世纪80年代修建的。庙的四周有成千上万株古杉木,参天蔽日,非常壮观。大殿前左右两边各有一棵香木树,三四个人都合抱不过来,已有上千年的历史,因为年代久远,树身已被蛀虫侵蚀,非常可惜。

1. 狮子石

2. 村落传统街巷

图3-81 村落格局

正殿供奉的是赤砂龙王，听老人们说是三国时期忠君爱国、英武勇猛的一代名将赵子龙。关于他的故事村子里的老人们都能滔滔不绝，还有许多关于神灵感应的故事，更是津津乐道。

相传在清代地方大旱，赤地千里，当时有个姓陈的县令，为官清廉爱民，为了缓解旱情，他把周围各大名山的神灵都请到县衙，设坛祈雨，几天过去了，依然晴空万里。最后听说天池坪的赤砂龙王威灵感应，名震八方，便派人请到县府，之后便求到了三天三夜的滂沱大雨，缓解了当时的旱情。因此，陈县令对神明非常敬畏，亲自题写了一块匾额，上面书有"随祷而应"四个大字。时至今日，依然悬挂在大殿之上（图3-82）。

（2）踏板房

村落内建筑依山就势，传统建筑为踏板房，土木结构，具有木板压卵石屋顶，夯土墙体，檐廊式结构与传统木门窗。建筑格局基本为三间单层和三间双层檐廊式结构。一楼居中房间为客厅，两侧为居室；由一楼檐廊下的木质楼梯通向二楼，二楼檐廊外侧装有菱形花格栏杆，房间格局与一楼相同。

现存48户踏板房保存良好，有为数不多的几户已经无人居住，处于闲置和即将拆除的状态。踏板房的主要缺点为：高度低（2.3米）、开间小（2.7米）；屋顶木板易腐蚀且漏雨；门窗小、采光差；无厨房和烟囱，屋内生火做饭烟熏火燎，建筑内梁柱、顶棚、墙壁和家具均被熏成黑色（图3-83）。

1. 立面

2. 整体风貌

3. 立面图

图3-83 踏板房

图3-82 盘龙山高庙

4. 非物质文化遗产

村子里以前是有社火表演的，春节时期，夜晚降临，来自四面八方的乡邻，纷纷走出家门，高举着精心制作的排灯。夜幕下连绵不断行走的乡民和他们高举的排灯宛如一条火龙，在寂静的乡野上留下一条夺目的光影，简单朴实的排灯营造的氛围之热烈，场面之震撼，以及其内容具有的文化内涵，给人们留下深刻印象。后因各种原因没有继续举行，现已停止。

5. 人居环境现状

村落内部道路成型，但未完全硬化，对外交通欠佳，且因为地形较为陡峭，坡度较大，遇到雨雪天气，出行困难。给排水无成型系统，垃圾简易填埋，无污水处理设施，基础设施配套不完善。

整体来说，村落千百年来一直保持着淳朴的民风民情，这里山清水秀，风景优美。勤劳的人们历经漫长岁月，形成了自己独具特色的民俗民风和饮食文化。邻里之间团结和睦，所以不管村子里谁家遇上事，大家都会不遗余力地去帮助，从祖辈到现在都是如此。村民们悠然自得地过着日出而作、日落而息的生活（图3-84）。

1. 悠闲的人们

2. 村落风貌图

图 3-84 人居环境

八、西和县兴隆乡下庙村
Xiamiao village Xinglong township Xihe county

　　下庙村村民早期大多沿岐山河北岸居住，后因交通条件改善，现主要沿西晒路而居。村东的象驼山突兀秀丽，高百余尺，上有古城堡、庙宇，下有玉泉凛冽甘甜，遐迩闻名。当地气候宜人，有得天独厚的自然条件。下庙村有数千年深厚的文化底蕴，留有红陶文化痕迹，是陇蜀古道上的一颗灿烂的明珠。村内存有元、明、清时期诸多建筑古迹，如王氏先人祠堂、百年古树、古四合院等。龙王庙和象龟寺在村子东西两端遥遥相望，近年新建的文化广场成为现代人生活的一道靓丽风景（图 3-85）。

图 3-85 村落鸟瞰图

1. 村落基本信息

下庙村在清代时由于自然迁徙而形成，村域面积约 7 平方公里，村庄占地面积大约 3 600 亩，全村有十个村民小组 500 户，户籍人口约为 2 376 人，常住人口约为 2 550 人，主要居住民族为汉族。村民主要生活来源为中药材种植。

下庙村位于西和县城东五公里处，是兴隆镇镇政府所在地，呈东西向一字形布局。村落平均海拔 1 580 米，岐山河与西晒路穿境而过。下庙村村中传统建筑较密集，布局紧凑，多数民居为清代中晚期建筑，但因年久失修，以及受 5·12 汶川地震等自然灾害的影响，大部分已无法居住。

2. 村落选址和格局

下庙村位于兴隆乡中部，地处南北两山之间的河谷地带，地形狭长，内部小巷纵横交错，将各民居紧紧地联系在一起。村落沿着岐山河和西晒路两侧布置，格局简单。从空中俯瞰，岐山河和西晒路穿村而过，蜿蜒向前。

村落内部有一处古泉和四处庙宇，整个村落就是围绕古泉和庙宇建成的。居民们在古泉四周各自修建房屋，逐渐扩大居住活动范围，从而形成整个村落的形态。村内共有 20 棵古树，均为早期村民在兴建房屋时栽建，有的是种在院子内部，有的是种在公共活动空间内（图 3-86）。

3. 传统建筑

下庙村属于山丘地带城郊村，距离县城 5

1. 农田

2. 古堡

图 3-86 村落格局

公里，坐落于两山夹带中间，岐山河贯穿全村，传统建筑集中连片，有的沿进村主路分布，有的沿河分布，且大多分布于村落的北部。建筑物属于砖木结构形式，木雕精美，美观大方，非常质朴，冬暖夏凉。

（1）太祖山灵源庙（龙王庙）

龙王庙筑于元朝末期，建筑规模 500 平方米，距今已有 800 年历史，依山而居，选址极佳。每年农历七月初四是龙王爷出府之日，直至八月十五才回来（图3-87）。

庙内有四府龙王，分别是龙王爷、鳌爷、王爷和李爷。

(2) 象龟寺

象龟寺于民国二十三年（1934年）搬迁重建于下庙村，建筑规模1 500平方米，古建筑木雕独特，美观大方，朴素典雅，布局合理（图3-88）。

象龟寺现作为一所小学使用。

图3-87 龙王庙过厅

1. 鸟瞰

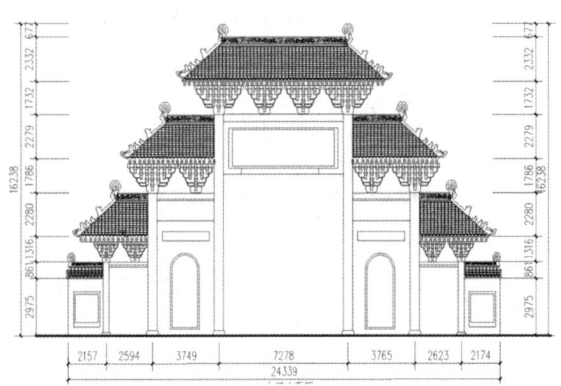

2. 平面图

3. 牌坊

图3-88 象龟寺（1）

第三章 陇东南地区传统村落

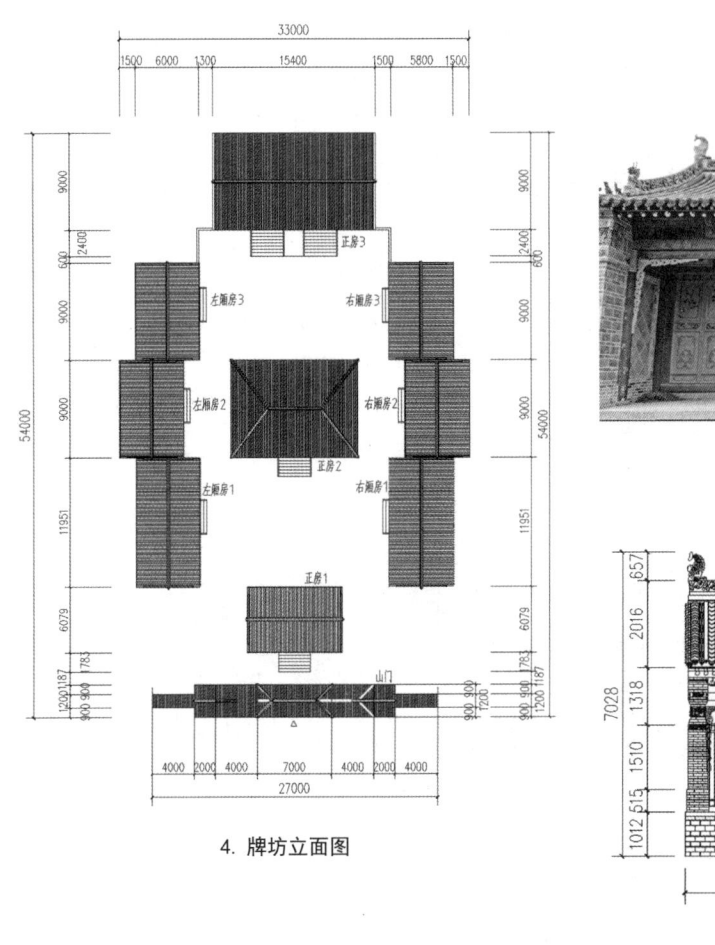

4. 牌坊立面图

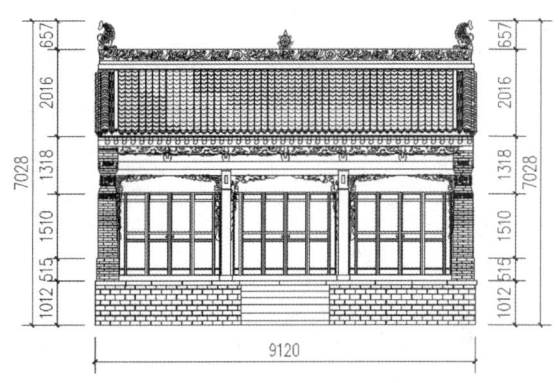

5. 正殿

6. 正殿立面图

7. 大殿

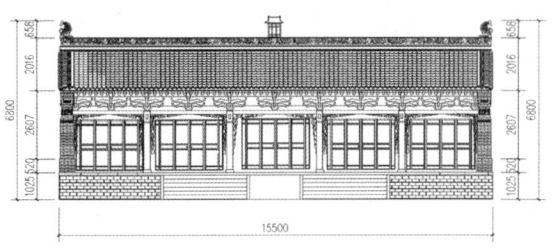

8. 大殿立面图

图 3-88 象龟寺（2）

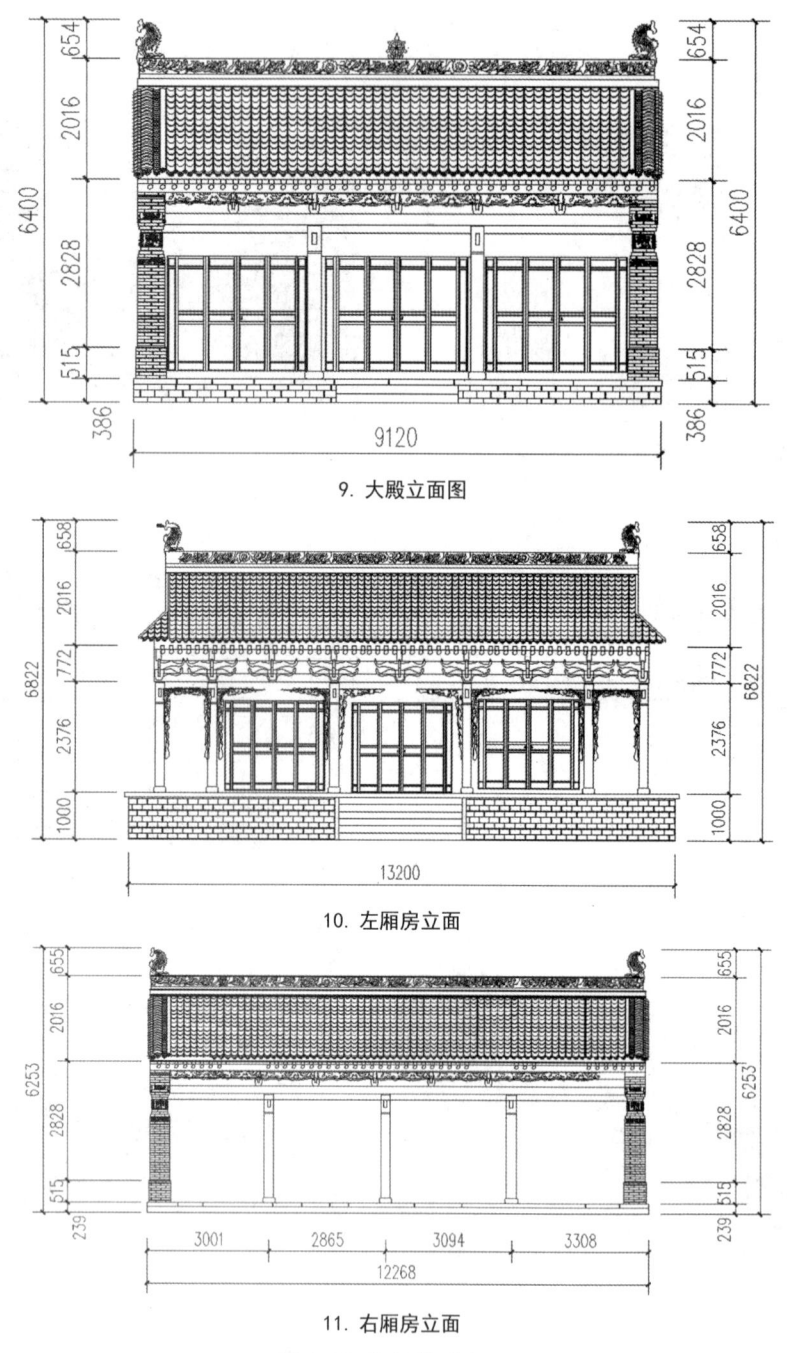

9. 大殿立面图

10. 左厢房立面

11. 右厢房立面

图 3-88 象龟寺（3）

(3) 王家祠堂

王家祠堂建于清代，建筑面积 100 平方米，供地方居民拜祭，院内有百年古树一株（图3-89）。

图 3-89 王家祠堂

(4) 民居 269 号

民居 269 号是一个传统的三合院，主房背西面东，侧房分布在南北两侧。门窗全部由木板做成，门四扇，窗各四扇，加起来称为"四门八窗"。各个房子里面的结构与摆设保留了传统样式，有炕厢、连板桌、太师椅、炕柜、火盆，还有各种小件等（图3-90）。

4. 非物质文化遗产

七夕节又称乞巧节，是我国的传统节日，这一习俗由来已久，在汉代兴起，唐代盛行。随着时间的推移，全国大部分地方逐渐淡化，西和县乞巧活动却年复一年，久传不衰。

西和北部西汉水上游地区为秦国西垂故地，乞巧习俗源远流长。每年农历六月三十日开始，七月初七日晚结束，连续七天八夜。活动过程大致可分为迎巧、坐巧、祭巧、娱巧、拜巧、卜巧、送巧等七个基本环节。每一环节都要举行一定仪式，每项仪式都有歌舞相伴（图3-91）。

2007 年中国民间文艺家协会已将西和命名为"中国乞巧文化之乡"。

1. 民居 269 号

2. 民居"四门八窗"

图 3-90 王家祠堂

图 3-91 迎巧

5. 人居环境现状

该村人居环境整体较好，各类公共基础服务设施也较完善，有卫生室，自来水入村入户，有线电视及电网等已改造铺设。由西晒路、临河路以及小巷道组成的"七纵两横"道路交通网，硬化率达90%以上，但道路均无照明，非常不利于村民的夜间出行（图3-92）。

近年来，多处新修和疏通排水设施，使村内排水畅通，为当地群众的生产生活提供了极大的便利。群众生活水平不断提高，村风文明，村容村貌整洁，环境优雅，是兴隆乡传统村落的典范。

1. 村民休闲活动

2. 岐山河

3. 村落整体风貌

图3-92 人居环境

九、西和县大桥乡仇池村
Qiuchi village Daqiao township Xihe county

仇池村位于仇池山上,历史悠久,是历代兵家必争之地。村落北临朱崖子山,东临八峰崖,洛峪河与西汉水分别环绕两侧,易守难攻。村落内土壤肥沃,水源充足,利于耕作,适宜人居住。

仇池村呈不规则形状,形态分散,分为上码头和下码头社,内部为曲线路网,主路沿山势盘旋而上,蜿蜒曲折(图3-93)。

图 3-93 村落鸟瞰图

1. 村落基本信息

仇池村位于西和县大桥乡，是古仇池国所在地，海拔1 791米，自然高度793米，山顶面积约15平方公里。村域面积约3平方公里，村庄占地面积大约4 590亩，现有耕地面积1 314亩，人均1.5亩。全村共有4个村民小组，216户，户籍人口约为964人，常住人口约为665人。由于交通不便和区位限制，该村发展比较缓慢，农作物主要以小麦、玉米、洋芋等传统作物为主。村民增收渠道单一，经济收入主要靠外出务工。目前，仇池村还是西和县的贫困村（图3-94）。

图3-94 农田

2. 村落选址和格局

村落呈小舟之状，四周红岩石壁、险要无比，西汉水由西北绕山脚南下，洛峪河从东南沿山麓西汇入西汉水，二水汇流山下，形成三面环水、一面衔山的天险胜地。历史上军、寇多次在此安营扎寨，故又有大山寨之称。

东汉建安年间，氐人杨腾率领部众迁至仇池定居下来。三国时曾联合马超、韩遂、杨秋和兴国氐王阿贵共同反抗曹操，后因战败率少数将领投奔蜀汉，其余部众被曹操迁至扶风、天水一带。西晋文帝时，氐人杨飞龙受西晋封号，以假征西将军名义，率部落"还居略阳"。晋惠帝元康六年（公元296年），其养子杨茂搜授封辅国将军、右贤王，氐族部众拥戴称王，始建前仇池国。

仇池山有八大景观，即伏羲仙崖、石勺奇潭、金龙滚珠、八仙上寿、麻崖古洞、东水无根、洞涌神鱼、小有洞天，共同构成了"峰、泉、云、洞、石"五绝的特有美景。当地民谣对此有过歌颂："伏羲仙崖第一景，轩辕神修滚龙珠。东石无根西石勺，中洞潜藏小有天。四大菩萨云霄殿，八仙上寿吉祥石。一上仇池百顷田，麻姑仙洞几千年。"（图3-95）

3. 传统建筑

仇池村历史文化底蕴深厚，风貌古朴。传统建筑主要有两类：①公共建筑，如伏羲庙、碑耶庙、黑耶庙等庙宇；②传统民居。两类建筑的艺术风格各不相同，现存最早建筑修建于清代，传统民居集中于20世纪50—70年代及80年代左右修建，大部分传统民居连片分布，多为三合院、L形院落。村中现存8处清代和民国传统民居。现有省级文物保护单位一处，即仇池国遗址。

第三章 陇东南地区传统村落

1. 仇池山

2. "八仙上寿"

3. 伏羲崖

图 3-95 村落格局

(1) 伏羲庙

伏羲庙位于仇池山顶峰，有一条简单干净的小路通向伏羲庙。在白墙青瓦的小庙里，供奉着人类始祖——伏羲。伏羲庙身后的伏羲崖在云雾里若隐若现（图 3-96）。

1. 鸟瞰图

2. 外观

图 3-96 伏羲庙

(2) 黑耶庙

黑耶庙以前为土木结构，后因地震部分损坏，于 2012 年翻建。黑耶庙作为祭祀求福的地方，每年正月初一村民来此烧香祈福，正月十五取二龙戏珠的珠子（图 3-97）。

(3) 传统民居

仇池村民居具有传统三合院的典型特征，以一堂两厦居多，此外在堂屋与厦房拐角处建有角房，一般作为厨房、卫生间及杂物间等辅助功能

217

图 3-97 黑耶庙

使用。建筑材料以土、木、石、砖混合为主,采用夯土或土坯作为维护结构,房屋主体结构采用木材,使用石头或者卵石作为墙脚或地基,砖主要适用于墙体下部、影壁、地面铺装及屋顶修葺。

仇池村传统民居屋顶较少使用筒瓦,以方砖平铺屋面,局部使用滴水瓦,多为单坡或者大小坡,屋顶坡度较陡。民居不施重彩,保持材料的原有色调,清新淡雅(图3-98)。

4. 非物质文化遗产

西和县流传的羊皮扇鼓舞是一种古老的、流传于氐、羌民族的民间舞蹈,鼓为薄扇形,鼓面为羊皮,故称"羊皮扇鼓",又称单鼓、羊皮鼓、扇鼓。近年来,随着西和民间文化遗产保护力度的加大,这一古老的艺术形式重新焕发光彩。因跳法不一,用途亦不同。一般是左手持鼓,右手持鼓鞭,边敲边舞边唱。仇池村羊皮扇鼓表演主要是每年七月十五黑耶庙、碑耶庙祭祀所用。

5. 人居环境现状

仇池村目前电力、电信网络已经大部分覆盖。村民用水基本都有自给自足的水窖,村内排水系统还未形成,属于自由排水,目前只有部分区域有雨水沟,缺乏污水处理设施,不符合卫生标准。垃圾收集以及转运设施极为缺乏。

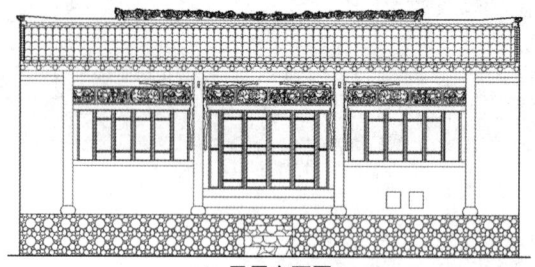

1. 民居立面图

2. 院落空间

3. 小路

4. 传统民居

图 3-98 传统建筑

十、文县铁楼乡强曲村
Qiangqu village Tielou township Wen county

公元 6 世纪的某一天,吐蕃王朝东征大军与唐朝的部队在九寨沟一带相遇,短兵相接,群起奋战,最终以吐蕃王朝的胜利而告终,但这支队伍并没有跟随大部队继续前进,而是就地留守,遂在高山森林里过上了半农半牧的隐蔽生活。他们给自己起了一个新名字"白马"。"白马"是古藏语,汉语意思为"藏族的兵"。后为争夺更好的土地,这部分白马族人和周围汉人开始斗争,因汉人的胜利而使白马族人被迫迁到山顶或者条件更恶劣的地方生存,就这样以铁楼乡为主的白马藏寨逐步形成(图 3-99)。

图 3-99 村落鸟瞰图

1. 村落基本信息

强曲村位于文县西南部，铁楼乡东北部，白马河流域，北依石门沟村、南靠小沟桥村、西接铁楼村、东临新寨村，距文县县城25公里，县道495穿村而过。强曲村地处秦巴山地，沟壑纵横，主要包括山地、谷地和台地三种地貌类型。

强曲村村域面积约7.56平方公里，村庄面积约34.25亩，村庄耕地面积约203亩，人均耕地面积约0.3亩，人地矛盾突出。村落辖强曲、墩上和竹林坡三个社，共有166户，户籍人口约为688人，常住人口约为665人。主要是汉族和白马藏族居住在这里（图3-100）。

2. 村落选址和格局

村落南北呈阶梯状延伸，居民点及周边的历史环境要素主要集中于村域中段的强曲社和西段的竹林坡社。强曲村布局比较集中，在村落形成初期，由于民族矛盾突出，都集中在地势较高的地方。主街道东西走向，道路较窄，为水泥硬化路。

位于强曲社中部的强曲小学是村庄唯一的公共建筑。村落内部高大的树木旁是村民重要的休憩娱乐场地。由于地形高差较大，人们出行困难，大多数的时间都是在自己家里活动。

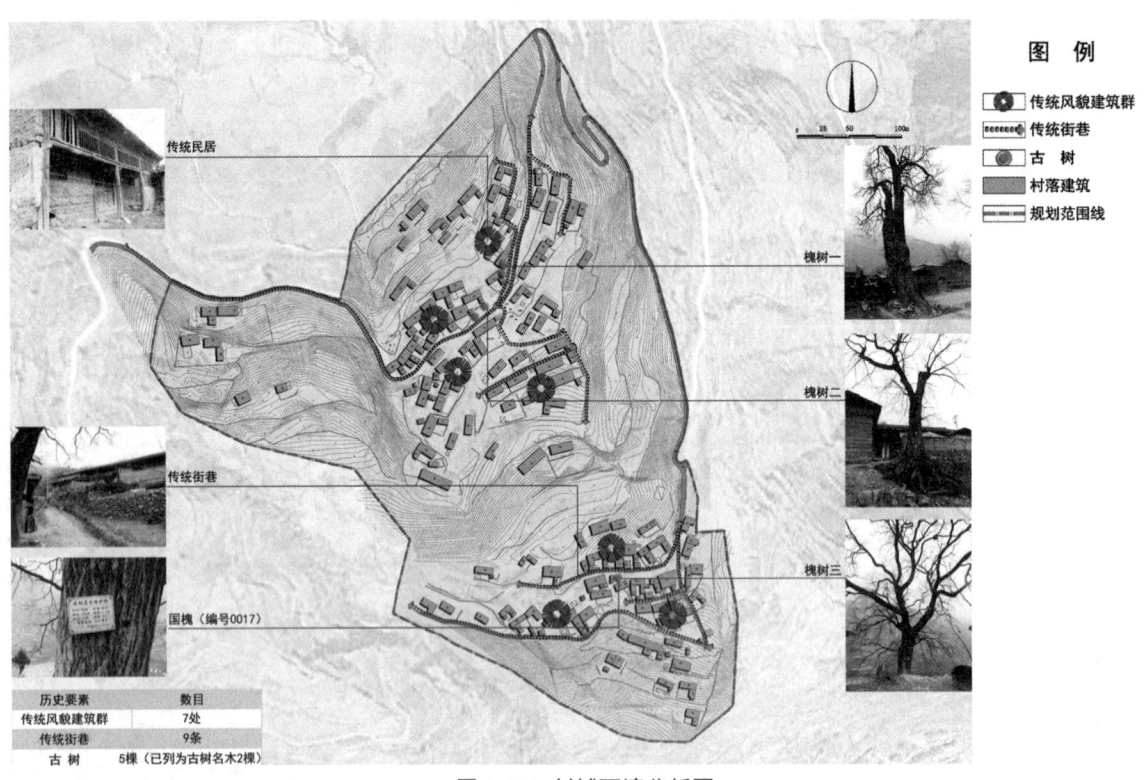

图3-100 村域环境分析图

3. 传统建筑

整个村落的建筑不苛求南北向，一般依山就势而建。房屋主体为双坡硬山，一层用于生活起居；二层用于晾晒粮食和焚香。传统民居有一个与汉地民居及北方官式古建筑不同的特点，即并未以长边作为房屋的正立面，而是在山墙面设置出入口和晒台，其他各面均为实体维护结构面，鲜设窗洞，即使开窗也面积极小，几乎不能满足采光需求，部分房屋通过屋顶烟囱房的老虎窗补充采光（图 3-101）。

1. 传统民居

2. 建筑细部

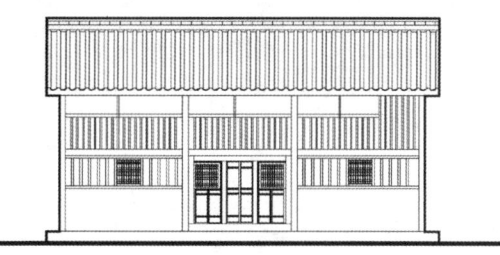

3. 传统民居立面图

4. 传统民居立面

图 3-101 传统建筑

民居的主体部分采用穿斗式结构构架，但构造方式并未完全因循穿斗式的做法，在柱间没有设置穿枋将柱子串接联成一榀房架，而是单独立柱后将檩条直接放置于柱头之上。且由于主立面位于建筑的山墙面，因而仅在两侧外围护结构处与正中采用立柱与檩条，以形成较宽的开间。檩条上层铺设了较为稀疏的椽子，但椽子上并没有铺设望板，而是又多铺置了一层较密的细小檩条，屋顶采用简瓦作为屋面材料（图 3-102）。

建筑主体以外的体量则使用了抬梁式构架，

但构造较为简单，屋顶构造与主体相同。建筑层与层之间的楼板使用梁板柱结构支承，梁柱则使用简单榫卯，二层楼板为纯木，再铺设木板，西南侧下沉，有散水功效。

4. 非物质文化遗产

（1）池哥昼

池哥昼是白马藏人从先祖的信仰和崇拜里传承至今的一种传统祭祀活动和民间舞蹈，是白马人独有的民俗文化。

每年春节期间，在文县铁楼乡白马河畔的村村寨寨都有表演池哥昼的习俗。正月初五，白马藏人在寨子的大场里预习面具舞，正月十三开始正式跳，有的寨子正月十四、十五才开始跳，至正月十六结束。舞蹈者头戴面具，挨家逐户欢跳，意在为村民驱鬼除恶、驱邪消灾，以迎接新的一年吉祥和顺。一般由九位男性表演，其中四人扮成山神，是叫"池哥"的四弟兄；两人扮成"菩萨"，也叫"池姆"；两人扮成夫妻，又叫"池玛"；还有一个十多岁的儿童扮成猴娃子。整个场面古朴豪放、庄重热烈，既富有神秘色彩，又充满了浓厚的娱乐气氛。

每年正月十五日跳完以后，即将面具、服装、道具等收藏起来，要等到来年春节再跳，平时一般不能随便将面具拿出来（图3-103）。

（2）火圈舞

火圈舞，又称"圆圆舞"，白马语称"呆舟"，是白马人最喜欢的一种自娱自乐的集体舞蹈。火圈舞最早始于哪个年代，史料均无记载，但它是白马人战斗的产物与结晶却是无可争议的事实。

图3-102 檐廊

1. 表演

2. 面具

图3-103 池哥昼

备注：图3-103至图3-104由当地政府提供

追溯白马人的历史，不难寻觅出火圈舞最早的雏形、演变过程和发展历史都与战争息息相关。

白马人常以山头为营，并点燃篝火，以防袭击。白马人为消除疲劳瞌睡，以歌舞自娱，通宵达旦，这便是火圈舞最早的雏形。久而久之，经过不断发展演变，便形成了现在的火圈舞。每年农历腊月初八，火把节起跳，一直持续到正月十七，整整40天时间。每天晚饭后，小伙子、小姑娘敲锣打鼓，唱着凑柴歌，挨家挨户去凑柴，凑的柴堆放在场中，点燃篝火，全村男女老少欢跳火圈舞，唱酒歌。歌舞时，不分男女老幼、富贵贫贱，大家手拉手、肩并肩，连成一个大圆圈，围着熊熊大火歌舞（图3-104）。

（3）咂杆酒

咂杆酒一种用青稞、高粱、大麦、小麦、糜子等多种粮食酿造的酒。将五种粮食煮至七八成熟再蒸一会儿，起锅，晾凉，再均匀加入酒曲，发酵三天，然后转入大缸，密封一至三个月后开封，盛入铜罐内加水，在温火上焙热，插入特制铜咂杆饮用（图3-105）。

（4）蜂汤酒

白马人自古以来就有做蜂汤酒的习惯。一般在刮蜂蜜时，把蜂巢放在锅内加热，将蜜溶尽取出，最后用水冲洗残留在蜂巢渣上的蜜，将渣滤过，也叫淘蜡水。然后在淘蜡水（也有用蜂蜜的）中加入上好的五色酒，装入缸内，并用泥密封缸口，防止空气窜入。好的蜂汤酒甘甜适口，沁人心脾（图3-106）。

过去村民把蜂汤酒当作酒中上品，多用来当珍贵的礼品走亲戚送朋友，或招待最尊贵的客人。

图3-104 火圈舞

图3-105 咂杆酒

图3-106 蜂汤酒

蜂汤酒让人越喝越爱喝，越喝越能喝，在不知不觉中便会让人喝醉。在屋中还不打紧，若到屋外经风一吹就会大醉，也叫作"迎风倒"。

(5) 白马藏族服饰

白马人的服饰十分独特。男女都喜欢戴一顶由羊毛压模后制成的白色毡帽。这种毡帽呈盘形，圆顶，边为荷叶边形状。白马人自己称这种毡帽为"沙嘎"帽，在这种白色毡帽上还有一些其他装饰物。比如缠绕在上面的红、蓝、黄、紫等色线，垂飘在帽檐之外，有的在帽顶前端还有一簇锦鸡颈羽装饰。但是在每顶"沙嘎"帽上，有一样东西是不可少的，那就是插在帽顶侧的白色雄鸡的尾羽。

制作这种白色毡帽的工艺过程十分复杂。目前，会制作这种毡帽的人已经不多了。由于陇南白马人一般居住在高寒山寨里，早晚温差比较大。当地年龄大一些的人还喜欢戴一种类似于瓜皮帽的黑色小毡帽，然后再戴上一圈由绒线串起来的用鱼骨制成的圆形装饰品；年龄大的妇女还要在黑色小毡帽的外面裹上一种黑色的帕子。这种戴法，最初的目的是起保暖作用，现在则成为一种标志性的东西了（图3-107）。

1. 日常服饰

2. 表演服饰
图3-107 白马藏族服饰

5. 人居环境现状

强曲村民居均为瓦房，村内道路狭窄，仅供人畜行走，且为土路，无排水设施（图3-108）。

强曲村目前电力、电信、网络等已全面覆盖；自来水已通到户，因水资源丰富，部分居民仍采用水窖储水；排水系统还未完善，目前只有部分区域有雨水沟，缺乏污水处理设施；垃圾收集转运设施不完善，仅部分公共场所设置垃圾桶；无公共厕所，供暖方式以小煤炉分散供热取暖为主。

图3-108 村落道路

十一、文县碧口镇白果村郑家坪社
Zhengjiaping community Baiguo village Bikou township Wen county

　　小溪涓涓流淌，沿着山脚缓缓西流，汇入白龙江，养育了一代又一代农家儿女。静坐溪边，可聆听到大自然美妙的乐歌。村落内小河曲折，共十一道湾至碧口。湿润温暖的气候条件决定了村落的自然环境，两侧苍翠的山峦就像天然的氧吧和忠诚的侍卫，世代守护着这里的村民。郑家坪世世代代以茶为生，满山绿油油的茶叶是村民的经济来源，同时也成为一道亮丽的风景线（图3-109）。

图 3-109　白果树郑家坪社村落风貌图

1. 村落基本信息

白果村郑家坪社位于文县碧口镇，白龙江下游，西秦岭山地和岷山山系的交汇地带，地势南高北低、西高东低，大部分海拔在 800 米左右，碧峰沟穿村而过。郑家坪呈两山夹一河形态，北临任家，西接杏树湾，东接连架石，南到俞家坪。村域面积 2.2 平方公里，村庄占地面积 52 亩，郑家坪社共 30 户，87 人（图 3-110）。

2. 村落选址和格局

据族谱、老人口述等资料考证，张氏祖先是明朝正德年间陕西醴泉县接骨村人氏，后携家眷迁居至碧口（今碧口镇），以前居住在草滩，在烧木炭的过程中带玉米等种子去碧峰沟一带种植，后发现长势非常好，遂逐渐迁居至郑家坪社。张家刚迁居过来时仅有 9 名男子和 1 名女子，后该女子嫁于杜家，遂有"张九家、杜十家"之说。

当时刚迁居过来时，此地共有两家，即从事农业的张家和从事商业的谢家，经过多年家族的努力与繁衍，人口逐渐增多。清末，张家几位子弟考取功名，开始从政，张氏家族也在这一时期达到鼎盛；民国时期，土匪在九道拐一带猖獗，二爷儿子张明月将土匪砍了头后交给当时的驻碧口部队（胡宗南第一师独立旅）丁德龙旅长的行径惹怒了土匪，土匪遂将张家孙子抓走，交了赎金后一直未放人，在孙子被关三年之后张家终于将家里败光了，从此开始没落（图 3-111）。

"5·12"汶川地震后，村子里的建筑大部分被震垮，现今保存较为完整的仅有张家大院。村民靠种茶为生，且大部分人外出谋生，故而村子呈现出一种衰落之势（图 3-112）。

图 3-110 碧峰沟

图 3-111 皇清膺诰赠七品医官张得寿及夫人韩氏之墓

1. 地震前

2. 地震后

图 3-112 地震前后张家大院

备注：图 3-112 源自当地政府

3. 传统建筑

村落依山傍水，错落有致的民居与深林交相辉映，景色宜人。传统建筑连片分布，保存完好，一般为土木结构的四合院，属川北民居风格。经"5·12"汶川大地震后，郑家坪社传统建筑现存 5 处，多为明清时期建筑。其中张家大院保存完整。

（1）张家大院

张家大院距今约 180 年，面积 260 平方米，为三合院、开敞式院落。建筑整体以二层为主，土木结构。受地震影响，现有部分地方出现坍塌、损坏现象，部分房屋已无法居住，现为临时仓库。

正房较两侧的建筑抬得较高，均有檐廊供人们穿行，白色的墙体和红色的木柱，形成一种独特的风格（图 3-113）。

1. 堂屋

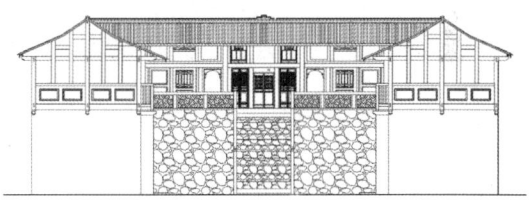
2. 堂屋立面

3. 东厢房

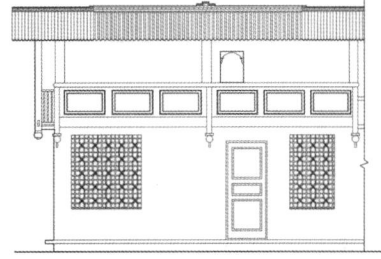
4. 东厢房立面

5. 西厢房

图 3-113 张家大院

(2) 川主庙

川主庙原建筑叫二郎神庙，有300年左右的历史，在"5·12"汶川地震后垮掉。因通往庙宇的道路艰险，故而将其迁至较低处，今天所看到的川主庙就是地震之后新建的（图3-114）。

4. 人居环境现状

郑家坪距离碧口镇约60公里，村落交通较为便捷，有一传统铁索桥与外部连接；村内传统的人行小巷道，采用当地石材铺装而成。村内有约200亩茶园，一眼望去，满山遍野皆茶园，宛若世外桃源。

图 3-114 川主庙
备注：源自当地政府

十二、礼县宽川镇火烧寨村
Huoshaozhai village Kuanchuan township Li county

火烧寨村名与一场大火有关,传说火烧寨村是三国时诸葛亮火烧司马懿之处,有"火烧葫芦峪,大小竹林坡"的典故。史实上诸葛亮火烧司马懿其实发生在陕西岐山县,并不在此地,但火烧寨之名还是由此流传下来(图3-115)。

图 3-115 火烧寨村村落鸟瞰图

1. 村落基本信息

火烧寨村位于礼县宽川镇西南方向4公里处，由三条高峻山脉形成于缓坡丘陵上。乡道754从村庄南北向穿过，西与县道607相连，东与省道222相通至镇区。村落距县城57公里，与县城和镇区交通联系便捷。村落东邻廖寺村，西接陈庄村，南通西和县马原乡，北连新文村。

火烧寨村属黄土梁峁沟壑地带，土层较厚，总耕地面积2 084.1亩，人均耕地面积1.7亩，林地面积1 413亩，产业以务农、养殖业与劳务输出为主。粮食作物以小麦、玉米、马铃薯、油菜籽为主。全村263户，总人口1 222人，均为汉族。

2. 村落选址和格局

火烧寨村最早是北京北池人为躲避战乱逃荒至此，至明代开始定居，最早居住在王家台子，后随着村落人口增加，逐渐形成今天的村落格局。传说，北京北池的王氏三兄弟为躲避战乱，老大背着泰山神像，定居在火烧寨村，这也是泰山庙的由来。从此家神泰山爷落入火烧寨，老二背着家谱定居在陕西，老三背着三郎爷神像，定居在天水的血照坡，即现在的谈家村（图3-116）。

火烧寨村三面环山，北面通向外界，南面是野韭梁山的主峰，有九道梁，龙脉延伸处建有五座寺观，为南脉寺、圆通寺、清凉寺、青龙观和张家寺村的清凉寺（图3-117）。

火烧寨村有一柏一石三座庙："一柏"指古柏，但这棵树已被砍，后在砍断处重新长出柏树；"一石"指罗汉石，在广场旁边，整块石头前面沟壑纵横，后背光滑整齐；"三座庙"指土地庙、马王庙和文昌宫（图3-118）。

图3-116 村域整体风貌图

图3-117 青龙观堡子

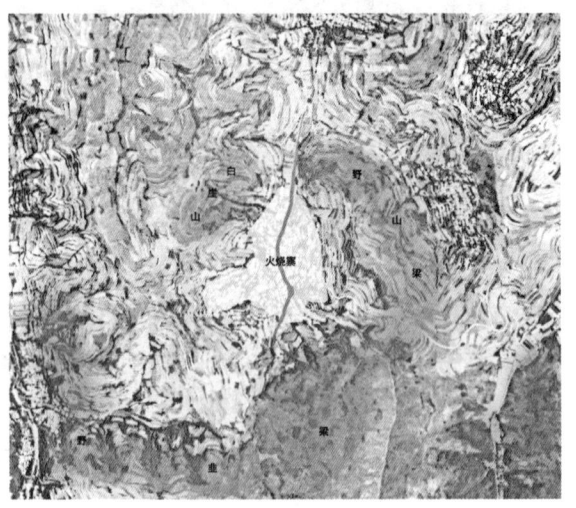

图3-118 村域山水格局

3. 传统建筑

火烧寨村物质遗存相对丰富，现存有文昌宫、青龙观、泰山庙等。

(1) 文昌宫

文昌宫旧址位于火烧寨村委会西侧，损毁较严重，故于 2007 年 5 月搬迁重建。现在的文昌宫位于村东北的野梁山上，与南面的泰山庙遥相呼应，庙内供奉的是文曲星，香火旺盛。现保存有民国二十六年（1937 年）建造碑文一座、新建碑文一座以及保存完好的明二十四孝主题灯笼画共十二幅，其画工精美、栩栩如生（图 3-119）。

1. 旧址

2. 外观

图 3-119 文昌宫

(2) 青龙观

青龙观位于火烧寨村西南侧山沟内的大嘴山，始建于明万历十三年（公元 1585 年），传说太上老君骑着青牛经过此地时，青牛脚底打滑，在石头上留下脚印，人们认为是神之象也，故在此建观。古时常有蟒蛇出没祸害人间，有次在作乱人间时不小心头撞在青牛经过的石头上，退回野韭梁山。山谷像蛇，山势像龙，龙又是最高的象征，故名青龙观。青龙观初用以供奉泰山爷，后来逐渐成为寺观合一的建筑群，规模最大时院内共有八座殿，依次为无量祖师殿（正殿）、泰山庙、财神庙、药王庙、灵官庙、菩萨庙（供南海观世音）、十王庙和娘娘庙。青龙观毁于 1958 年，现青龙观旧址仅存泰山庙（1997 年重建）、古皂角树及部分夯土围墙，曾经的院落入口清晰可见，并保存有清光绪三十年（公元 1904 年）重修的碑文一座。

(3) 泰山庙

泰山庙位于火烧寨村西南侧的青龙观旧址内，建于 1997 年。庙内供奉泰山神，相传有一蟒蛇要经过泰山庙进入村内祸害村民，泰山大神移动山体将其挡住，斩于山下，从此村内太平，人民安居。人们为感恩泰山神，在此山建庙供奉泰山神（图 3-120）。

图 3-120 泰山庙

(4) 传统民居（242 号）

该院落是三合院布局，堂屋为土木结构，有左右耳房，木质门窗呈木质本体颜色，有简单雕花，前墙体贴有瓷砖。东西厢房为砖木结构，木质窗户。院落内有简易大门、硬质铺地，种有植物，干净整洁（图 3-121）。

图 3-121 传统民居院落
备注：源自当地政府

4. 非物质文化遗产

火烧寨村非物质文化遗存丰富，每年的二三月会有庆祝活动，最早是皮影戏，后来演变为木偶戏，现今主要的节庆活动是秦腔表演。自青龙观建造以来，每年为敬奉泰山神灵而举行，已是火烧寨人民几百年来不可缺少的一部分，也是本村人民向神灵表达敬畏之情的方式。每年农历正月初八开始，正月十三结束，历时五天五夜。这些活动虽然随着时间的推移不断变换形式，但人们对于收获的喜悦和团圆的盼望从未变过。该村的文化一直传承至今，从未间断（图 3-122）。

图 3-122 戏曲表演

5. 人居环境现状

火烧寨村地势平坦，中心有一条河流，河流两侧呈缓坡地形，海拔 1 300 米左右，村落沿河流呈长方形布局。农田主要分布在村落周边的山地上，植被覆盖率高。青龙观堡子内有一棵皂角树，树龄已无从考证，在"文革"时被砍，树根需两三个成人才能抱过来，后来树根重新发芽，长出新的皂角树（图 3-123）。

村落内部道路纵横交错，多为土路，硬化的主干道穿村而过。村内没有垃圾集中收集设施和污水处理设施，有沿路水渠。

图 3-123 竹林坡
备注：图 3-122、图 3-123 源自当地政府

十三、礼县崖城镇父坪村
Fuping village Yacheng township Li county

父坪村形成于元代,最初是由一对父子在此居住,由此得名。父坪村沿父子河两岸分布,背山面水,自然环境较好,父坪村在不断更新发展,现主要保存有父子河、镇山石和传统古民居。父子河养育了父坪世代的子孙,镇山石在当地人心中能保佑四方平安,传统民居反映了父坪人的智慧和当地的建造工艺(图3-124)。

1. 父坪村村落鸟瞰图

2. 农田

3. 镇山石

图 3-124 村落概览

1. 村落基本信息

父坪村位于礼县崖城镇西面山丘地带，西接礼县罗坝乡，南壤礼县城关镇，东临礼县永坪乡、固城乡，北连武山县杨河乡。全村地势较为平坦，但分布较散，农田主要分布在村西北面的山地上。省道208经临崖城镇政府，村庄距礼县县城约30公里，距陇南市约200公里。父坪村全村户籍人口789人，常住人口640人，人口绝大多数是汉族。

2. 村落选址和格局

父坪村从形成之初就沿父子河西岸发展。村落以民居为陪衬，以公共空间为主要节点，通往干柴村、草坡村、乡镇的道路呈"Y"字形。村落植被丰富，三面环山。父坪村的韩山社沿韩山半山腰分布，据当地人讲是村民为躲避匪寇而搬迁至此处。韩山社以寺庙为中心，民居沿四周环绕，形成以山脊为主干的鱼骨状道路格局（图3-125）。

据传父坪村当时只有一对父子在此居住，后经繁衍发展形成现在的村落，其中韩山社位于韩山半山腰处，早前村民为躲避匪寇在南部山顶处建有堡子，土匪来临时全村人躲避到山顶堡子，现堡子遗址仍存在，依稀可见当年的躲避景象。韩山社拥有著名的皮影戏，从村落的整体格局可以看出，皮影戏的承载场所形成了整个村落的中心。由于韩山社交通不便，大部分人搬迁至山底，韩山社由最初的60户人家锐减为不到10户人家，现整个村落荒败没落，昔日的繁荣依稀可见。

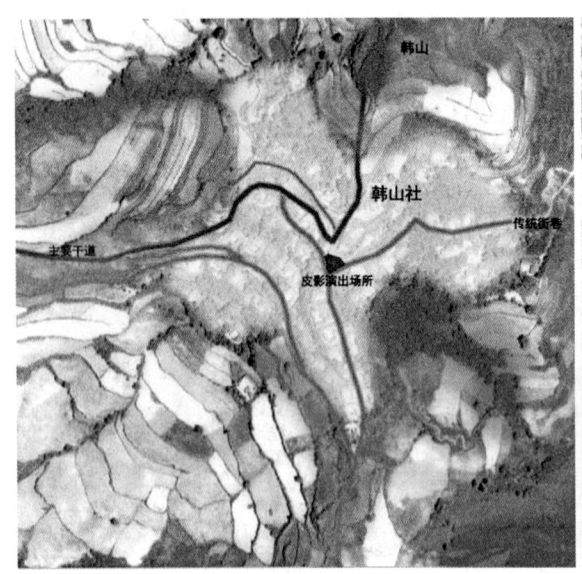 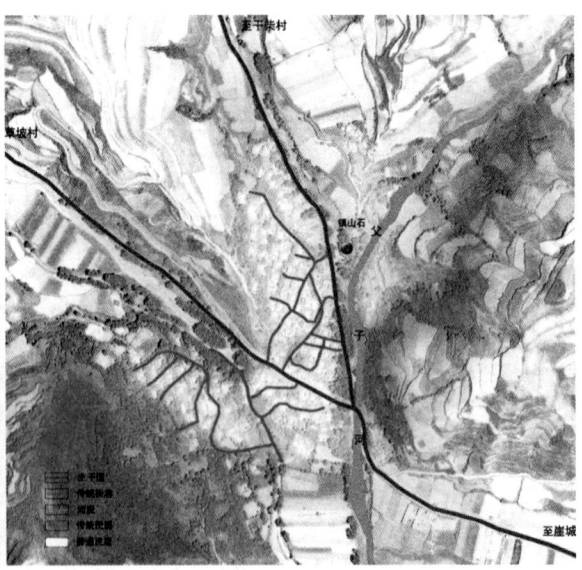

图3-125 村域山水格局

3. 传统建筑

父坪村的传统民居采用当地特有的材料建造而成,最早用石块搭建,后逐步转变为土木结构。传统民居院落早期有柱廊,屋檐与窗户都有繁复的雕花,屋内陈设有八仙椅,后简化为檐廊,且廊内距离缩小,雕饰也被简化。民居院落采用合院式布局,院内干净整洁,种有花草,大门前种植竹子,这是父坪村人对生活的期待,希望如竹子一样常青、坚强和乐观。

民居院墙大多有一人高,墙体用夯土筑成,局部兼或用砖块,有的院落大门门头写有"耕第读""安祥居"等字样,意此家耕耘种地又有读书之人。"第"是"门第""家"的意思,"安祥居"有"平安""吉祥"之意(图3-126)。

4. 非物质文化遗产

父坪村韩山社皮影戏文字考证于民国十年(1921年线装戏本落款考证)期间流传至今,传承约六代人,流传范围南至礼县北门、北至武山县西门。表演时,艺人们在白色幕布后面,一边操纵戏曲人物,一边用当地流行的曲调唱述故事(有时用方言),同时配以打击乐器和弦乐,有浓厚的乡土气息。在农村,这种拙朴的汉族民间艺术形式很受人们的欢迎。

据考证,韩山社皮影戏的由来有四川和山西传入两种说法,以演唱风格来看,从陕西北部一带传入较为可信,风格受陕西眉县眉胡曲调影响,经过几代人的传承和发展,加入地方特色,逐渐形成有地方味道的影子腔。乐器配有四弦、三弦、二胡、板胡、大小锣、鼓芽板、牛铃等。唱法分上音和下音,风格悠扬凄凉。

千百年来,皮影戏这门古老的艺术,伴随着祖祖辈辈的先人们,度过了许多欢乐的时光。因而大家把以前皮影中的角色与人物都以更精湛与更细腻的雕刻工艺表现出来,更强调了皮影的艺术性与装饰性,把皮影制作好以后,加以装裱,用于展览与装饰(图3-127)。

图 3-126 传统民居

较为平坦。

村内无垃圾和污水集中处理设施，有沿街水渠（图 3-128）。

图 3-127 韩山皮影戏

备注：由当地政府提供

5. 人居环境现状

父坪村依山形走向而建，村庄周边以山林为主，围合感较强，村庄边界以自然限定，形式比较自由。村庄在很大程度上仍然保持着旧时的乡村面貌，大到整个村子的街巷道路、庭院格局风貌，小到每个建筑上的砖木雕饰，所有的文化遗存都独具特色，是传统的陇南古民居的特色。村庄内的古树、谷场等公共活动场所和院落沿街巷方向分布。村庄的整体风貌更多地体现了本土特色，土墙灰瓦双坡，依托当地的自然环境，形成以绿色、田野、山林为背景，以古民居建筑和传统台阶式格局为特色的整体风貌。

父坪村位于秦巴山区，属半山干旱地区，降雨较少，无霜期 23 天，平均海拔 1 600 米，地势

1. 村落整体风貌图

2. 传统街巷

3. 村民生活

图 3-128 人居环境

十四、成县黄渚镇柏湾村
Baiwan village Huangzhu township Cheng county

柏湾村位于黄渚镇西部，距镇政府2公里，辖3个村民小组，208户，有耕地1 250亩。农民经济收入主要以劳务输出、养殖、中药材种植、农产品加工为主。村庄四面环山，北面有指花坪，南面有尖子山，西面有东河，居民沿道路两侧分布。该村因自然灾害太多，传统建筑已被破坏或推倒重建，又因申报镇示范区，所以全村按统一标准、统一要求建造房屋风格、装饰色彩以及修建细部等（图3-129）。

图3-129 村落鸟瞰图

1. 村落基本信息

明代时有四川居民移居到此，从而形成柏湾村，村域面积约为 1.33 平方公里，村庄占地面积大约 700 亩，户籍人口约为 700 人，常住人口约为 680 人。主要居住民族为汉族。村民主要生活来源有种植、养殖和劳务输出等。该村目前正在进行保护规划编制（图 3-130）。

2. 村落选址和格局

村落四面环山，东高西低，呈东西走向。村中传统建筑因近几年遭遇多次地震、洪水等自然灾害，基本无保留。现村内多数民居基本均为灾后重建房屋。现保存较完整的建筑有一座——花大门及一千年古红豆杉树，大多数院落为四合院建筑，院内有花坛与步道，巷道大部分为水泥路面，干净整洁（图 3-131）。

图 3-130 村落整体风貌图

1. 花大门细部　　　　　　　　　　2. 村内古树

图 3-131 村落格局

3. 传统建筑

村落内传统建筑为花大门。花大门位于村落中心位置，具有一定的文化底蕴。据传花大门是清朝一富商所遗，曾有当朝皇帝御书牌匾。因此当时经过的文官需下轿、武官需下马。其院内有一对贡石置于正门后两侧，其真伪至今无法考证。

4. 人居环境现状

柏湾村有新砌围墙2000余米，新建太阳能路灯72盏，修建田园风格竹编围栏600米，垃圾屋7个、垃圾填埋点3处，绿化空地800余平方米，以及建成了600平方米的集休闲、娱乐、健身、避险于一体的文化广场。广场周边有成片金银花、猕猴桃种植区域以及高标准羊舍、鱼塘若干个，还有鸡、鹅饲养基地等。村庄靠山面水，清水长流，四季风景宜人，森林覆盖率达95%。辖区保留有一棵千年古红豆杉树和一棵百年的紫荆树。柏湾村民风淳朴，群众勤劳善良，一直保持着以往的传统风俗。村民用水为自来水入户，排水有排水渠，村内垃圾采取卫生填埋方式。村落周围自然环境优美，生态保持较好（图3-132）。

1. 村内大舞台

2. 村内巷道

3. 村内巷道

4. 村落自然环境

图3-132 人居环境

十五、成县黄陈镇石榴村
Shiliu village Huangcheng township Cheng county

石榴村是黄陈镇的行政村,地形特征为南河北山。进村道路崎岖不平,民居依山分散,由上而下、由东到西呈三角形分布。村落200多年前曾出现过朝廷贡生。村内环境较优美,村容较整洁。石榴村历史悠久,但因地处较偏远,交通不便利,所以村中传统建筑有所保留,但分布比较分散。多数民居为清中晚期建筑,风格古朴典雅,大部分屋宇房基由青埂石条砌就,砖柱土坯墙,四门八窗,兽脊飞檐,雕梁画栋。现保存完整的建筑有16座、1200多平方米。大多数院落为四合院建筑,巷道基本为土路,但较干净整洁(图3-133)。

1. 村落整体风貌图

2. 成片的建筑

图3-133 村落概览

1. 村落基本信息

明代以前由于人类的自然迁徙形成该村子。村庄占地面积大约 900 亩，户籍人口约为 532 人，常住人口约为 500 人，主要居住民族为汉族，村民人均年收入约为 1 900 元，主要以种植业和养殖业为生活来源。该村暂无保护规划，很多传统建筑处于闲置废弃的状态。

2. 村落选址和格局

村落靠山面水，村民依山而居，村庄整体呈三角形分布于半山平台之上。村内环境优美，村容整洁，历史悠久，古朴灵秀。

村庄内民居多为 20 世纪七八十年代及灾后重建建筑。至今保存完好的有 16 座清中晚期建筑。房屋高大美观，屋脊簪花坐兽，廊檐宽阔，雕梁画栋，檐下四门八窗，刻字镂花，青埂石条铺砌门廊、台阶，院落石铺图案祥瑞美观。

石榴村经历了百余年的风雨沧桑，至今仍保存原有的传统风貌，村落整体保存较完整，古宅遗存数量较多，具有典型的陇南地域建筑特征。

3. 人居环境现状

村庄坐落于群山环抱之中，峡谷清水长流，四季风景宜人，森林覆盖率达 95% 以上，村内山上有关公庙、黑迟爷庙及古树多棵。

石榴村地处偏远，交通不便利，人均收入低，外出务工人员多。民风淳朴，群众勤劳善良，一直保持着传统的民风。村中传统建筑有所保留，但分布比较分散，多数民居为清中晚期建筑。院落多为四合院建筑，室内由中堂、卧室和杂物间组成。由于采用了陇上民居土坯墙和砖基的建筑格式，屋子冬暖夏凉，外观华美，坚固实用。巷道基本为土路，但较干净整洁（图 3-134）。

1. 风化的虎形山石

2. 当地居住现状

3. 当地野生枣

图 3-134 人居环境

第四章 甘南地区传统村落

甘南地区处于青藏高原和黄土高原过渡地带，境内山谷多、平地少，地势西高东低。甘南地区位于黄河上游，在甘肃省中部西南面，其主要包括甘南藏族和临夏回族两个自治州。甘南藏族是藏、汉文化的交汇带，被费孝通先生称为"青藏高原的窗口"和"藏族现代化的跳板"；临夏历史悠久，被誉为"中国的彩陶之乡"，同时也是历代兵家必争之地，唐蕃古道重镇，茶马互市中心，有"河湟重镇"之称。

甘南藏族自治州是中国十个藏族自治州之一，是黄河、长江的水源涵养区和补给区，被国家确定为生态主体功能区和生态文明先行示范区，境内草原广阔，是典型的大陆性气候。甘南藏族自治州属于安多藏语系区，自古为西羌居地，是一个以藏民族为主体的多民族聚居地区，有"中国的小西藏""甘肃的后花园"之称。特殊的地理位置决定甘南起着内地与藏区间过渡承接的作用，是青藏高原和藏区的门户要地，也是广大藏区通往内地的走廊。

临夏回族自治州境内重峦叠嶂、河流纵横、物产丰富。临夏历史悠久，秦汉王朝时就在此设县、置州、建郡，古称枹罕，后改河州、导河。临夏地处古丝绸之路南道要冲，东西经济文化交融，是"中国西部的旱码头"。临夏穆斯林群众集中，民族风情和宗教建筑特色鲜明，被誉为"民族建筑的博览园""中国的小麦加"。临夏也是"古生物的伊甸园"，其发现的恐龙足印化石群和古生物化石群震惊中外。另外，每年在莲花山、松鸣岩等地举行的"花儿"演唱比赛规模宏大、影响深远，有"花儿之乡"之称。

第一节　甘南藏族自治州传统村落

一、卓尼县尼巴乡尼巴村
Niba village Niba township Zhuoni county

"尼巴"为藏语译音，意为"阳坡"。尼巴村坐北朝南，依山而建，清澈的车巴河穿村逶迤而过，寨前几行陈列有致的嘛呢旗在朔风中飘扬。远望尼巴村，村寨的房屋建筑形式类同，错落有致，鳞次栉比，从低到高，层层叠加，户户相连，组合成一个严密壮观的防御整体。一看那坚固的结构和雄傲的阵势，就明白是战乱年代防盗防匪、抵御入侵的需要。特别是在蓝天白云下，尼巴村家家户户房顶上搭晒青稞的架杆密如蛛网，纵横交错，更给山寨增添了既神圣又神秘的色彩（图4-1）。

1. 村落鸟瞰图

2. 车巴河

图 4-1 村落概览

1. 村落基本信息

明代从西藏迁徙而来的牧民聚居在此处，故而形成今日的尼巴村。村域面积约为 0.4 平方公里，村庄占地面积 300 亩，户籍人口约为 2 027 人，常住人口约为 2 027 人，主要是藏族聚居在此。村民主要以牧业为经济来源。

(1) 地理位置

尼巴村距卓尼县人民政府驻地约 80 公里，距麻路镇 30 公里，海拔 2930 米，与迭部县、碌曲县和四川省若尔盖县接壤，江迭路从村口通过（图 4-2）。

(2) 自然条件

① 气候：属高原型大陆气候，寒冷湿润，四季不明，光能不足，日照短，热量贫乏，温差小，降水充沛，不均匀。地高林多，湿度大，年日照总量 2 184 小时，年平均气温 5.9℃。

② 地貌：位于高山丘陵地区。

③ 地质：地质结构复杂，地下矿藏较为丰富。

④ 水文：车巴河穿村而过，地表水资源丰富。

⑤ 土壤：土壤类型主要是栗钙土，局部分布草甸土和沼泽土。

⑥ 植被：植被覆盖面大，蒸发量小，地下水丰富，气候湿润。

⑦ 主要灾害：受地质条件、地貌形态、降

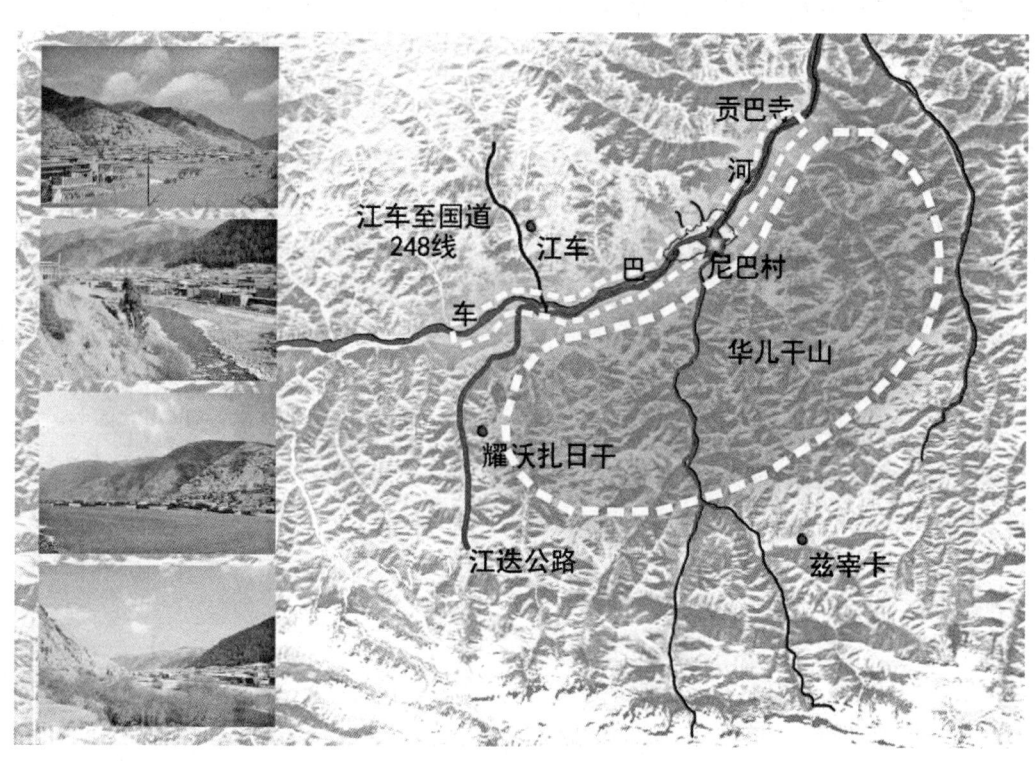

图 4-2 村落格局图

水等因素的共同影响，主要地质灾害类型是山洪、山体滑坡、地震等。

2. 村落选址和格局

(1) 选址特点及聚落形成

尼巴乡尼巴村处于河谷地带，依山傍水，车巴河穿村而过。地域内土壤肥沃，水源充足，草场林地丰富，适宜居住。藏语"尼巴"意为"阳坡"。

村落的形成最早可追溯至唐代。吐蕃赞普后裔戍边的将士在战争结束以后，一部分成为庶民，逐步与山外的牧民融合，先牧后农，定居于此，逐渐形成了现在的尼巴藏寨。在一户藏族村民家中，就收藏了其祖先留下的西藏嘛呢石，印证了这种说法。

尼巴村形状呈一字形，沿车巴河南北两侧分布。内部主街东西走向，宽阔通畅，小街巷相对较窄。民居最早建造于车巴河南岸陡峭的山坡上，依山势布局，错落有致，形成了自由、有机的聚落形态。近年来，尤其是20世纪80年代后，由于车巴河北岸地势平坦、开阔，且交通便利，居民渐渐于此建造房屋，逐渐形成了沿河发展、隔河相望的两个带状聚落形态。

村寨里随处可见曲曲折折、层层而上的栈道。这些栈道一边依山固定，另一边依靠无数的圆木支撑，不仅解决了人、畜在山坡上的交通问题，而且扩大了藏寨的有效生活面积。不大的村寨中住所十分稠密，家家围墙相连。民居采用传统土木结构，即内不见土、外不见木。外部土墙起到保温和维护的作用，内部木结构为木墙、木天花、木地板，房间内部装饰尽显藏族风格。

在当地，村落的形成还有"三兄弟漂木选寨"的传说，此传说现在仍然被人们口口相传。传说中三兄弟里的老大名叫玉龙拉绸，老二名叫苏奴闹日，三弟名叫旦交华吾。三兄弟为了选好寨址，每人分别在车巴河中放一截木头顺水漂流。结果老大的木头漂到现在的尼巴寨章杰桥下停泊，从此形成了尼巴寨；老二的木头漂到现在的郭卓沟口，他就在郭卓沟里安家；三弟的木头一直漂到洮河后在卡车沟口停泊，形成了现在的卡车沟的大力村。弟兄三人在车巴沟最高的华儿干山脚下造立山神，为子孙祈福。老大玉龙拉绸献了一部经书，祝福后代充满智慧；老二苏奴闹日献上了一盏酥油灯，祝福子孙代代富裕；老三旦交华吾献上了一把斧头，祝福后代顽强勇敢……从此，以三兄弟为先人的这群完全游牧的藏族民众，逐渐转变成为半牧半农生产生活方式的尼巴寨人。

(2) 村落整体风貌保存情况

村落里民居建筑均为土木结构，大多民居有上百年历史。村落顺应山势，从低到高，错落有致，鳞次栉比，户户相连，古色古香。村落里还有曲曲折折、层层而上、互通有无的栈道与民居错落呼应，形成了独特的村落风貌。每当清晨，村落薄雾笼罩，轻烟萦绕，山光水色，清静幽雅，好似梦中仙境。

3. 传统建筑

尼巴村保留有的传统建筑包括阳坡木栈道、百年藏寨、阳坡东端风嘛呢坊、嘛呢房、白塔及转经房等。目前村落整体风貌较为协调古朴,部分新建民居仍采用传统材料与工艺。

(1) 嘛呢房

尼巴村嘛呢房原为外夯土、内木构建筑,近年屋顶和西立面以红砖整修,失去部分传统风貌。其形体为局部二层,一层整体为念嘛呢处,可容纳千人,尼巴村及附近的石巴村、格拉村村民在这里为节日祈福,为亡人超度。

沿嘛呢房外墙的转经廊,是尼巴村宗教功能最强的空间之一,已有百年历史。在尼巴村常举办的嘛呢会结束之后,村民走出嘛呢房,以顺时针方向鱼贯而入,并以顺时针方向转动经轮。嘛呢房外转经廊由 108 个经筒组成,经筒皆为黄铜质地,内置经书,铁轴自中心贯穿固定,下部连接十字形木把手以便转动。每当转经仪式开始,人们表情虔诚、口中念经,依次从车巴河和嘛呢房之间的转经廊通过。对岸就是"阳坡",周围即是煨桑缭绕,延续百年(图 4-3)。

图 4-3 嘛呢房

(2) 白塔

尼巴村中心处白塔是全村宗教信仰的中心,是村落的核心公共空间、景观中心以及最重要的地标。依藏传佛教传统,白塔内置佛像及经文,且白塔样式形态优美,比例协调(图 4-4)。

因塔的特殊位置,在嘛呢会结束后,村里的老人(限男性)常围在白塔旁边晒太阳、聊天,白塔已成为尼巴村村民生活的一部分。尼巴村白塔的修建体现了藏族传统村落以藏传佛教的佛像或佛经白塔作为村落中心的聚落形态。

图 4-4 白塔

(3) 阳坡木栈道与百年藏寨

尼巴村北坡山上，百年藏寨的修建过程是漫长的。在以防御和居住为目的阳坡聚落逐渐形成的过程中，楔入缓坡的圆木栈道巧妙地起到了通行和联结各户的作用。依随山势，木栈道呈现若干个"之"字形组合。圆木一端楔入山体，一端落在下面的支架上，再以斜撑的方式加固支架。栈道上以草泥抹面，更是与山脉浑然一体。

木栈道既是阳坡老寨古老的道路体系延续，也是藏寨起伏错落的结构体系之脉络，不仅是一种衔接，亦是一种对地形的解释。木栈道看似古朴粗泛，实则形成稳定的受力系统，是百年藏寨的建构奇迹。

近年来，随着高密度新建材（水泥、红砖等）的加入，木栈道原稳定的受力体系受到挑战。部分路段有倾斜和塌漏，需维修及评估以维持其体系的稳定。

由木栈道组织构建的藏寨体系呈"外夯土、内木构"的形制，俗称"外不见木，内不见土"。早期藏房为防御及御寒，立面少有开窗，只开1～3个天窗作为自然通风和烟道出口。整个体系浑然天成，除出入口处作防风隔间外，少有空间穿插，这是早期牧民对"内部空间"的理解，很好地延续了游牧时期人们使用帐篷的生活经历（图4-5）。

(4) 阳坡东端风嘛呢坊

早期风力嘛呢伫立于村落历史建筑较集中的阳坡的东西两头，判断为原村落入口标志。其东侧风嘛呢历史已超百年。风力叶片风格古朴，形似木瓢，为手工凿刻所制，目测3～4级风即可驱动。另有似牌坊形式简易门檐配套，为其遮风挡雨。

(5) 嘛呢石子堆

依藏传佛教传统形制，积"嘛呢堆"是重要的宗教信仰方式之一，而"嘛呢堆"需要大量质地适宜的易雕刻石材和较成熟的工匠。因此，在地处安多藏区的尼巴村，这种"嘛呢堆"巧妙地演化为"嘛呢石子堆"。人们每经过一座"嘛呢石子堆"时，一般要往石头堆上添一块小石头或一颗石子，作为一次祈祷。丢一颗石子或添一块小石头，等于念了一遍经文，渐渐地"嘛呢石子堆"不断增高。尼巴村嘛呢石堆除上端树立一形状特异的片形青石外，其余均为村民特意选择的圆形白石（图4-6）。

图4-5 百年藏寨

图4-6 嘛呢石子堆

4. 非物质文化遗产

尼巴传统村落至今仍较好地保留了具有特色的文化传统,如传统手工艺有藏族服饰制作、唐卡绘制、风力嘛呢桶制作、曲轴嘛呢桶制作、背携式嘛呢筒绘制、佛龛绘制及习俗、晾晒架的搭建及使用、酥油的加工工艺、糌粑的加工技艺、羊毛的加工工艺、木栈道建造及修缮、屋顶与地板铺筑工艺等;又如传统社会风俗、节庆礼仪有插箭节、嘛呢房诵经仪式、围嘛呢房及白塔转经仪式、嘛呢房酥油茶会、嘛呢房助孤老习俗、正月婚礼习俗、正月酥油花展、赛马会、大象拔河、背皮袋、藏棋、法舞、连锅炕的制作及使用习俗、板达的设置及使用习俗、擦哈房的搭建及使用习俗、煨桑点的设置及使用习俗、嘛呢杆的树立形式及风俗、壁橱摆设及风俗、埋宝与放宝、室外经幡"达揽"的搭建风俗、春季桥上敬鱼仪式及藏族弹唱等。

(1) 藏族服饰制作

尼巴村可见卓尼代表性藏袍"子化"的制作:以羊皮经手工揉搓熟化缝制而成,不挂面子,保持其原有皮色。有羊毛一侧为里,以高强度线手工缝制而成,工期为一周左右。卓尼代表性藏袍右衽交领,袍长至脚面。男子穿着时束腰,后腰系成兜囊,可装物。一般袒右臂,右袖吊下或挂在腰后。夏穿"日拉",即用布料衬里,以各种料子为面的藏袍,颜色有黑、墨绿、咖啡、青莲等。右腋下用红、绿布条做两条宽4厘米、长12厘米的带子,穿时两带相结即可。春秋之际穿着用羊羔皮作里子,外罩毛料或布质面子的,叫作"插日"的二毛皮袍。有的"插日"之上罩以"日拉"。冬天大都穿"子化",男式袖口、襟、摆饰有15厘米的黑布,也有紧挨黑布镶嵌金黄色锦缎或朱红色布条的。目前村内可制作藏袍的人家有一户,因藏袍制作成本较大(1件"子化"售价约为9 000元),故以接受预订的方式经营制作。

(2) 唐卡绘制工艺的引入

唐卡,又称卷轴画,是藏族精神文化的精髓,亦是藏族宗教文化的代表。唐卡,誉为藏族的"百科全书",具有鲜明的藏族风格、浓厚的宗教色彩和独特的艺术风格,是藏族手工艺的一朵奇葩。唐卡艺术历史悠久,唐卡的形成和发展基础是藏族古代的壁画。

尼巴村唐卡绘制工艺是由才让刀杰近年引入村落。才让刀杰先生自幼喜爱绘画,10岁起师从父亲夏刀肖学习藏式绘画,后考入青海民族大学艺术系,近年完成唐卡绘制的系统学习并将其引入村落(图4-7)。

图4-7 唐卡

一幅普通唐卡工期多为1个月左右，亦有更细致的绘制持续5个月左右，需定制。需求者多为附近僧侣及信众。尼巴村唐卡绘制技艺传承形式是由村落培养的人才将新工艺带入村落。

（3）插箭祭山节

插箭祭山节于2006年入选甘肃省第一批非物质文化遗产名录（编号82X-13）。尼巴村村民所参加的最大一次插箭节为农历二月十一的春季插箭节（图4-8）。

当桑烟弥漫于上空，龙达随风飘舞时，祭祀的主项目插箭仪式就开始了。参加插箭的一般为男性，只有家中无男丁时，妇女才可参加。插箭的翎箭是一种象征性的翎箭，用一根削去树皮、没有树杈弯扭的光滑树干制成，在杆梢捆上柏树枝和白羊毛，绑上三角形的云纹彩板（一般涂成虎黄、黑白云纹吉祥图案），短则一丈余，长则十丈多。祭祀的人双手高擎自己的翎箭，按顺时针方向缓缓绕煨桑台一圈，然后绕插箭垛三转，之后才把箭插进垛围中。有马的则骑着马绕插箭垛狂驰，给山神助威。

插箭完毕，多数人下山，仍有少数人留在箭垛前。他们中有的给战神拴缠五色吉祥彩幡，或者扯换用牛毛绳捻的通天绳，愿山神帮助自己在临终时能搭天绳去天国，并乞求神灵感知他们内心的苦衷，多多给予照顾；有的则在箭垛根深埋五金和五谷（金银等珍贵金属、麦子、青稞和豌豆等），然后叩头，祷告战神保佑。

（4）嘛呢会

嘛呢会是尼巴藏寨里最具有影响力的一项重要念经活动。每年除了几十次的大嘛呢会以外，还有许多小的嘛呢会。小的嘛呢会由尼巴寨的每户人家每年轮流举行一次。小的嘛呢会主要是各家各户为祖辈祭日而举行的。大的嘛呢会则是专为去世老年人，以及老年病人而举办的。在每年农历二月到六月造山神的季节里，也有嘛呢会。大型嘛呢会的组织者是当事者，谁家的事情谁家做东，除了为前来念嘛呢的人们准备茶饭，还要给每户来念嘛呢的人支付2~5元人民币。

嘛呢堂西北侧厨房以酥油茶的形式为念经人群提供供给。其灶台长约8米，共容纳口径1.5米、历史超过200年的精美铜锅3口。其中一口煮肉，一口煮饭，一口煮茶，可满足1 000人一整天在念嘛呢过程中的喝茶、吃饭。仅这一锅茶水就得用4个小时才可以烧开。这些铜锅的外围有十二种（如大象、龙、马、蛇、鹿、天鹅及吉祥八宝等）图案，象征和谐如意。

每当嘛呢会的日子确定下来后，消息就会一传十、十传百。嘛呢会的前一天下午，寨子里亲朋好友和相邻的村民纷纷背着嘛呢桶来到嘛呢堂，选好自己的位置，摆放好嘛呢桶。诵念

图4-8 插箭

备注：由卓尼县宣传部提供

经文，祈求平安、幸福。

(5) 正月酥油花展

尼巴村村民所参加的酥油花展为步行一小时左右的贡巴寺正月酥油花展，于农历正月十三至十四日下午、晚上举行。正月十三下午开始，在寺院周围各个固定的位置上支起支架，陈列制作的各种酥油花。在酥油灯的照耀下，酥油花更加艳丽夺目。每年贡巴寺酥油花展所表现的题材多样、内容丰富，主要为以佛祖菩萨、金刚天王、飞禽走兽、花鸟鱼虫、山石林木、花卉盆景、亭台楼阁等组成的各种故事情节。每年观看者人山人海，接踵摩肩，直到深夜（图4-9）。

图 4-10 赛马会

图 4-9 酥油花展

(6) 赛马会

赛事规模一般较大，吸引周边村落居民参加，同时吸引外来游客参观。通常参赛马匹在50匹以上，观众人数在1 000人以上。该活动原本是该地区藏族传统节日活动之一，近年开始自由举办活动，赛事主要由附近贡巴寺主办，规模较大。村民也会自发举办小规模赛事（图4-10）。

(7) 连锅炕的制作及使用习俗

因高寒地区对取暖的需求，炕与灶不能分离。在尼巴村，从百年藏房到新建的藏房中，连锅炕形式基本得以延续。其基本做法为：在新屋修建过程中，垒灶并将烟道引入相邻的炕内。尼巴村炕内多见圆形烟道。在炕内盘旋一周后，烟道在炕与外墙相交的地平处以烟囱的形式伸向室外空中。尼巴村及周边藏房连锅炕多见一大两小共3个灶眼。大灶眼放置庄重的藏式奶茶锅，2个较小灶眼多用于日常烹煮。

(8) 板达的制作及使用习俗

板达指的是藏房内部或阳光间内依墙建造的高80厘米、宽60厘米左右的木质坐处，形式类似沙发。由于木材丰足，板达的靠背也为实木板所制，厚约5厘米。一般由修建房屋的工匠结合建筑空间一并修建。

板达是传统藏房向新式藏房发展的重要标志之一，人们的小憩形式由盘坐转向高坐，活动空间由炕转向板达。由于新材料（铝合金玻璃门窗）的运用，形成阳光间，而当阳光间成为冬季家庭的重要活动场所时,这里的板达也成为最舒适的地方。

在阳光间的板达上,老人坐着转动经轮,老阿妈引逗着小娃娃,假期的孩子们写着作业,村里的手工艺人完成着画作。板达的制作风格简练,使用方便,形式单纯,可随建筑空间变化而修建,虽出现时间不长,但得到了很好的发扬和传承(图4-11)。

（2）给水、排水

尼巴村将山中泉水引入村中,作为自来水使用。

（3）道路

村域南部为江迭公路,沿河主街为硬化路面,阳坡上有木质栈道,其余地方为素土路面(图4-12)。

（4）垃圾收集处理

村域内无垃圾处理厂与垃圾收集站,也无公共垃圾桶设置。生活垃圾大多就近丢弃,甚至直接堆砌在车巴河岸边,无焚烧或填埋措施。

（5）污水处理设施

目前无任何雨水污水收集系统,也无污水处理设施,生活污水直接泼洒街道或流入车巴河。

图4-11 板达

5. 人居环境现状

（1）居住条件

因车巴河汛期水势湍急,爆发过洪水灾害,早期尼巴村在车巴河谷北岸地势较高的坡地上建造房屋,车巴河南岸的平地修建的房屋较少。目前以车巴河为界线,北岸坡地房屋修建年代更久远,无雨污水管道,卫生条件较差;南岸多为新建住宅,采光较好,自然排水较方便。公共厕所数量较少,主要依靠自家旱厕。

图4-12 村内道路

二、迭部县益哇乡扎尕那村
Zhagana village Yiwa township Diebu county

扎尕那村寨三面秀峰环拱,苍松翠柏,郁郁葱葱,犹如高峻浑厚、坚不可摧的城墙,把扎尕那四村一寺围在城中。村落质朴安详、宛若仙境。

扎尕那意为"石匣子",当地人称其为"石城"。这篇世外桃源被美籍奥地利裔植物学家、人类学家约瑟夫·洛克誉为"亚当和夏娃的诞生地"(图4-13)。

图4-13 村落鸟瞰图

1. 村落基本信息

元代以前，西藏原住民迁徙繁衍至此，形成今日的扎尕那村。村域面积约为0.1平方公里，村庄占地面积80亩，户籍人口约为700人，常住人口约为700人。主要是藏族聚居在此。村民主要以牧业、旅游业为经济来源（图4-14）。

图4-14 村落整体格局

（1）地理位置

扎尕那村位于甘肃省甘南藏族自治州迭部县益哇乡，从迭部县城到扎尕那大约30公里，柏油公路通到村子里。迭部县海拔2 600米，扎尕那村海拔3 000～3 300米，周围最高山峰海拔4 500米。"扎尕那"是藏语，意为"石匣子"。江迭路从村口而过，扎尕那村东连电尕镇，西南与四川若尔盖县接壤，北与卓尼县隔山相邻（图4-15）。

（2）行政管署

扎尕那村为甘南藏族自治州迭部县益哇乡的行政村。

（3）自然条件

① 气候：属高原型大陆气候，寒冷湿润，四季不明，光能不足，日照短，热量贫乏，温差小，降水充沛，不均匀。村落地高林多，湿度大。

② 地貌：村落位于高山丘陵地区。

③ 地质：村落地质结构复杂，地下矿藏较为丰富。

④ 水文：村落益哇河穿村而过，地表水资源较丰富。

⑤ 土壤：土壤类型主要是栗钙土，局部分布草甸土和沼泽土。

⑥ 植被：植被覆盖面大，蒸发量小，地下水丰富，气候湿润。

⑦ 主要灾害：村域范围内地质构造复杂，地貌形态多样，主要地质灾害类型是山洪、山体滑坡、地震等。

2. 村落选址和格局

（1）选址特点及形成背景

扎尕那村寨三面秀峰环拱，苍松翠柏，郁郁葱葱，犹如高峻浑厚、坚不可摧的城墙，把扎尕那四村一寺围在城中。

东哇村和拉桑寺院正好坐落在石城中央。城内左上角还有一道出城进山的北门，即由石山断裂形成的陡坡状石质狭道，为南北走向，长百余米，宽仅数米。石峡两面是垂直挺拔的岩壁，一泓溪水悬泻而下,声响如雷。此道为洮迭古道必经之险关。石城正南方,是一道石山对峙的"城门",是扎尕那四村出入及洮迭古道必经之门。城门外是一条南北走向的十里峡谷,恰似城外长廊,长廊南端高竖着两道百米高的对称岩壁,犹如两堵巨型门墩,形成一座宏伟的石城"前门"。

(2) 聚落形状

扎尕那村聚落形状呈一字形,内部主街东西走向,宽阔通畅,小街巷相对窄小,民居顺小巷而建,建筑布局整齐有序。

(3) 村落整体风貌

村落藏式榻板木屋鳞次栉比,层叠而上,嘛呢经幡迎风飘扬(图4-15)。

1. 藏式榻板木屋

2. 村落道路

3. 村落巷道

图4-15 村落格局

3. 传统建筑

村落内传统建筑为拉桑寺,其始建于明代,建筑面积为 14 000 平方米,寺院中的大经堂属于历史建筑(图 4-16)。

1. 拉桑寺大经堂

2. 佛塔

3. 拉桑寺转经廊

4. 拉桑寺菩萨殿

图 4-16 传统建筑

4. 非物质文化遗产

在村落中的传统节日，婚丧嫁娶时以及房屋落地时等接待礼仪中会有民谷仪式。其是一种说唱形式的民俗表现，主要内容多为历史经典、传说故事和家族沿袭等。该项说唱形式口口相传，并无专人掌握，但地方男女老少多多少少都有记忆。活动时由参与的群众自发交替进行。

5. 人居环境现状

扎尕那村环境秀丽，景色优美，适宜人居。村内道路交通便捷，基础设施有待完善（图4-17）。

村内有排水沟渠，屋面排水采用传统排水形式，即木制引流管道。

图 4-17 坡道

三、临潭县流顺乡红堡子村
Hongbuzi village Liushun township Lintan county

　　红堡子村位于甘南藏族自治州临潭县，始建于明代，呈正方形布局模式，边长 90～97 米，堡墙为夯筑，拱形门向西开，门内侧两边有石砌宽约 4.7 米的台阶形马道。东墙中间有马面，为明洪武二十二年（公元 1389 年）刘顺驻防洮州所筑。历史上临潭地处"西控番戎，东蔽湟陇""南接生番，北抵石岭"的军事要冲，该堡址对研究古代军事防御体系具有较高的历史价值（图 4-18）。①

图 4-18 村落鸟瞰图

---
① 参见百度百科有关红堡子的相关内容。

1. 村落基本信息

(1) 地理位置

红堡子村位于临潭县流顺乡,地理坐标为东经103°10′~103°52′,北纬34°30′~35°05′,省道306与之相邻。红堡子村总土地面积约2 250亩。

(2) 行政管署

红堡子村为甘南藏族自治州临潭县流顺乡的行政村。

(3) 自然条件

① 气候:光热资源充足,太阳辐射强,降水量多,昼夜温差大。春季回暖慢、秋季降温快,有冬干秋湿的高原气候特色。年平均气温3.2 ℃。

② 地貌:位于高山丘陵地区,地形西高东低,平均海拔2 825米。

③ 地质:地质构造复杂,地貌形态多样。

④ 水文:沿村边有一条河流经并最终汇入洮河,地表水资源较丰富。

⑤ 土壤:土壤类型主要是栗钙土,局部分布草甸土和沼泽土。

⑥ 种植类型:主要种植春小麦、青稞、油菜、马铃薯、当归、柴胡等。

⑦ 主要灾害:主要地质灾害类型是山洪、山体滑坡、地震等。

(4) 村落范围

村域东临洮河支流,南接宋家庄村,北到上寨村。

(5) 村落布局

红堡子古城呈长方形,村落整体呈一字形布局,沿河分布。

2. 村落选址和格局

(1) 选址特点及形成背景

流顺乡红堡子村依山傍水,东临洮河支流,处于河谷地带,地域内土壤肥沃,水源充足,利于耕作,适宜人居住(图4-19)。

图4-19 村落整体格局图

(2) 重要公共建筑及公共空间分布

燈山楼位于红堡子村中段，是全村最大的公共活动空间。此外，小巷是居民们重要的活动空间（图4-20）。

1. 村落肌理图

2. 村落公共空间

图4-20 主要公共建筑及公共空间分布

(3) 村落整体风貌保存情况

红堡子村保留有一定数量的古建筑，保存情况较为完整，许多后来建造的房子也延续了传统建筑风貌和院落格局，整个村子风貌古朴。红堡子村的古建筑主要有两类：一是民居四合院建筑群；二是民间传统公共建筑。民居建筑的艺术和风格特点是：庭院较为宽阔，等级有序，房屋外观简朴，造型纯正，内观简洁，梁架工整，雕刻精致，如刘氏院落（古时将军府）（图4-21）。

图4-21 红堡子城堡

3. 传统建筑

燈山楼，始建于明朝，建筑面积为 50 平方米，属于省级文物保护单位（图 4-22）。

图 4-22 燈山楼

4. 人居环境现状

流顺乡位于临潭县驻地以东 26 公里处，平均海拔 2 896 米，年均降雨量 502 毫米，年平均气温 4℃，全年无霜期为 56 天。

红堡子村保留有一定数量的古建筑，保存情况较为完整，许多后来建造的房子也延续了传统院落建造风格，整个村子风貌古朴。红堡子村聚落形状呈一字形，内部主街南北走向，宽阔通畅，小街巷相对窄小，民居顺小巷而建，建筑布局整齐有序（图 4-23）。

1. 村落内道路　　　　　　　　2. 排水　　　　　　3. 屋面排水

图 4-23 人居环境

四、临潭县王旗乡磨沟村
Mogou village Wangqi township Lintan county

磨沟村距王旗乡政府约 7 公里，海拔 2 200～2 500 米，夏季炎热干燥，冬季封冻早、气温低，常年干旱缺水，属于典型的半山干旱地区。村落随山势由高至低依次布置，位于公路和河流之间，被南面铁城山和北面山城山所包围，民居均为坐北朝南且相互毗邻，集中连片分布。

当地传统民居多采用土木结构，近几年来由于发生了两次大的地震 5·12 汶川和 7·22 岷县地震，大部分民居被列入灾后重建和危房改造对象，后期随着村民生活水平的提高，部分民居添加了阳光间。

磨沟遗址位于磨沟村西北约 300 米处，整个遗址面积约 1 800 平方米。这里发现近百座墓葬，具有地面标志，是齐家文化遗址（图 4-24）。

图 4-24 村落鸟瞰图

1. 村落基本信息

明朝时为了屯军而在此建立了今日的磨沟村。村域面积约为 0.31 平方公里，村庄占地面积 469 亩，户籍人口约为 1 035 人，常住人口约为 1 035 人，主要是藏族聚居在此。村民主要以药材种植等为经济来源。

（1）地理位置

磨沟村距王旗乡政府约 7 公里，海拔 2 200～2 500 米，地理坐标为东经 103°10′～103°52′，北纬 34°30′～35°05′。

（2）行政管署

磨沟村为甘南藏族自治州临潭县王旗乡的行政村。

（3）自然条件

① 气候：光热资源充足，夏季炎热干燥，冬季封冻早、气温低，常年干旱缺水，属于典型的半山干旱地区。春季回暖慢、秋季降温快，有冬干秋湿的高原气候特色。年平均气温 5.7℃。

② 地貌：位于高山丘陵地区，地形西高东低。

③ 地质：地质构造复杂，地貌形态多样。

④ 水文：沿村边有洮河，地表水资源较丰富。

⑤ 土壤：土壤类型主要是栗钙土，局部分布草甸土和沼泽土。

⑥ 动植物：主要种植油菜、当归、柴胡等，区内野生动物种类丰富，有鸟类、哺乳兽类、两栖爬行类等。

⑦ 主要灾害：主要地质灾害类型是山洪、山体滑坡、地震等。

（4）村落范围

磨沟村位于公路和河流之间，被南面铁城山和北面山城山所包围。

（5）布局

磨沟村落整体呈一字形布局，民居均为坐北朝南且相互毗邻，集中连片分布。

2. 村落选址和格局

（1）选址特点及形成背景

磨沟村依山傍水，与岷县相接，两者之间仅隔一条河，村落随山势由高至低依次布置，位于公路和河流之间，被南面铁城山和北面山城山所包围，地域内土壤肥沃，水源充足，利于耕作，适宜人居住。

据说明朝随朱元璋开疆扩土的南京士兵，在此片区域被就地流散，后来慢慢形成了村落。

（2）聚落形状

磨沟村聚落形状随山势呈片状集中分布，内部主街东西走向，宽阔通畅，小街巷相对窄小，民居顺小巷而建，建筑布局整齐有序。

（3）村落整体风貌保存情况

磨沟村保留有少数古建筑，保存情况较为完整，许多后来建造的房子也延续了传统建造形制，整个村子风貌古朴（图 4-25）。

图 4-25 村落道路图

3. 传统建筑

(1) 磨沟齐家文化遗址

磨沟遗址（含墓葬）位于临潭县王旗乡磨沟村西北300米与岷县交界处，洮河西南岸的台地上，面积约80万平方米，分属仰韶、马家窑、齐家和寺洼等史前文化，并有宋代遗存。

磨沟遗址1958年被发现，2008年、2009年甘肃省文物考古研究所与西北大学文化遗产学与考古学研究中心联合发掘。遗址断崖上暴露有房址和墓葬。其中，墓地面积约8 000平方米。墓葬呈西北—东南方向排列，以土葬为主，有少量火葬墓存在。墓葬形制多为竖穴土坑偏洞室墓，竖穴土坑墓较少，偏洞室墓中多以单偏室为主。葬制以多人多次葬为主，合葬形式既有并排合葬，也有上下叠葬，部分墓葬地表发现有封土，封土下铺砾石。墓葬有封门，少量墓葬在竖穴中立石，上搭棚木，以便再次葬人。墓道中有殉人现象，随葬品有陶器、石器、铜器、骨器及蚌、牙、石质装饰品和复合材料装饰品，并发现了工艺先进的金器。墓地时代集中在齐家文化晚期和寺洼文化早期（图4-26）。

磨沟遗址是目前洮河上游地区发现的最大的新石器时代和青铜器时代的中心聚落，该遗址内涵丰富，延续时间长，保存完好，为研究齐家文化的社会结构、家庭婚姻形态和社会复杂化进程提供了全新的考古资料，进而对中国文明起源不同模式的研究也有深远影响。同时，为研究当时的埋葬制度、埋葬习俗及特征、史前时期合葬现象、我国早期青铜器起源和制作技术、早期文化交流、齐家文化流向和寺洼文化起源，以及甘青地区新石器时代文化向青铜时代文化过渡的一元多子文化现象提供了珍贵资料。

（2）梨园庙

梨园庙最早于明代建造，1958年毁坏，20世纪80年代重建，建筑面积为450平方米（图4-27）。

1. 墓葬区

2. 石沟

图 4-26 磨沟遗址

1. 戏台

2. 庙立面

图 4-27 梨园庙

4. 人居环境现状

磨沟村位于高山丘陵地区，地形西高东低，平均海拔2 696米，与岷县相接。村落随民居分布形成自然路网和排水系统。该村紧邻河道，3～4户共用一口水井，生活用水通过管道泵送到各户。

村内民居采用传统土木结构，外不见木，内不见土，村落巷道随民居自由延伸。近几年来由于发生了两次大的地震5•12汶川和7•22岷县地震，大部分民居被列入灾后重建和危房改造对象，后期随着村民生活水平的提高，部分民居添加了阳光间（图4-28）。

1. 篮球场

2. 村落整体风貌图

图4-28 人居环境

五、卓尼县喀尔钦乡拉力沟村
Laligou village Ka'erqin township Zhuoni county

喀尔钦乡拉力沟村依山傍水，位于河谷地带，洮河支流穿村而过，地域内土壤肥沃，水源充足，利于耕作，适宜人居住。

1. 村落基本信息

拉力沟村地理条件优越，从清代起，游牧民逐渐在此聚集定居，故而形成今日的拉力沟村。村域面积约为1.2平方公里，村庄占地面积70亩，户籍人口约为 540 人，常住人口约为 500 人。主要是藏族聚居在此。村民主要以农业、养殖业为经济来源（图4-29）。

图 4-29 村落整体风貌图

(1) 地理位置

拉力沟村位于卓尼县喀尔钦乡，地理坐标为东经102°46′～104°02′，北纬34°10′～35°10′，县道与之相邻。

(2) 行政管署

拉力沟村为甘南藏族自治州卓尼县喀尔钦乡的自然村。

(3) 自然条件

① 气候：属高原型大陆气候，寒冷湿润，四季不明，光能不足，日照短，热量贫乏，温差小，降水充沛，不均匀。地高林多，湿度大，年日照总量2184小时，年平均气温5.9℃。

② 地质地貌：拉力沟村位于高山丘陵地区，平均海拔2550米，地质结构复杂，地下矿藏较为丰富。

③ 水文：洮河支流穿村而过，地表水资源较丰富。

④ 土壤：土壤类型主要是栗钙土，局部分布草甸土和沼泽土。

⑤ 植被：植被覆盖面大，蒸发量小，地下水丰富，气候湿润。

⑥ 主要灾害：主要地质灾害类型是山洪、山体滑坡、地震等。

(4) 村落范围

村域东西两边靠山，南边连接牧场和林场，北边接本县县道。

(5) 布局

拉力沟村落整体呈一字形布局，沿河两岸分布。

2. 村落选址和格局

(1) 选址特点及形成背景

喀尔钦乡拉力沟村依山傍水，处于河谷地带，洮河支流穿村而过。地域内土壤肥沃，水源充足，利于耕作，适宜人居住。

(2) 聚落形状

拉力沟村聚落形状呈一字形，内部主街南北走向，宽阔通畅，小街巷相对窄小，民居顺小巷而建，建筑布局整齐有序。

(3) 村落整体风貌保存情况

拉力沟村保留有一处古建筑嘛呢房遗址，新中国成立后在遗址上重建。村落民居延续了传统建筑风貌，整个村子古朴厚重。拉力沟村的古建筑从层数上分主要有两类：一是二层的井口院扇子房民居；二是一层的井口院扇子房民居。民居建筑的艺术和风格特点是：庭院较为宽阔，等级有序，房屋外观简朴，造型纯正；内观简洁，梁架工整，雕刻精致（图4-30）。

1. 嘛呢房

2. 屋脊

3. 飞檐

图4-30 村落整体风貌图

3. 传统建筑

嘛呢房最早建于清代，新中国成立后于原址重修，建筑面积为300平方米，属于宗教建筑（图4-31）。

1. 入口大门　　2. 正门细部

3. 斗栱　　　　4. 细部

图 4-31 嘛呢房

4. 非物质文化遗产

服饰是人类历史文化的一种载体，具有历史延续性和民族传承性。藏族是一个有着悠久文明历史的民族，所以它同样有自己绚丽多彩的服饰文化。卓尼藏族妇女服饰当中属头饰最为复杂，因为妇女头饰是"拉"的头饰，"拉"是天上的神，能保佑人类。妇女的头发都编成三根粗大的长辫子，帽子的类型一般有"窝窝帽""毡帽""礼帽"等。藏族妇女穿着取色多为藏族人民情有独钟的黑、红、蓝、绿、青，有非常明快、和谐、强烈的色彩效果。

拉力沟村妇女上身着形似满族旗袍的两开气长袍（藏语称"阿勒"），外套一件短小精悍的小马甲（藏语称"库都"），小马甲上图案多以祥云和鱼为主材，腰间束一条宽带子，从整体造型看，服饰线条流畅、搭配恰当、艳美动人，很好地表现了女性美，形成了自己独特的服饰风格（图4-32）。

5. 人居环境现状

拉力沟村道路为传统的土路夹杂沙石，在一定程度上保证了雨天出行的便利与安全性，但基础设施还不完善（图4-33）。

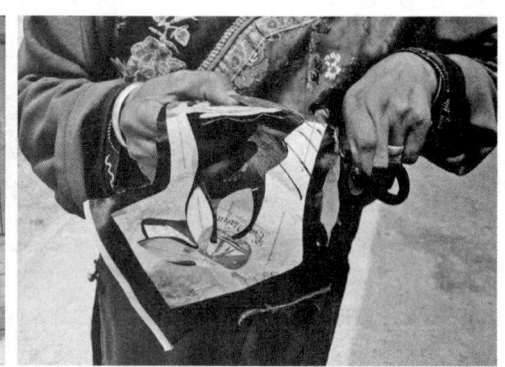

图 4-32 民族服饰

1. 村落道路

2. 水车

图 4-33 人居环境

六、临潭县流顺乡汪家咀村
Wangjiaju village Liushun township Lintan county

汪家咀村是一个回民聚居的村落，以清真寺为政治、宗教活动中心，所有民居围绕清真寺而布局。村落群山环绕，绵延数里，民风淳朴，一派安详（图4-34）。

图 4-34 村落鸟瞰图

1. 村落基本信息

汪家咀村地处沟谷地带，西高东低，地质构造复杂，地形地貌属典型的黄土高原沟壑地貌，海拔 2 900～3 100 米，基本用地属于坡地、山地，土壤肥沃，干旱少雨。地区热资源充足，太阳辐射强，降水量多，昼夜温差大，春季回暖慢、秋季降温快，有冬干秋湿的高原气候特色。汪家咀村年平均气温 3.2 ℃，无霜期 80～190 天，平均总降水量 269.4 毫米。种植业以青稞、小麦、洋芋、柴胡、当归为主。

汪家咀村总土地面积约 240 亩。村域北、西、南三面环山，东面接省道 306，通向临潭县新城。村域面积 2.1 平方公里，草山面积 180 亩，林地面积 190 亩，户籍人口 198 人，常住人口 180 人。

2. 村落选址和格局

(1) 选址特点及形成背景

流顺乡汪家咀村三面环山，地势有利。地域内土壤肥沃，利于耕作，适宜人居住。

(2) 聚落形状

汪家咀村聚落形状呈一字形，沿山坡斜向分布，内部主街东西走向，宽阔通畅，小街巷相对窄小，民居顺小巷而建，建筑布局整齐有序。

(3) 重要公共建筑及公共空间分布

清真寺位于汪家咀村中段，是村落最大的公共活动空间。此外，小巷也是居民们重要的活动空间（图 4-35）。

图 4-35 清真大寺

(4) 村落整体风貌

汪家咀村保留有少数古建筑，保存情况一般，许多后来建造的房子也延续了传统建造形制，整个村子风貌古朴。民居建筑的艺术和风格特点是庭院较为宽阔，等级有序；房屋外观简朴，造型纯正；内观简洁，梁架工整。

3. 传统建筑

民居大院围墙遗址于1940年建成，建筑面积为700平方米。清真寺始建于1380年，建筑面积为1 300平方米。全部传统建筑占村庄建筑总面积的比例为17%。

汪家咀清真寺创建于明洪武十三年（公元1380年），是临潭县乡村清真寺中修建较早的一个寺，由于历史的原因，清真寺曾经几毁几修。1932年，由马亥牙、丁发祥、冶开个等人带头在原址上重建汪家咀清真寺，相继修有11间土木结构平房，后来情况有所好转，增修了大殿5间，为两檐水瓦房。一直到1958年前，又续修两檐水瓦房9间，平房9间。但1968年"文革"期间全部被拆除。

现汪家咀清真寺修建于1984年，于1998年翻新维修，总占地面积1 590余平方米，其中建筑总面积630余平方米，其为砖木结构，屋顶主要材料为木头，每年都在不同程度地装修。汪家咀清真寺有清真礼拜大殿一座、阿訇住室、学堂、澡堂、库房、灶房、厕所等配房设备。清真寺采用中国传统的四合院形制，即沿一条中轴线有次序、有节奏地布置若干进四合院，形成一组完整的空间序列。每一进院落都有自己独具的功能要求和艺术特色，而又循序渐进，层层引申，共同表达着一个完整的建筑艺术风格。

4. 非物质文化遗产

(1) 花儿

19世纪，"花儿"传入汪家咀村，逐渐成为主要的娱乐活动，节假日居民们自发组织"花儿"表演。到2000年后，这种传统娱乐项目受宗教约束，所以居民们平时很少自发去组织，导致规模逐渐缩小，传承一般。

"花儿"是我国百花园中的一枝奇葩，它历史悠久，内容丰富，曲调繁多，且已形成流派，它以故乡临夏为中心，向青海、宁夏、新疆、陕西及甘肃的广大地区延展。洮州"花儿"别具风格，独树一帜，是流传于今甘南藏族自治州境内的临潭县和卓尼县（部分地区），还有同临、卓两县交界处的岷县、康乐和临洮县的小块地区的一种民族歌曲。它源远流长，形式活泼多样，内容丰富多彩，具有浓厚的乡土气息，在西北"花儿"中占有重要的地位。

(2) 刺绣

刺绣是针线在织物上绣制的各种装饰图案的总称，旧时用针将丝线、纱线以一定图案和色彩在绣料上穿刺，以缝迹构成花纹的装饰织物。刺绣是中国民间传统手工艺之一，在中国至少有二三千年历史（图4-36）。

刺绣花色品种众多，主要有枕套、门帘和鞋垫，刺绣内容多为花鸟虫鱼和风俗画面，如将象征富贵的牡丹和素雅的荷花绣于织物上，其做工精良，十分耐看，具有较高的技艺能力。刺绣工艺只在妇女间世代相传，且限于本村内，传承较好。

 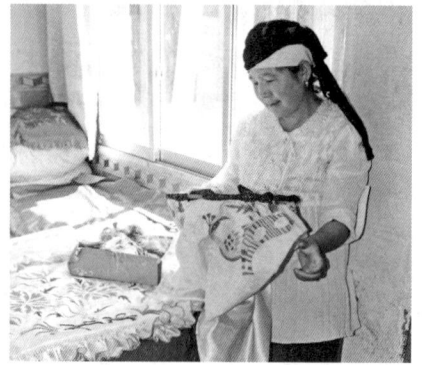

图 4-36 刺绣

5. 人居环境现状

汪家咀村位于乡政府以北 3 公里处,全村有 3 个自然村,8 个村民小组(其中 4 个回族村民小组),387 户、1 812 人,少数民族 657 人。全村通路、通电、通电话、通广播电视。有六年制小学一所、村级医疗站一处。汪家咀村建有规范的村"六位一体"活动室(图 4-37)。

1. 村落整体风貌

2. 屋面排水

图 4-37 人居环境

七、临潭县古战乡古战村
Guzhan village Guzhan township Lintan county

古战村位于临潭西部，东与城关镇隔山相对，北与卓尼县阿子滩乡接壤，南与术布乡相邻，海拔约在 2800～3179 米，地势北高南低。村落处于群山围绕之中，农田环绕在村落之外。村落中牛头城遗址和古战庵地势最高，整个村落以其为中心展开。周边民居相互毗邻，共用山墙，集中连片分布，依照当地风俗均为一层，高度不超过古战庵高度（图 4-38）。

图 4-38 村落鸟瞰图

1. 村落基本信息

古时洮州由于战乱、屯军形成今日的古战村。村域面积约为11.8平方公里，村庄占地面积1 200亩，户籍人口约为2 632人，常住人口约为2 632人。主要是汉族聚居在此。村民主要以农业种植和劳务输出为经济来源。

现有规划为《临潭县古战乡尕路田村建设规划》，由临潭县建设局批准。

2. 村落选址和格局

西晋永嘉七年（公元313年），吐谷浑（北方少数民族之一的鲜卑族慕容氏族吐谷浑部落）占据洮州、古战等地。北魏孝文帝元宏太和十五年（公元491年）吐谷浑修筑了牛头城和庙宇，佛教文化开始在洮州传播。明朝时期，安世奎率军赶走了驻扎在此地的匈奴吐谷浑阿才，后来在牛头城遗址周围形成了村落，因此地为古时战场故起名为古战村（图4-39）。

3. 传统建筑

当地传统民居多采用土木结构，内不见土，外不见木。近十年来，随着当地生活水平的提高和经济的发展，村民自发对其进行了改建。用砖墙代替了原来的土坯墙，在敞间上加建了玻璃阳光房。牛头城现仅存一段城墙遗址，古战庵于1958年重建。

全部传统建筑占村庄建筑总面积的比例为78%。

(1) 牛头城遗址

东晋时吐谷浑所筑牛头城遗址，位于古战村北，因城郭为倒梯形，前低后高、上宽下窄，形如牛头，故名牛头城。该城凭山而筑，形势险要，整个城分前城、后城两部分，长1 155米，最宽处245米，最窄处45米，周长1 300余米。现城墙多坍塌倾圮，只留城迹和烽燧，惟东南一段保存较为完好。城垣夯筑方法具有地方特点，牛头城址土壤为红壤土，黏性强，堆筑后浇水拍打，

图4-39 村落整体风貌图

水分蒸发后即板结成型（图4-40）。

牛头城为省级文物保护单位，对研究古洮州发展史和战争史有重要的历史价值。

图4-40 牛头城遗址

（2）古战庵

古战庵始建于明代，位于牛头城遗址的南侧，是当地宗教活动的重要场所。大门和古战庵主佛殿于1958年被毁，现为1980年村民在原址上重新修建而成的，基本保留原来样貌（图4-41）。

1. 大门

2. 大门细部

3. 佛堂

4. 远景

图4-41 古战庵

(3) 尕路田大房子

尕路田大房子1943年建成，建筑面积为233平方米。

尕路田大房子是伊斯兰教西道堂创立之初以穆圣早期乌玛生活为蓝本，集宗教、经济文化、教育为一体，属集体生活，实乃乌玛生活的历史见证。大房子依山而建，为四合院式二层楼房，坐北朝南，整体造型以端庄沉稳、新颖别致、布局严谨为特点，外观雄浑古朴，具有坚固耐用、封闭保暖的功能（图4-42）。

1. 院内

3. 建筑细部

2. 院外

4. 土炕

图4-42 尕路田大房子

(4) 烽火台

烽火台坐落于大房子的后方（图4-43）。

4. 人居环境现状

村落处于群山围绕之中，农田环绕在村落之外。村落中牛头城遗址和古战庵地势最高，是村落中心。周边民居相互毗邻，共用山墙，集中连片分布。村落中有戏台、宗教祭祀场所和古战庵等公共空间，道路随民居和地势自然形成，有水系经过村落，但现已干涸。

古战村有1处活动室、1所学校、1座清真寺、1座庙宇。村内有砖瓦厂1家、仔猪繁育场3处、仔鸡繁育场2家、淀粉厂3家、空心砖厂3家、乡村旅游点3处。

图4-43 烽火台

八、临潭县新城镇东西街村
Dongxi street village Xincheng township Lintan county

　　东西街村位于公路和河流之间，依山傍水，村落随山势由高至低依次布置。地域内土壤肥沃，水源充足，利于耕作，适宜人居住。

　　当地百姓祖先大多于明代由江南从军而来，至今保留着明代江淮地区高髻银饰、凤头宫鞋的遗风和传统的集市旧俗。他们将赶集称为"逢营"，即南京在明初的"赶营场"。每月十日一"大营"，五日一"小营"，每晨有"早营"。端阳节举行独特的庙会，抬来明初开国元勋徐达、常遇春、胡大海、李文忠、沐英等十八位"龙神"，祈求五谷丰登，并唱洮州花儿助兴。（图4-44）

图 4-44 村落鸟瞰图

备注：源自网络

1. 村落基本信息

明清时代，为了屯军而在此建立了今日的东西街村。村域面积约为 0.32 平方公里，村庄占地面积 400 亩，户籍人口约为 850 人，常住人口约为 850 人。主要是汉族、藏族聚居在此。村民主要以农业、药业种植为经济来源。

现有规划为《新城镇历史文化名城保护规划》，由临潭县新城镇人民政府批准。

(1) 地理位置

村落位于新城镇内，海拔 2 800 米，地理坐标为东经 103°10′～103°52′，北纬 34°30′～35°05′。

(2) 行政管署

东西街村为甘南藏族自治州临潭县新城镇的行政村。

(3) 自然条件

① 气候：光热资源充足，夏季炎热干燥，冬季封冻早、气温低，常年干旱缺水，属于典型的半山干旱地区。春季回暖慢、秋季降温快，有冬干秋湿的高原气候特色。年平均气温 5.7℃。

② 地貌：位于高山丘陵地区，地形较平缓。

③ 地质：地质构造复杂，地貌形态多样。

④ 水文：沿村边有洮河，地表水资源较丰富。

⑤ 土壤：土壤类型主要是栗钙土，局部分布草甸土和沼泽土。

⑥ 动植物：主要种植油菜、当归、柴胡等，区内野生动物种类丰富，有鸟类、哺乳兽类、两栖爬行类等。

⑦ 主要灾害：主要地质灾害类型是山洪、山体滑坡、地震等。

(4) 村落范围

东西街村总用地面积约 400 亩，位于新城镇洮州卫城外围，背靠群山。

(5) 布局

东西街村沿洮河呈东西向一字形布局，民居均为坐北朝南且相互毗邻，集中连片分布（图 4-45）。

图 4-45 村落广场

2. 村落选址和格局

东西街村聚落呈片状，集中分布，内部主街东西走向，宽阔通畅，小街巷相对窄小，民居顺小巷而建，建筑布局整齐有序。

"洮州卫城"，即今临潭县新城，东距县城35公里，是一座历史悠久、充满神奇色彩的文化古城。最早建于北魏太和五年（公元481年），为吐谷浑十一世十四传王符所建，故称洪和城，距今已有1500多年的历史。

这座古老的城垣，四面环山，城北有大石山、三角石山、凤凰山，城西南有烟墩山，东南有仁寿山、紫螃山，正南有红华山。城墙周长4390米，高9.9米，基宽7.92米，收顶6.6米，城头锥堞2050个。四方皆设城门，东门为武定门、南门为迎熏门、西门为怀远门、北门为仁和门、西北面为水西门，城门上方原建有敌楼，四处均有翁城。东、南、西三面墙体笔直，东北、北、西北沿山脊而筑，蜿蜒于东陇山数座山峰上。各烽头尚有数座烽火墩台遗迹。南门河自西向东绕城而过，全城气势雄伟，犹如巨龙盘绕。经过六次修葺，到光绪初年，达到了它最完美的顶峰，成为屹立于洮河北岸的西陲重镇，是"丝绸之路"和"唐蕃古道"的重要一站；是唐、宋（金）、元、明、清至民国，郡、州、县府的所在地；是洮州政治、经济、文化的中心。

洮州卫城是西北地区保存最完整的卫城，历史悠久，气势雄伟，被列为省级重点文物保护单位。早在唐代因李晟和李想父子而闻名于世；是元世祖忽必烈的平滇大军于公元1252年"八月绝洮"驻跸过的行营所在地；1936年红四方面军长征到临潭，在此召开了中国革命史上著名的具有战略转折意义的"洮州会议"，建立了"临潭县苏维埃政府"。

1936年8月14日，中国工农红军四方面军在朱德、徐向前等率领下进驻新城。19日，在新城隍庙成立临潭县苏维埃政府，常云亭为县长，赵明轩为主席。黄火青代表红军总部任命李中方为中国抗日救国军甘肃第一路军司令员之后，又在城隍庙内召开了由朱德、张国焘主持的"洮州会议"，讨论了中央关于"命令四方面军停止西渡"的指示，会议决定放弃西渡计划。9月29日，由朱德在隍庙戏台上作了整军报告，写下了"抗日反蒋星夜渡，为国跋涉到临潭"的诗句，并下达了北进的命令。红军于9月30日撤离临潭。其后的1943年3月，它又成为肋巴佛等领导的甘南农牧民起义军在新城征战中的指挥所。抗日战争中，临潭人民为纪念抗日阵亡将士，曾设忠烈祠于此。自此，新城隍庙作为工农革命民主政权的象征，鼓舞了一代又一代的临潭人走上社会主义革命和建设的道路。

3. 传统建筑

以前全村是土坯房子，随着时间的推移和经济的快速发展，特别是改革开放以来，全村面貌焕然一新，由以前的土坯房修建成了砖木、砖混结构的二层楼房和瓦房。古老倒提柱大门仍然保存完整。

东西街村保留有少数古建筑，保存情况较为完整，许多后来建造的房子也延续了传统建造形制，整个村子风貌古朴。当地传统民居多采用土木结构，外不见木，内不见土，近几年大部分民居被列入灾后重建和危房改造项目。另外，随着生活水平的提高，部分民居加建了阳光间（图4-46）。

图4-46 西街村

(1) 老倒提柱大门

现有建于清同治八年（公元1869年）的古老倒提柱大门，距今已有140多年的历史。现此大门保存完整，门高4米，宽2.6米，由灰砖、木头雕刻而成。

(2) 城隍庙

城隍庙位于临潭县新城北街，曾为苏维埃政府所在地，召开过具有战略意义的洮州会议，为临潭县迄今唯一幸存的古建筑群，属于省级文物保护单位。原为北宋吐蕃唃厮啰首领"鬼章王"官邸，元代为元世祖忽必烈南下攻取云南大理时驻跸之所，俗称"鞑王金銮殿"，明清时为城隍庙。城隍庙占地面积1000多平方米，为四合院性质的庭院，山门立于4米高的红沙岩石叠垒的台基上，重檐歇山顶，檐角起翘，斗拱重叠，花枋精致。山门连接戏台，结构繁复。内前院为2层听戏场，后为大殿，亦为重檐歇山顶，花窗隔扇门，面阔5大间，整体造型典雅庄重。大殿两侧及背后有廊房、后宫等附属建筑物，配合紧凑，布局合理（图4-47）。

戏台供全村人观赏戏剧使用，是全村的公共活动场地。

4. 非物质文化遗产

当地村民祖先大多于明代由江南从军而来，至今保留着明代江淮地区高髻银饰、凤头宫鞋的遗风和传统的集市旧俗。他们将赶集称为"逢营"，即南京在明初的"赶营场"。每月十日一"大营"，五日一"小营"，每晨有"早营"。端阳节举行独特的庙会，抬来明初开国元勋徐达、常遇春、胡大海、李文忠、沐英等十八位"龙神"，祈求五谷丰登，并唱洮州花儿助兴。

1980年前后，"花儿"是东西街村主要的娱乐活动，节假日居民们自发组织"花儿"表演。到2000年后，这种传统娱乐项目渐渐不受年轻人欢迎，规模逐渐缩小，目前接近消亡状态。

5. 人居环境现状

东西街村位于公路和河流之间，依山傍水，村落随山势由高至低依次布置。地域内土壤肥沃，水源充足，利于耕作，适宜人居住。

东西街村基础设施不够健全，现村落内自来水已入户，采用明沟排水，有一间卫生室，全村都有公共照明设施，道路是10年前翻修的沥青、水泥路，家家户户都有旱厕，垃圾处理采用简易填埋的方式（图4-48）。

 1. 戏台
 2. 正殿
 3. 建筑细部
 4. 入口
 5. 临潭县苏维埃旧址
 6. 庙前广场

图 4-47 城隍庙

图 4-48 村落内道路

九、卓尼县木耳镇博峪村
Boyu village Mu'er township Zhuoni county

博峪村依山势而建,坐北朝南,紧邻省道,洮河从村落前方穿过。南面与羊鼻梁山相接,沿着村落两侧依山有两条沟,有较好的防御性进行转移。东面为村落的农田,大面积集中分布(图4-49)。

图 4-49 村落鸟瞰图

1. 村落基本信息

因村落四面环山，地理位置特殊，易守难攻，卓尼土司于明代在此建立了土司衙门及私宅，随后形成了村落。村庄占地面积130亩，户籍人口约为580人，常住人口约为580人。主要是藏族聚居在此。村民主要以畜牧、农作物种植为经济来源。

(1) 地理位置

博峪村位于卓尼县木耳镇，地理坐标为东经103°35′，北纬34°33′。

(2) 行政管署

博峪村为甘南藏族自治州卓尼县木耳镇的行政村。

(3) 自然条件

① 气候：光热资源充足，太阳辐射强，降水量多，昼夜温差大。春季回暖慢、秋季降温快，有冬干秋湿的高原气候特色。年平均气温3.2℃。

② 地貌：位于高山丘陵地区，地形西高东低。

③ 地质：地质构造复杂，地貌形态多样。

④ 水文：地处洮河南岸，叠山山脉北麓，地表水资源较丰富。

⑤ 土壤：土壤类型主要是栗钙土，局部分布草甸土和沼泽土。

⑥ 种植类型：主要种植春小麦、青稞、油菜、马铃薯、当归、柴胡等。

⑦ 主要灾害：主要地质灾害类型是山洪、山体滑坡、地震等。

(4) 村落范围

博峪村位于卓尼县木耳镇，占地约980亩。村域北邻洮河，背靠群山，自然山体和河流形成村域边界。

(5) 布局

村落处于河流和群山包围之中，呈片状集中分布，土司衙门遗址位于村落中部。

2. 村落选址和格局

(1) 选址特点及形成背景

木耳镇博峪村依山傍水，处于河谷地带，北邻洮河和省道。地域内土壤肥沃，水源充足，利于耕作，适宜人居住。博峪村背靠群山，易守难攻，这也是早期村落形成的原因。

(2) 聚落形状

博峪村聚落呈片状集中分布，内部主街东西向，宽阔通畅，小街巷相对窄小，民居顺小巷而建，建筑布局整齐有序。

(3) 重要公共建筑及公共空间分布

卓尼土司衙门遗址位于村落中部，现土司衙门遗迹仅留下四围的土墙和后院的古松树。土司衙门院落已改建为博峪小学。据当地七十多岁老人回忆，土司衙门原规模很大，现遗址处当时为土司私宅，做院落式布局，包括前后二进院落及后部的花园、寺庙等。私宅前部为土司保安司令部（图4-50）。

1. 大门

2. 内古松树

3. 遗址

4. 城墙上出入口遗址

图 4-50 土司衙门遗址

村内民风淳朴，村落边界处有两座白塔，是村民精神信仰和宗教活动的场所。东侧山上曾有寺院，一度香火鼎盛，1958 年被毁。另外，小巷也是居民们重要的活动空间。

(4) 村落整体风貌

博峪村民居大多为灾后重建项目，许多后来建造的房子依然延续了传统建造风格，虽然土墙被改为砖墙，但整个村子仍显得古朴纯正。民居采用院落式布局，相对封闭。

3. 传统建筑

村落民居采用土木结构，内部木结构，外部土墙维护。

卓尼土司衙门遗址，建筑面积为 12 000 平方米，属于宗教建筑。卓尼土司衙门遗址大门，现改造为博峪小学大门，周边城墙保存完好。

4. 非物质文化遗产

卓尼藏族先民主要是在吐蕃强盛时期从西藏派到甘南地区戍边的部落（藏族人以"部落"为生产、生活、作战单位）。卓尼藏族服饰是吐蕃宫廷服饰。由于卓尼藏族长期远离吐蕃腹地而居住在卓尼地区，经时代衍变形成了独特的觉乃藏族服饰（又称"三格毛"）。它不仅在安多藏区，甚至在泛藏区也显示出了尊贵和华丽。

卓尼藏族妇女穿着取色则是藏族人民情有独钟的黑、红、蓝、绿、青，尤其是大胆的红绿搭配，具有非常明快、和谐、强烈的色彩效果。上身着形似满族旗袍的两开气长袍（藏语称"阿勒"），外套一件短小精悍的小马甲（藏语称"库都"），腰间束一条锦绣宽带子，脚穿"连把腰子"鞋。从整体造型看，服饰结构合理严谨、线条流畅、高挑紧凑、搭配恰当、艳美动人，恰当地表现了女性美，形成了独特、自成体系的服饰风格。

5. 人居环境现状

村子入口处的白塔，是村民宗教活动的中心。入口处还有公交站，为村民出行提供了便利。村内巷道分布整齐，主要道路东西走向，两侧民居自然分布，小巷道穿插其中。村落中部有土司衙门遗址，曾是历代土司重要的办公和生活场所，后改建为博峪小学，保留有原来的大门和部分城墙。

村落坐落在山脚地势平坦地带，农田与村落交错，村落内民居户户毗邻。2013年村落危旧房改造，重点改造民居大门和土墙，并粉饰了外部立面（图4-51）。

1. 村落入口

2. 村落内部巷道

图 4-51 人居环境

十、迭部县达拉乡高吉村
Gaoji village Dala township Diebu county

"高吉"为藏语译音,意为"八座山峰"。村庄坐北朝南,一条清溪缓缓流过村前,村庄的西南有八座山峰突起半空,十分壮观,故村名藏语为"高吉"。

村落坐北朝南,依山傍水,风景秀丽,是典型的藏族山寨,踏板房依山就势,不规则分布成三、四层。村口的参天古树见证了红军长征过甘肃的壮举(图4-52)。

图 4-52 故居广场

1. 村落基本信息

高吉村村民祖先是早年吐蕃的守边军士,后来随着居民聚集,元代逐渐形成村落。村域面积约为1平方公里,村庄占地面积200亩,户籍人口约为251人,常住人口约为251人。主要是藏族聚居在此。村民主要以牧业、农业为经济来源。

(1) 地理位置

高吉村位于甘肃省迭部县西南部达拉乡,地处白龙江南部,与岷山接壤,东北连卡坝、尼傲两乡,东南连旺藏、阿夏两乡,西南与四川若尔盖县求吉乡接壤,北方与电尕镇隔虎头山为邻。高吉村居山脉峡谷地带,平均海拔约2 500米。

(2) 行政管署

高吉村为甘南藏族自治州迭部县达拉乡的行政村。

(3) 自然条件

① 气候:属高原型大陆气候,寒冷湿润,四季不明,光能不足,日照短,热量贫乏,温差小,降水充沛,不均匀。地高林多。
② 地貌:位于高山丘陵地区。
③ 地质:地质结构复杂,地下矿藏较为丰富。
④ 水文:那盖河穿村而过,地表水资源丰富。
⑤ 土壤:土壤类型主要是栗钙土,局部分布草甸土和沼泽土。
⑥ 植被:植被覆盖面大,蒸发量小,地下水丰富,气候湿润。
⑦ 主要灾害:主要地质灾害类型是山洪、山体滑坡、地震等。

(4) 村落面积

高吉村总用地面积约1 200亩。

2. 村落选址和格局

(1) 选址特点及形成背景

高吉村依山傍水,那盖河穿村而过,处于河谷地带。地域内土壤肥沃,水源充足,利于耕作,适宜人居住。藏语"高吉"意为八座山峰。

(2) 聚落形状

村落沿那盖河两岸分布,内部主街东西走向,宽阔通畅,小街巷相对窄小,民居顺小巷而建,建筑布局整齐有序。

(3) 村落整体风貌保存情况

村落里民居建筑延续了传统建造风格,整个村子风貌古朴。离村口不远有本村大寺——高吉寺(图4-53)。

1. 长征主题浮雕

2. 榻板屋面

3. 经幡

图 4-53 村落风貌

3. 传统建筑

村落内俄界会议遗址始建于1930年，建筑面积为210平方米，是毛主席故居，现今保存完整。建筑雕花精细，彩绘精美（图4-54）。

1. 俄界会议旧址

2. 毛主席故居

3. 旧址外观

4. 故居室内摆件

5. 故居室内

图4-54 故居室内

4. 人居环境现状

高吉村现今居住在传统建筑的居民数量为 251 人，公共基础设施还有待进一步完善。

村内有垃圾收集设施，一般垃圾采用简易填埋或者直接焚烧的处理方式。自来水入村入户，且已完成村落电网改造。

村内道路已建成，有沥青路、水泥路和土路。干道宽畅，经过硬化处理（图 4-55）。

图 4-55 村落道路

十一、迭部县旺藏乡茨日那村
Cirina village Wangzang township Diebu county

　　旺藏乡茨日那村依山傍水，背靠群山，北临白龙江，处于河谷地带。西面为远近闻名的旺藏寺，对村落的形成有重要影响。
　　村子入口处有毛泽东故居和篮球场，也是村落最大的公共活动空间。民居依山势而建，高低起伏，错落有致。村内巷道随民居自然分布，灵动方便（图4-56）。

图4-56 村落鸟瞰图

1. 村落基本信息

明代时围绕旺藏寺形成今日的茨日那村。村域面积约为 0.95 平方公里，村庄占地面积 450 亩，户籍人口约为 249 人，常住人口约为 249 人。主要是藏族聚居在此。村民主要以畜牧、农业为经济来源。

茨日那村景观资源丰富，有利于发展旅游和服务业。

(1) 地理位置

茨日那村位于迭部县旺藏乡政府驻地东南侧，平均海拔 1 950 米，紧邻 313 省道。

(2) 行政管署

茨日那村为甘南藏族自治州迭部县旺藏乡的自然村。

(3) 自然条件

① 气候：光热资源充足，太阳辐射强，昼夜温差大。春季回暖慢、秋季降温快，属于大陆性气候和海洋性气候的过度气候区，年平均气温 7.5℃，无霜期 148 天，年降雨量 754 毫米，适合于各类农作物的生长。

② 地貌：位于高山丘陵地区，地形西高东低。

③ 地质：地质构造复杂，地貌形态多样，平均海拔 1 950 米。

④ 水文：处于白龙江谷地之中，地表水资源较丰富。

⑤ 土壤：土壤类型主要是栗钙土，局部分布草甸土和沼泽土。

⑥ 种植类型：农业主产小麦、青稞、蚕豆，特产蕨菜。

⑦ 主要灾害：主要地质灾害类型是山洪、山体滑坡、地震等。

2. 村落选址和格局

(1) 选址特点及历史背景

旺藏乡茨日那村依山傍水，背靠群山，北临白龙江，处于河谷地带。地域内土壤肥沃，水源充足，利于耕作，适宜人居住。西面为远近闻名的旺藏寺，对村落早期形成有重要影响。

1935 年 9 月 13—15 日，中国工农红军长征途经此地时，毛泽东曾居住在该村一幢木楼上，并在这里向红四团下达了"以三天的行程夺取腊子口"的命令。毛泽东 15 日拂晓离开了这座木屋，为能赶上红四团，决定改走捷径，带领参谋及警卫人员 20 人，从茨日那村前这座木架仙人桥上渡过白龙江，跋涉翻越 3 400 多米高的压浪尼巴和高日卡两座大山，直奔若尕沟崔古仓村，与大部队会合，向腊子口挺进。

(2) 聚落形状

茨日那村北邻白龙江和 313 省道，南靠群山，民居沿山势自然分布，错落有致。

(3) 重要公共建筑及公共空间分布

村子入口处有毛泽东故居和篮球场，随着茨日那村红色旅游的开发，在村子入口处还建造了小广场和民俗纪念馆，成为村落最大的公共活动空间。此外，小巷也是村民们重要的活动空间。

(4) 村落整体风貌

茨日那村建筑整体为泥木结构，外不见木，内不见土，保存情况较为完整，许多后来建造的房子也延续了传统建筑建造风格，整个村子风貌古朴。房屋外观简朴，造型纯正；内观简洁，梁架工整。院落相对封闭，一墙一门。民居依山势而建，高低起伏，错落有致。

3. 传统建筑

(1) 旺藏寺

旺藏寺始建于清代，建筑面积为 5 400 平方米，现今保存完整（图 4-57）。

1. 故居入口

图 4-57 旺藏寺大经堂

2. 故居院落空间

(2) 毛泽东故居

毛泽东故居始建于 1927 年，建筑面积为 343 平方米，是毛泽东长征途中居住的民居，属于国家级文物保护单位，现今保存完好。

毛泽东故居入口采用夯土筑墙，大部分建筑已有上百年历史，小部分建筑近 20 年进行了改造翻新。建筑是传统土木结构，室内的传统木柜嵌入墙内，以节省空间（图 4-58）。

3. 故居内连锅炕

图 4-58 毛泽东故居

4. 非物质文化遗产

"尕巴舞"是迭部藏族先民们祈求平安健康、欢庆五谷丰登而祭祀神灵的一种特有的民间舞蹈。欢庆活动根据秋收的完成情况,一般都在农历十月中旬至十一月下旬间先后进行,那时正逢藏家牛羊肥壮、颗粒归仓、五谷丰登的季节。同时,还有个庆丰收的传统饮食节日,藏语称"道吾"。为了庆祝收获,供奉山神,祈祷来年的收成及全村的平安,欢庆活动表演一般持续两到三天。

"尕巴舞"展示了林区藏族人民对幸福生活的美好向往和追求,表现了从远古图腾时代起,由整个林区藏族人民和民间艺人的不断创造、演变而成的美好舞蹈形象,是迭部藏族人民历史、生活、性格以及审美观的凝练再现,对藏族舞蹈艺术的形成和发展产生了重要的影响,有很高的研究价值。但由于现代传媒的普及,尕巴舞生存的空间日趋狭窄,导致这一民间藏族歌舞将面临失传的危机。

5. 人居环境现状

村落依山傍水,与白龙江相望,环境优美。民居连片分布,都为素土夯实平屋顶。屋顶层高各不相同,之间有垂直交通相连,错落有致,与背后群山呼应。

村落入口处的小广场,是重要的公共空间,也是村落与外界联系的交通节点。

村内公共基础设施有待进一步提高。目前自来水已入户,有线电视、通信信号已开通,改变了村落以前信息落后的状态。

村内道路已建成,路面由传统石或砖石铺筑。村内巷道自然布局,沿地势起伏,与民居的分布有机结合,也是村内重要的公共空间(图4-59)。

1. 村内巷道

2. 广场

图 4-59 人居环境

十二、夏河县拉卜楞镇王府村
Wangfu village Labuleng township Xiahe county

村落背靠群山,依山而建,周围靠近拉卜楞寺、红教寺等著名寺院。民居集中连片分布,高低起伏,错落有致。村落各巷道围绕民居舒展开来。民居延续了传统的建造风格和结构特征,整体木构架承重,外不见木,内不见土,有利于抵抗风沙和冬季严寒气候(图4-60)。

图 4-60 村落鸟瞰图

1. 村落基本信息

王府村清代时为一位王爷的领地,在当时形成了初具规模的村落,后经慢慢发展,成为今天的王府村。村域面积约为0.96平方公里,村庄占地面积248亩,户籍人口约为157人,常住人口约为155人。主要是汉族、藏族聚居在此。村民主要以农业、畜牧业、旅游业为经济来源(图4-61)。

(1) 地理位置
王府村位于夏河县拉卜楞镇政府驻地西侧。

(2) 行政管署
王府村为甘南藏族自治州夏河县拉卜楞镇的行政村。

(3) 自然条件
① 气候:光热资源充足,太阳辐射强,昼夜温差大。春季回暖慢、秋季降温快,属于大陆性气候和海洋性气候的过渡气候区。

② 地貌:位于高山丘陵地区,地形北高南低。

③ 地质:地质构造复杂,地貌形态多样,平均海拔1 950米。

④ 水文:处于大夏河谷地之中,地表水资源较丰富。

⑤ 土壤:土壤类型主要是栗钙土,局部分布草甸土和沼泽土。

⑥ 种植类型:农业主产小麦、青稞、蚕豆,特产蕨菜。

⑦ 主要灾害:主要地质灾害类型是山洪、山体滑坡、地震等。

(4) 村落范围
村域西邻红教寺,东面靠近著名的拉卜楞寺,北面靠山。

(5) 布局
王府村民居多依山势而建,高地起伏,错落有致,呈片状分布。村内巷道围绕民居自然展开,灵活方便,是村内重要的交通空间。尼姑寺位于村落北侧的山上。

图4-61 村落整体风貌图

2. 村落选址和格局

(1) 选址特点及形成背景

夏河县王府村本为清代一位王爷的领地，并因此得名王府村。村落背靠群山，周围寺院众多，宗教寺院对于村落的形成和发展有着重要影响。拉卜楞寺、红教寺和尼姑寺等著名寺院限定了村域范围。

(2) 聚落形状

王府村依山而建，集中连片分布。

(3) 重要公共建筑及公共空间分布

北侧山上的尼姑寺是村内的重要宗教和精神信仰场所，村内各条自然分布的巷道也是村民生活不可或缺的公共空间（图4-62）。

(4) 村落整体风貌

村内民居大多保留了传统的土木结构和建造工艺，风格古朴。民居外不见木，内不见土，对外封闭，有利于适应当地的气候环境。

3. 传统建筑

村落户户毗邻，密度较大，民居延续了传统的建造风格和结构特征。

(1) 王府大院

大院加建、改造较多，且建筑密度较高（图4-63）。

图4-62 村落内巷道

图4-63 王府大院俯瞰

(2) 红教寺

拉卜楞红教寺位于甘肃甘南九甲乡王府村旁边，红教属藏传佛教中"宁玛"派，信奉莲花生大师，僧人穿有红边的白袈裟，头上盘着辫子，他们安家立业，娶妻生子（图4-64）。

图4-64 红教寺

1880年6月，第四世嘉木样·格桑图旦旺秀在勒地擦高地方香浪期间，有一夜梦中征兆与莲花生大师预言相吻合，觉得创建红教寺的时机已到，故于1887年4月间进行佛事活动，召集散居在各村庄的僧侣，制定寺规，指派管理人员，并发给管理人员每人一件袈裟，其他僧侣每人50块铜钱，赠给寺院莲花生大师佛像及法器等物。

1946年，第五世嘉木样·丹贝坚赞修建了经堂和部分僧舍，委派德格仓活佛为该寺法台。同年农历十月嘉木样大师亲临庆祝仪式，诵经祈愿，经堂起名为桑钦蒙吉郎，惠赐寺僧着新袈裟（现在装束）等寺规。

拉卜楞红教寺设三个学级，初级班以学习常诵的经文为主，其次学习正草书法、诵经语调、音韵及塑造尕玛等技艺。中级班学习语法、文法、诗学、医药学等学科。高级班学习《普贤上师言教》等密乘。

拉卜楞红教寺除了正常的宗教活动以外，演出藏戏也是一个主要活动，于每年正月法会等重大节庆期间演出。该寺演出队创建于1955年，演出的第一部剧是《智美更登》，演出的剧目还有《阿达拉茂》《赤松德赞》《桑姆》等。

(3) 尼姑寺

尼姑寺属藏传佛教格鲁派、宁玛派混合型寺院。拉卜楞尼姑寺位于今甘南藏族自治州夏河县城西侧之王府村，藏语全称"宏仓俄觉姆格尔"，坐落在"祁中噶尔"山腰，与拉卜楞寺隔山相望，至今已有120余年历史。传说在四世嘉木样·格桑图旦旺秀时（1860年），九甲的"兰木西村"已经建立了觉姆（甘南藏族地区人们称尼姑为觉姆）寺，后来，从黑错"祁中拉郭"地方来了一个叫"祁仲华赤"的女尼，在拉卜楞塔哇的"尕日隆哇"沟建起了又一个尼姑寺，当时尼姑人数很少。在五世嘉木样·丹贝坚赞时（1920年），由青海河南蒙旗来了一个叫贡曲卓玛的蒙古族老尼姑（亦说里塘阿玛），她最初在甘加白石崖寺旁的"日缀"（山寺）修行，后来，经拉卜楞寺大施主河南亲王贡噶环觉夫妇和亲王母亲兰曼措施舍地皮与资财，方在祁中噶尔山腰辟地建起了尼姑寺和大经堂。当时有女尼僧舍90余间，至此，女尼人数猛增至百余人。经1958年反封建斗争扩大化和十年动乱的洗劫，拉卜楞觉姆寺成为一片断壁残垣，女尼们被遣散回乡参加生产劳动。党的十一届三中全会以后，班禅大师第一次视察甘南时亲自过问拉卜楞尼姑寺，后经嘉木样大师和政府有关部门的大力支持，1981年经政府批准尼姑寺恢复正常的宗教活动，一些回乡的老觉姆又陆续返回拉卜楞。还有许多中、青年出家的女尼也来到了拉卜楞，她们大都集中于"祁中噶尔"尼姑寺旧址和塔哇的"尕日隆哇"尼姑寺，总人数有120余人。尼姑寺有经堂等主要建筑约315平方米（图4-65）。

4. 人居环境现状

王府村内居住在传统建筑的居民数量为120人。村内自来水入户，局部地段有公共照明。道路以土路为主，目前正在进行道路改造。

1. 寺内僧人

2. 道路铺设

3. 外观

图 4-65 尼姑寺

十三、夏河县合作镇合作寺
Hezuo temple Hezuo township Xiahe county

合作寺位于今甘南藏族自治州州府合作镇东约 1 公里处，213 国道北侧，交通便利。平均海拔 2 896 米，年均降水量 400～800 毫米。合作寺亦称"黑错寺"，藏语称"格丹曲林"，意为"具善法洲"。

合作寺现成为米拉日巴佛阁景区，是集展示和游览于一体的综合性宗教建筑群和宗教文化旅游区，国家 AA 级景区。米拉日巴佛阁是安多藏区仅有的一座供奉藏传佛教各派宗师的高层建筑名刹。景区现有寺院建筑大经堂、马头明王殿、护法殿、赛仓活佛囊欠、色赤活佛囊欠、嘛呢转经房、白塔、僧侣房舍以及正在修建的辩经场等。目前游人以朝觐群众为主，数量约为每天 200 人（图 4-66）。

图 4-66 村落鸟瞰图

1. 村落基本信息

清代，由于宗教发展，形成了今天的合作寺。村域面积约为0.2平方公里，户籍人口约为263人，常住人口约为263人。主要是藏族聚居在此。

由于宗教文化氛围浓厚，且旅游资源丰富，因此主导发展旅游业和服务业。

现有规划为《合作市米拉日巴佛阁景区详细规划》，由甘南藏族自治州合作市城建局批准。

合作寺属藏传佛教格鲁派寺院。该寺创建于清康熙十二年（公元1673年），创建者为高僧具谢热却丹。具谢热却丹，甘南甘加人，是尊者噶丹嘉措之亲炙弟子，入藏学法获"拉然巴格西"称号，受合作地主首领的支持，建合作寺。1749年，一世色赤·坚赞僧格在合作寺建立法相讲闻之规，自此政教之权亦由色赤活佛系统掌管。二世色赤·洛桑坚赞僧格在合作寺修建大金瓦殿、释迦牟尼殿、印经院等，生平著作有文集八函。三世色赤·洛桑绛伯丹增僧格，组织人兴建大经堂、大昂欠等，50岁圆寂。四世色赤·洛桑伯丹僧格，69岁圆寂。五世色·赤名洛桑图登伯丹僧格经历代色赤少佛经营，合作寺成为甘南地区规模较大的寺院之一，至1949年初，合作寺香火旺盛，寺内有经堂两座，佛殿十座，九层楼"米拉日巴佛阁"一座，建筑中尤以此楼闻名远近。有僧众五百多人，所属教民约有万户，设有学样、卫生院、警察局，驻有保安队，同一县治无异。"文革"期间，合作寺全被拆除。

1981年合作寺得到了恢复，修建了大经堂等殿堂。1988年，闻名安多藏区的米拉日巴佛阁，在合作寺修复，高九层，俗称"九层楼"。现有僧人百余名（图4-67）。

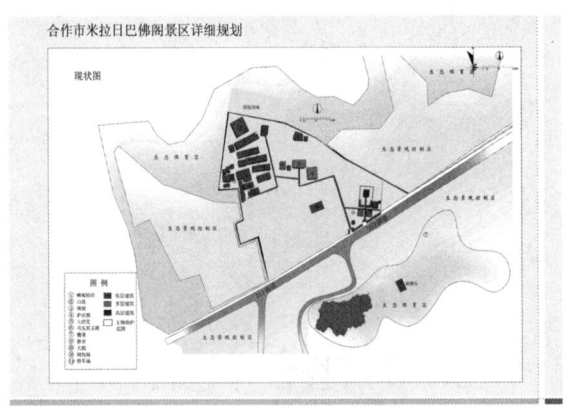

1. 现状图

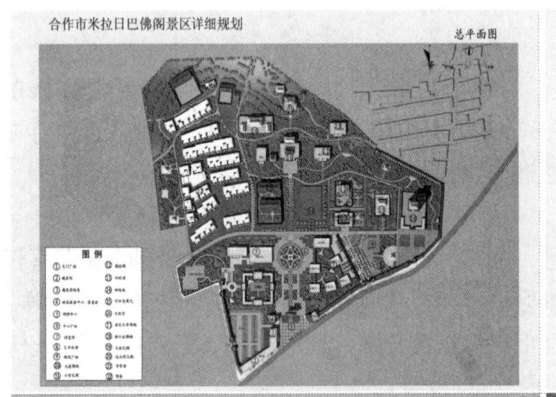

2. 详细规划

3. 九层佛阁

图4-67 合作寺概览

2. 村落选址和格局

寺院沿山势而建,内部建筑排列整齐有序,整体规模宏大。寺院临街,公路直通合作市中心,从寺院至合作市约1公里。合作寺僧舍建筑群依山势自由布局,民居与僧舍围绕寺庙修建,与寺院相辅相成。

3. 传统建筑

合作寺传统建筑占村庄建筑总面积的比例为97%。

(1) 米拉日巴佛阁

米拉日巴佛阁全称是"安多合作米拉日巴九层佛阁",始建于清乾隆四十二年(公元1777年),原建楼阁已毁于"文革"时期。现存建筑重建于1988年5月,建筑面积4 000平方米,历时四年落成。米拉日巴佛阁是为纪念米拉日巴而修建的佛阁,是藏传佛教格鲁派(黄教)在安多藏区最主要的寺院。

米拉日巴佛阁楼高九层,供奉以米拉日巴尊者及其弟子为主的藏传佛教各派的开宗祖师,有以金刚为主的四密乘的众多佛像、菩萨、护法神等各类佛像1 270尊。米拉日巴佛阁反映藏传佛教内容的各类壁画规模巨大,绘画技法高超,具有很高的艺术价值。在中国藏区共有两座米拉日巴佛阁,这座佛阁为安多藏传佛教名刹之一,建筑气势恢宏,金碧辉煌。常年有住寺喇嘛学习研修,供奉佛祖,有独特的文化氛围。

(2) 马头明王殿

马头明王殿于1981年重建。遵照四世嘉木样大师的嘱托,岗喀仓活佛于1922年建造了高21尺的紫铜马头明王像。之后,又在五世嘉木样大师尊前祈请修建马头明王殿。承大师开许,开始兴建,于1934年竣工落成。"文革"中此殿被毁(图4-68)。

图4-68 合作寺马头明王殿

依从六世嘉木样大师尊者意愿,四川阿坝县慧圆寺(各莫寺)哈尔哇·嘉木样洛周(联波)活佛筹资重建马头明王殿。佛殿于2007年竣工。主尊像高12米,右侧宗喀巴大师像高3米,左侧莲花生大师像高3米。三尊均为铜铸鎏金。殿内装饰、法器庄严圆满,四周壁画栩栩如生,精美绝伦。①

(3) 大经堂

大经堂于1981年重建。大经堂窗口纵式长方形,左右两侧和下檐用黑漆绘成梯形窗框,上檐外挑木窗檐,挂布帷。窗口小使建筑体显得更加宏伟,庞大坚实厚重,窗檐增添了窗框,使窗口看起来更大,与墙面形成良好的视觉比例,梯形窗框与建筑体倾斜的墙角轮廓形成呼应,再加

---

① 参见 http://360.mafengwo.cn/travels/info.php?id=2972049。

上随风飘扬的窗帷,整栋建筑物既庄严又不失生动地伫立于天地间(图4-69)。[①]

最大、最为隆重的宗教法会——跳法舞——在合作寺大经堂前举行。随着庄严的法乐响起,法舞开始,在僧人乐队的伴奏下,头戴面具的数十名舞蹈者,通过旋转跳跃的舞蹈,形象地向观众讲述宗教故事。这一藏区传承悠久的法舞,深受藏族群众的喜爱,每年都要吸引四面八方的群众前来观看。作为传统大法会的重要内容,法舞仪式意在祈愿新的一年吉祥如意(图4-70)。

图4-69 大经堂

图4-70 跳法舞

4. 非物质文化遗产

(1) 法舞

法舞俗称跳神,是一种粗犷、豪放、拟人化的表演形式,它的突出特点是舞者佩戴面具,通过面具,形象地介绍人物身份、善恶角色。它的跳跃幅度大,旋转多,借鉴了民间舞蹈的风格,展现了高原民族宽大的胸怀、豪放的气质和疾恶如仇、视死如归的性格。

农历正月十四上午十一时左右,一年中规模

(2) 辩经

辩经指按照因明学体系的逻辑推理方式,辩论佛教教义的学习课程,藏语称"村尼作巴",意为"法相",是藏传佛教喇嘛攻读显宗经典的必经方式。辩经多在寺院内空旷之地、树荫下进行,最早源于赤松德赞时期大乘和尚和噶玛拉锡拉的公开辩论。

辩经者由较优秀的僧人担任,其方式各寺不同,主要可分为对辩和立宗辩两种形式。对辩,藏语称"作朗"。辩者二人,其中一方提问,另

---

① 参见 http://www.360doc.com/content/17/1109/17/40190330_702413083.shtml。

一方回答，且不许反问；告一段落后再反过来，直至一人无法问出。立宗辩，藏语称"当贾狭"。辩者无人数限制，立宗人自立一说，待人辩驳，多坐于地上，只可回答不可反问；问难者称达赛当堪，即"试问真意者"，不断提出问题，有时一人提问，有时数人提问，被提问者无反问机会。立宗辩过程中问难者可高声怪叫，也可鼓掌助威，舞动念珠、拉袍撩衣、来回踱步，也可用手抚拍对方身体等做各种奚落对方的动作（图4-71）。

(3) 风马旗

甘南藏区有在隘口与山顶放飞纸风马旗的习俗。适逢祭祀节日，寒风劲吹，纷纷扬扬的风马旗雪片般飘入云端娱悦天神。风马旗还有一项不易见到的功能，即遇有活佛尊者圆寂，家家户户须将房顶上的风马旗置放倾斜，以示致哀。藏族人每每将自己或逝者的手镯、帽子、须发或一团羊毛系于风马旗上，希冀能借助其力牵引升腾，使运气增长，福星高随（图4-72）。

图 4-71 辩经

图 4-72 风马旗

5. 人居环境现状

合作寺内僧舍、民居采用院落式布局即上下院形式。寺内基础设施较完善，自来水入户，有公共的垃圾回收设施、公交站点、消防设施，且电网已完成改造（图 4-73）。

村内道路已建成 10 年之久，局部地段有公共照明。

1. 僧舍

2. 排水沟

图 4-73 人居环境

第二节　临夏回族自治州传统村落

一、积石山县大河家镇大墩村
Dadun village Dahejia township Jishishan county

作为"保安三庄"之一的大墩村位于积石山县西北处，属于山丘地带，是甘肃省临夏回族自治州积石山保安族东乡族撒拉族自治县的一个自然村。大墩村位于黄河南岸谷地，呈片状布局。传统建筑较密集，布局紧凑，多数民居为20世纪七八十年代建筑，属于砖木结构形式，木雕精美。大墩村是中国西北少数民族保安族的主要聚居地，传统民居具有少数民族特色，映射着这个民族的习俗、性格、审美、艺术。大墩村历史悠久、文化灿烂，风貌古朴，具有独特的地方习俗与文化传统，是一个集少数民族历史、文化、艺术于一体的传统村落，现存有大小堡子遗址（图4-74）。

图 4-74 村落整体风貌

1. 村落基本信息

大墩行政村下辖大墩、阴家山、麻池沟、上五家四个自然村，共有八社。全村户籍人口1 860人，大墩村耕地面积1 761亩，其中旱地1 049亩，水地712亩。大墩村的经济以农业为主，畜牧业为辅。油菜作为主要的油料作物，种植量基本依据上一年粮食产量为标杆。若上一年粮食丰收，油菜的种植面积将会占总耕地面积的三分之一；若歉收，油菜种植量只会在五分之一以下。而粮食作物和油料作物的种植基本用来满足自家需求，由于产量有限，既无法用于销售也无法做到储备（图4-75）。

2. 村落选址和格局

大墩村位于积石山县西北处，属于山丘地带，是甘肃省临夏回族自治州积石山保安族东乡族撒拉族自治县的一个自然村，距积石山县城27.2公里。大墩村坐落于黄河南岸谷地，呈片状布局。

大墩村北倚黄河，西倚青山，村内居民的饮水都来自这座山的泉水。村落选址在山脚下，围绕大小堡子而建，堡子内现有村民居住，存有的堡墙村民利用其作为房屋的后背墙和果园的围墙。后来随着村落的发展，沿着堡墙外围开始建筑房屋，在保持原有街巷肌理格局的基础上，向四周发展，形成今天的大墩村。

大堡子是清代时期该民族为防御外侵而修建的。现大墩村北部仅存大堡子堡墙遗址，堡墙内居住村民，保存相对完好（图4-76）。

小堡子堡墙于清代修建，是给大堡墙内地位较高的人居住的，建筑规模较小，现仅存小堡子堡墙拐角遗址，在原址上已建有民居（图4-77）。

1. 村落总平面图

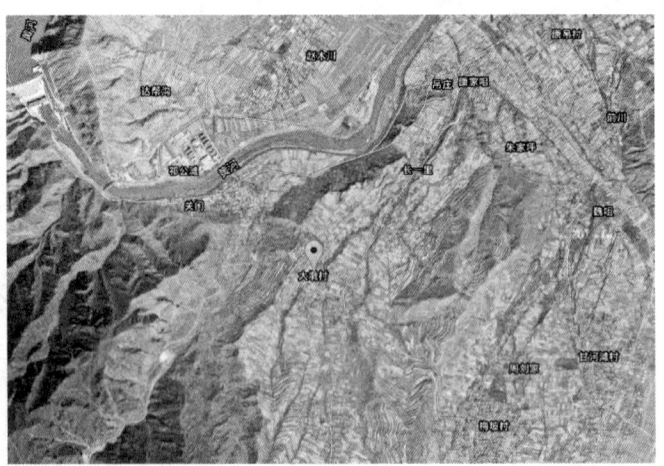

2. 村落山水格局图

图4-75 村落概览

图 4-76 大堡子遗址

图 4-77 小堡子遗址

3. 传统建筑

大墩村汉族移民的房屋大多为北方传统的四合院，北盖大房（也称上房或堂屋），地基高，由长辈居住，兼作客厅。东西修偏房（厢房），地基低，由晚辈居住。灶房通常修在东北角或西南角。

修建年代比较久的汉族移民的住宅与保安族住宅基本相同，房屋多为土木结构的土平房，有出檐和挑檐之分，出檐比挑檐多一道模柱，比较宽敞。一般北屋为上房，俗称堂屋，由三间组成，由长辈或客人居住，堂屋两边的西房、东房由子女居住。南房一般栓牛羊或放柴草，厨房设在上房与西房或与东房连接的角落，与住房分开。厕所一般在侧后院，与其他各房有一定的间隔。院内多种果树、花木、素菜，尤其喜欢种菊花。此外，有些经济实力较好的汉族移民，在自己房屋的建设中，大量采用保安族民居常用的花凿、墙雕、纹饰（在木头上雕刻各种花纹，用来装饰门梁等建筑）。这些老房一般围墙高度都在 2.5～3 米，土质结构。

大墩村昼夜温差大，冬季时间长，因此当地居民屋内都有火炕。炕根据房屋面积不同，大小不一。炕上多铺毛毡，炕墙周围有装板，挂炕围。老年人家里炕上多有炕柜和板箱，装衣着、杂物和被褥，炕桌也是吃饭唠嗑的必备家具。年轻的汉族移民家庭炕上多铺棉褥子，炕柜炕桌等家具基本不用。

(1) 清真寺

大墩村是我国少数民族保安族主要聚居地。位于村委会对面的保安清真寺是保安族人民做礼拜的主要场所。清真寺建于台地上，清真寺前门有长长的台阶，渲染了一种肃穆的氛围。院内建筑具有少数民族特色，同时也有古时寺庙的缩影，建筑将现代玻璃与精美的檐口雕花结合，以木、玻璃、砖为主要材料，建筑装饰色彩协调（图4-78）。

1. 大门

2. 院内天玄哉清

3. 院内建筑

4. 建筑细部

图 4-78 清真寺

(2) 普通民居（图4-79）

43号院落：

大墩村43号院落是解放初期的建筑，院落式布局，整个院落以木材、砖为主要建筑材料，房屋均为坡屋顶，现已无人居住。院落坐北朝南，以东、北两面的房屋为主，墙面装饰主要材料为土坯和木材，窗户檐口木雕精美繁复。北面房屋平面布局呈凹字形布局，凹处是门与走廊，两边是卧室。

46号院落：

大墩村46号院落是解放初期的建筑，院落式布局，院内建筑较为整洁。西面建筑是后来修建的，主要以土坯为主。北面建筑后经过维修，墙面仍以土木为主，窗户和檐口雕花精美，室内地面用砖铺地。耳房内有以前生火做饭的灶台,屋内采光较差。

48号院落:

大墩村48号院落是1980年前后的建筑,北面建筑是整个院落的主要建筑,也是长辈居住的屋子。建筑材料以土木为主,坡屋顶,窗户、檐口雕花简单,房屋平面呈凹字形布局,走廊可以作为乘凉与休息场所。院内干净整洁,种有花草树木,生机盎然。

63号院落:

大墩村63号院落是解放初期的建筑,位于大堡子内,院落式布局,坐北朝南。院落北面建筑都以木材、土坯为主,房屋均为坡屋顶。墙面装饰主要材料为土和木材,檐口木雕精美繁华。室内陈设有以前旧的物件,如装嫁妆的柜子绘有精美的图案。西面建筑是现代砖混建筑。

4. 非物质文化遗产

甘肃保安族主要居住在临夏境内的积石山县大河家镇。现有人口11 000多人,信仰伊斯兰教。这里水草肥美,林木葱郁,泉水潺潺,据说是大禹治水的源头。保安腰刀是保安族传统的手工艺制品,主要产于大河家镇、刘集乡及周边地区。长期以来,保安族腰刀锻制技艺一直是维系整个保安族生存的重要手段,也是保安族经济文化的命脉。保安腰刀与藏刀、蒙古刀齐名。保安腰刀造型优美,线条明快,装潢考究,工艺精湛。它不仅是生活用具,也是别致的装饰品和馈亲赠友的上乘礼品,因此深受西北各族人民的欢迎,在阿拉伯国家也颇有名气(图4-80)。

1. 民居内部

2. 建筑细部

3. 传统民居

图4-79 普通民居

图 4-80 保安腰刀烧制

保安腰刀种类繁多，各具特色，比较著名的腰刀有"什样锦""什样锦双刀""雅王其""波日季""一刀线""双落""满把""扁鞘""蒙古刀""哈萨克刀""鱼刀"等。规格多为5寸、7寸、10寸规格。刀面上分别镌刻着手、龙、梅花等各种图案。其中，最漂亮的还数"什样锦"。这种腰刀刀柄均用什样锦镶嵌而成，图案协调华丽，金黄、翠绿、湛蓝、黛黑、银白、桃红……五彩缤纷，并夹有朵朵梅花。银白色的刀鞘，包着三道枣红色的铜箍，分外璀璨夺目。刀鞘上端有个小孔，挂有别致的紫铜环子。拔刀出鞘，刀锋闪闪发亮，寒光逼人。

这种腰刀还可以用作宰牲工具和餐具，如削吃羊肉方便、卫生。保安腰刀锋利无比，削铁，刀口不缺，刀刃不卷；削发，只要把头发放在刀刃上用口轻轻一吹，头发立即就断。传统的制作工艺十分复杂，工序多者达80多道，少者也有30～40道。一般是先把择好的铁反复锻打，然后劈开加钢，最后淬火而成。其中制坯时的加钢、炼烧后的淬水至关重要，恰到好处的处理能保证刀具刚韧相济。仅制作刀柄一项，就要对黄铜片、红铜丝、白铁丝、牛角、塑料等不同材料分别进行加工，然后将其巧妙叠合胶铆而成，雕绘成种种栩栩如生的精美图案。抛光打磨完毕，顿生五光十色，耀人眼目。刀面上刻有七颗星、五朵梅、一条龙、一把手等图纹，纹饰精细；刀柄由红、黄铜片和铝片、牛角等材料叠合铆成，打磨后色泽艳丽，犹如彩锦；刀鞘多为铁鞘铜箍，配以装插的钢制镊子，既增添了刀鞘式样的美观，又可以防止刀体从鞘中滑出。每户保安人家都有铁匠，每位铁匠都有自己的特定刀面图案。有的图案是某位铁匠的标志代号，有的图案蕴含着一个美好的传说，或记载着一个悲壮的故事。保安腰刀生产已有100多年的历史。早期腰刀是没有鞘的木头把子，后来发展成牛角把子，但是造型、刀口、式样仍然不够理想。随着社会的发展，能工巧匠们带着各自的"绝招"，在一起不断切磋打刀技艺，对于造腰刀的复杂工艺过程，像设计、锻打、淬火、镶嵌、砸铆等，都有了新的突破。保安腰刀制作技艺不仅巩固了保安族的文化根基，也丰富了中国金属工艺的内容。周恩来总理曾将保安腰刀作为礼物馈赠给外宾。1987年，保安腰刀获国家民委、国家轻工部优质产品称号，1991年又获北京国际博览会金奖。打制腰刀素来是保安族主要的经济活动之一。市场开放给保安腰刀打开了销路，给这一历史悠久的民族工艺注入了新的活力。

5. 人居环境现状

大墩村位于积石山县西北处，属于山丘地带，是甘肃省临夏回族自治州积石山保安族东乡族撒拉族自治县的一个自然村，距积石山县城27.2公里。道路硬化已完成80%，自来水入户率为90%。

居民住房有土木结构、砖混结构，电信、移动、联通、铁通等通信设施相继落户大墩村，通信方便，交通便捷，经济发达，群众生活、文化水平高。大墩村基础设施良好，村内主干干道及小巷全部为水泥硬化路。村内没有公厕，无污水处理系统，各农户家有旱厕，积蓄肥料供田间使用。村庄内常用电通过电线杆架设引入，对村庄总体风貌不构成影响（图4-81）。

1. 村内道路

2. 排水渠

图 4-81 人居环境

二、临夏市城郊镇木场村八坊十三巷
Eight lanes and thirteen alleys, Muchang village Chengjiao township Linxia city

　　东有温州、西有河州，古代临夏就被称为河州，它处于黄河上游，是大禹治水的源头、古丝绸之路上的重镇。今日的临夏聚居了回、汉、东乡等十多个民族，在这里多元文化交融与共生，而由清真寺、教坊和商业、生活街区组成的八坊十三巷，如同临夏人们所喜爱的"花儿"一样，正在成为古老临夏一张崭新的名片（图4-82）。

　　走进八坊十三巷，就像那棵屹立在九眼神泉边800年的参天古柳，既能触摸到历史的沧桑，也能嗅得着时代的芳香，它融合了回族砖雕、汉族木刻、藏族彩绘，集民族特色、休闲旅游、绿色生态、人文科教于一体，呈现出穆斯林的生活画卷，是河州民族民俗文化名片、民族建筑艺术的"大观园"。

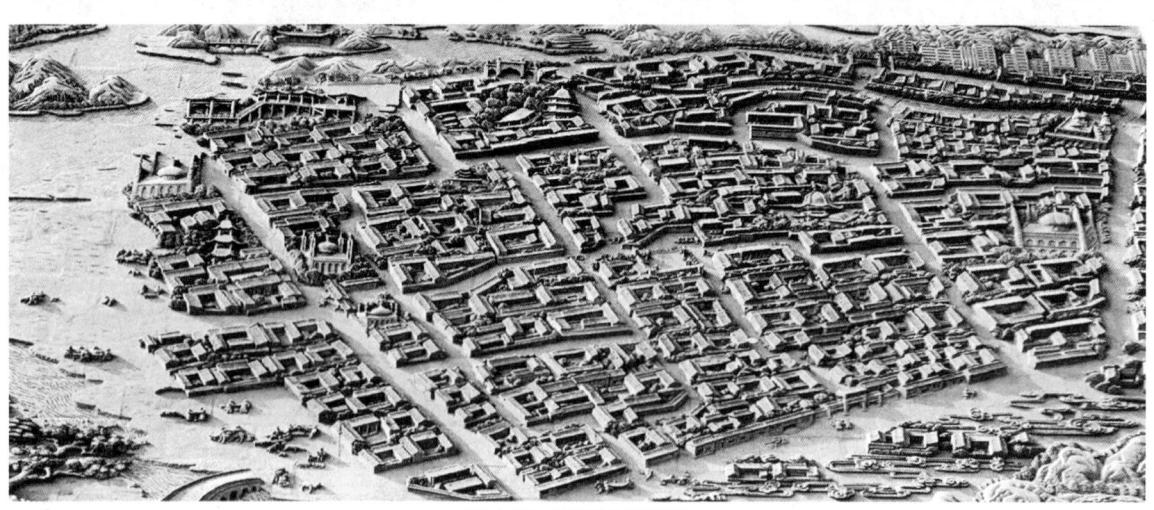

图 4-82 砖雕村落鸟瞰

备注：源自八坊十三巷 http://www.mafengwo.cn/i/6181733.html

1. 村落基本信息

早在唐朝时，有沙特阿拉伯、波斯等国商人及传教士来此经商、传教，逐步形成有着各式清真寺的穆斯林聚居区。全村户籍人口14 384人，常住人口8 630人，村域面积1.2平方公里，村庄占地面积1 353亩。村民以商贸和劳务输出为主要经济来源。

现该村落列入临夏市少数民族特色村寨试点示范。

2. 村落选址和格局

从元朝至今，围绕着八座清真寺形成八个教坊、十三条街巷，故称为"八坊十三巷"。八座清真寺分属不同的教派，分别为老王寺、新王寺、清真北寺、清真西寺、南关大寺、前河沿寺、铁家寺和清真大祁寺。从空间布局上来看，清真寺分布较集中，在清真寺旁边还有一座索玛拱北，是祁静一先贤的出生地，在八坊具有崇高的地位。十三条街巷分别为石桥巷、王寺街巷、大旮巷、沙尕塄巷、细巷、铁家寺巷、小南巷、大南巷、专员巷、拥政路巷、坝口巷、仁义巷和北巷。街巷密布，基本保持原有格局，形成"四纵四横"的街巷布局，但街巷尺度普遍较小，街区内景观视觉效果参差不齐（图4-83）。

1. 索玛拱北

2. 清真大祁寺

5. 清真西寺

3. 清真铁家寺

4. 清真北寺

图4-83 村落格局

备注：由当地政府提供

3. 传统建筑

村落建筑主要由马占鳌之孙居住,以大旮巷80号为主的26个院落伊斯兰文化特色较为浓郁,融中国古典建筑风格和阿拉伯特色于一体的清真寺比比皆是。

该村落是回族前人在长期的生产生活过程中逐渐形成的,大旮巷80号始建于1930年,占地3.5亩,建筑面积513平方米,院落气势宏伟,有裙楼、阁楼、砖雕、木雕雕工细腻,飞檐画栋,门庭高深。该村落所体现出的民族特色建筑风格不仅是丰富的文化遗产,更能促进特色旅游产业的发展。

村落内民居院落一般为土木结构的四合院,也有组合式套院。院落一般由影壁、正房(临夏俗称上房和堂屋)、左右厢房、下房等组成。房屋结构以上栋下字式为主,院落中间一般有或大或小的花园,中间以卵石路相连。一般百姓居住在小独院,有四合、三合、二合式的,只有少数人家建有偏院、车马院或多进式院落。

(1) 八坊民俗馆

八坊民俗馆为省级文物保护单位,古称"大公馆",位于大旮巷80号,原为马占鳌之孙、马安良之子,人称"三少君"的马廷勷私邸。至1928年,大公馆形成三进或四进式四合院。馆内正院四座,院套院,院院相通,正院之外有后院、南院、车院、花园及库房与其相连,整个建筑群四周均有高大围墙及哨楼,兼具军事防御功能。建筑仿造北京四合院形制,融入回族砖雕、汉族木雕、藏族彩绘等众多地方特色建筑文化,代表了临夏地区建筑的极致水平。

大公馆几经战火和人为损毁,目前仅存三少君府部分建筑,不足原有建筑的十分之一。2012年,经市委市政府对80号大院修缮保护后,其建筑主要包括正房(北房)、东西耳楼、东西厢房、厅堂、游廊、花园,整体装饰为砖雕和木雕。

(2) 东宫馆

东宫馆是全国重点文物保护单位,位于前河沿路,占地面积50多亩,呈"田"字形,是集中西传统文化于一身的四合院式建筑群。东宫馆始建于1938年,是原国民党四十集团军副司令柴达木屯垦督办马步青的公馆。

东北主院内,七间砖木结构建筑坐北朝南,两角修有转角二层四间式木楼。东西厢房和对厅均为攒金大七架梁抱屋五间。东南院为观花楼,周围回廊小巧玲珑,新颖别致。西南和西北均为四合院式格局。四座院落毗邻处,有天井一处,其正北为三开屏式大影壁,上雕《江山图》一幅。东北、西北两边角门,有插着牡丹的砖雕宝瓶一对。各院甬道、看墙、影壁、廊心墙都是磨砖对缝砖雕镶嵌而成。东宫馆砖雕艺术容纳汇集了河州雕刻艺术之精华,堪称砖雕作品的"大观园"。

(3) 老王寺(老王清真寺)

老王寺属重点文物保护单位,坐落在王寺街,始建于明洪武元年,清乾隆年间扩建,1928年被国民军焚毁,1933年由寺坊穆斯林捐资重建,1968年被拆除,1980年由寺坊穆斯林捐资再建,1984年10月竣工,曾是格迪目派的经堂教育中心(图4-84)。

现清真寺仍保持中国传统建筑风格,大殿是

宫殿式，分前殿、正殿和后殿，三殿连为一体，飞檐翘角、挺立高耸，殿顶呈歇山形，殿内雕梁画栋。邦克楼为五层六角木质塔式楼，彩饰华丽，为甘肃清真寺中最为高大雄伟的邦克楼。另设有水房、讲经堂、办公室、住宅、食堂等设施。

(4) 老华寺

据史料记载，老华寺始建于1368年，距今已经有600多年的历史，清乾隆四十年（公元1775年）扩建。该寺院经多次毁坏之后，最终采用了阿拉伯式建筑风格，建筑精巧，装饰华丽。惊艳的绿顶给人一种"看过一眼之后便再也无法忘记"的感觉（图4-85）。

图4-84 清真老王寺　　图4-85 清真老华寺

备注：图4-85源自《临夏八坊十三巷：却见最美清真寺》http://www.sohu.com/a/155666906_189881?epinephrina

(5) 南关大寺（南关清真寺）

南关大寺属重点文物保护单位，坐落在解放路，始建于元末，初建时因建在几棵古松树桩上，故亦称"连根柱古寺"，明洪武年间曾扩建，清乾隆年间再次大规模扩建，1928年被焚毁，1933年由穆斯林乡绅马麟捐资重修，1968年被拆除，1982年重建。全寺占地面积6 530平方米，建筑面积5 228.44平方米。该寺曾是伊赫瓦尼派经堂教育中心，培养了大批阿訇。

现清真寺采用中国现代建筑与阿拉伯传统建筑相互融合形制。礼拜大殿坐西向东，奠基于地下室之上，殿堂系钢木结构的宫殿式建筑，面积2 160平方米，可容纳2 000多人同时礼拜。殿前庭设10根直径约0.8米的水泥圆柱，正门及左右两侧各镶嵌11平方米对称的砖雕，左侧砖雕上镌刻"初建于元朝连根柱古寺"。殿顶为邦克楼，设3个六角圆顶塔，呈平面三角形配置，居前两个较小，高15.75米，居后座中一个较大，高26.8米，楼门饰有《古兰经》古体经文浮雕，3个圆顶顶端皆饰新月标志。另有讲经堂、水房、办公室、宿舍等设施，均为现代中式建筑（图4-86）。

(6) 河沿寺（前河沿清真寺）

河沿寺属市级文物保护单位，坐落在新西路，始建于清代，1928年被毁，重建后于1968年再次被拆除，1980年再度新建时改址改名，由寺坊穆斯林集资修建。该寺系仿照新加坡棉兰清真寺的建筑形制而建，并融合了中国现代建筑风格。全寺色调简洁明快，以纯白和淡绿为主，无华丽彩饰和繁杂雕作。河沿寺设有2层教学楼，并专设妇女经文学校，另设有大、小净室、住房及办公室等。礼拜大殿分前殿和正殿两大部分，占地面积552平方米，前殿两侧有两座四层对称型钢混建造圆顶邦克楼（图4-87）。

(7) 大拱北

大拱北毗邻红园，属重点文物保护单位，始建于清康熙五十九年（公元1720年），是伊斯兰教嘎迪忍耶大拱北门宦始传人祁静一（1656—1719）的墓庐所在地，为中国伊斯兰教嘎德忍耶

图 4-86 清真南关大寺

图 4-87 清真前河沿寺

三大圣地之一。主要建筑有三层八卦墓庐和清真寺、牌坊、影壁、经堂院、碑厅、井厅、客厅、静室、花园等，亭台楼阁，错落有致，形成一座规模较大的古建筑群，是河州名胜之一。

民国十七年（1928年）大拱北毁于兵燹，1932年由当家人王永贞、马永观主持开始修复，按原有规模，重建砖木结构的三层八卦墓庐、清真寺、花厅、客厅以及经堂室、学校等五院，1958年被关闭，"文革"中墓庐被拆毁，清真寺等其他建筑被机关占用，后改作红园。1981年恢复宗教活动后，大拱北重建了三层八卦墓庐、牌坊式墓庐照壁和一字亭牌坊式大门、"一棵印式"便门、"舒海达依"厅等建筑，恢复了昔日的肃穆壮观雄伟。拱北内砖雕林立，雕刻内容丰富，形象逼真，堪称临夏砖雕艺术宝库中的瑰宝。现该拱北总占地面积约 14 580 平方米，总建筑面积约 2 600 平方米。

4. 人居环境现状

现八坊区内有 3 所幼儿园、3 所小学、2 所女校、4 所门诊、2 所公共厕所、1 所敬老院和 1 处垃圾收集点。

八坊区内基础设施不完善，存在缺少消防设施和消防通道、市政设施的布置严重不足、环卫设施的布置不足且不合理、公共活动空间缺乏、各种服务设施缺乏和布局不合理等问题。

第五章 河西地区传统村落

　　河西地区指张掖、武威、酒泉、嘉峪关，因位于黄河以西，自古称为河西。河西地区处于我国西北干旱区和青藏高原边缘，祁连山与北部山系间，东南起自乌鞘岭，西北止于疏勒河下游，势成一狭长的天然走廊，亦称河西走廊，曾是佛教东传的要道、丝路西去的咽喉。

　　河西走廊历史悠久、文化底蕴深厚，先秦时期的马家窑文化、齐家文化，到后来的宗教、民族融合，尤其是佛教方面，高僧、大师云集。大小乘佛教是通过河西走廊传入长安，古代四大译经家有三位与河西走廊有着深厚渊源，足见河西走廊在中国佛教发展过程中的地位。很多帝王、大将出自河西走廊，如赫赫有名的西凉大将马超、大理段氏皇族、草圣张芝等。

　　河西走廊东周春秋时被西戎占领，战国先秦时被月氏人占领，后被匈奴攻破，占领建城池。河西地区在公元前1年已经有了经贸和宗教往来的古道，至汉武帝刘彻在此初设二郡武威郡、酒泉郡，而后武威郡分张掖郡、酒泉郡分敦煌郡，晋朝的前凉、后凉、南凉、北凉、西凉、大凉均在此建都。河西走廊并入华夏版图对中国乃至世界都具有划时代的意义。

第一节 张掖市传统村落

一、高台县罗城乡天城村
Tiancheng village Luocheng township Gaotai county

被誉为"天城锁钥，要塞咽喉"的天城村位于高台县西北部，东依合黎、西邻酒泉、南望祁连、北通居延，黑河（古弱水）绕村而过，地势东北高，西南低，海拔1260米。天城村三面环山，一面绕水，如同一道天然堡垒，气势极蔚为壮观，是历来兵家必争之地。村落内土壤肥沃、溪水长流、林茂粮丰、畜壮禽跃、风景优美，有"镇夷八景"：黑河古渡、紫塞平沙、苏台云杳、赵墓烟冥、石峡晚翠、红崖早霞、东山峭壁、西岭生盐，酷似一处坐落在黑河下游北漠边缘的世外桃源（图5-1、图5-2）。

图5-1 黑河

图5-2 天城村村落鸟瞰图

1. 村落基本信息

天城村下辖 11 个生产合作社，现有 446 户人家，户籍人口 1 730 人，常住人口 1 587 人，村域面积约为 334 平方公里，村庄占地面积 1 023 亩，其中耕地面积 6 012 亩，南滩草场 50 千亩，是高台县发展畜牧业的重要基地，村民以养羊和棉花种植为主要经济来源。

天城村属北温带干旱气候，夏季炎热而短促，冬季寒冷而漫长，雨热同季。在生长季中太阳辐射强，日照时数多，蒸发强烈，昼夜温差大，降水变率和年际变化大。

2. 村落选址和格局

早在 5000 年前的原始社会时期，天城村一带是一片汪洋大海，又称"石海"。镇夷石峡被凿通后，积水下流，逐步形成黑河通道，后黑河两岸杂草丛生，出现高低不平的绿洲区域，初为羌人部落的游牧之地；春秋战国和秦时，有乌孙人和月氏人在这里逐水草而居；西汉初年，匈奴南下，占据河西走廊；汉武帝时，河西全部纳入汉王朝，天城已是汉族移民的居住所在地。

天城村在历史上地处边防要地，为防御外患，居民筑堡集中而居。据记载，天城最早的城堡为汉代所筑的石海城（今侯庄二社处），后被河水冲垮而在今侯庄三社处新筑城堡，因山形环绕而取名天城（俗称旧城）。明洪武二十九年（公元 1396 年）在天城堡内设哨马营，由于城堡狭小，在原址处重筑，取镇压夷人之意，更名"镇夷城"，在城内设有 4 大街 8 小巷（图 5-3）。

（1）聚落形状

镇夷城建于明天顺八年（公元 1464 年），设在黑河之北，临边山湾冲地，呈方形，开南门，总面积 28 万平方米，周长四里三分。

城围建筑结构为城高 9 米，宽 6 米。南门外龙虎楼，门前置吊桥。内瓮城至中门用青砖砌成，门扇用铁皮包裹，门额上刻"天城锁钥"四字。

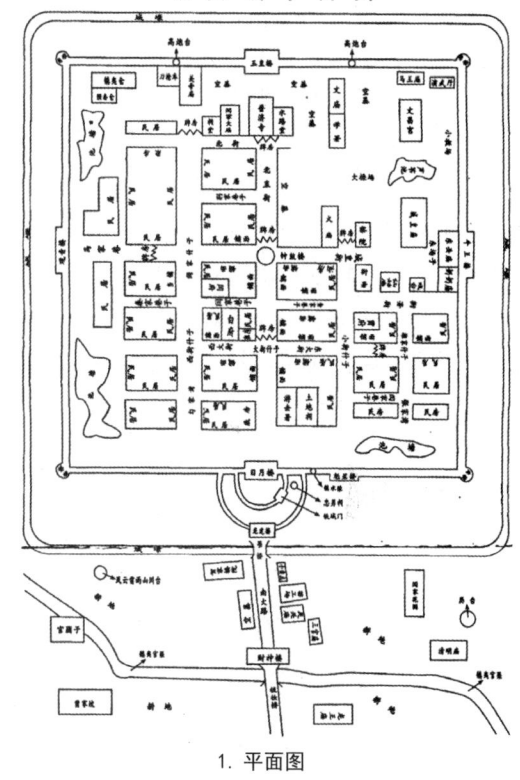

1. 平面图

2. 概览实景

图 5-3 镇夷城

备注：图 5-1 至图 5-3 由当地政府提供

第三道城门直通城内，上建日月楼。四角城墩呈圆形，上建岗哨楼，四面城墙分段筑墩12个，北城墙中墩建玉皇楼，楼两侧墩建高炮台，内置大神炮，是防御进攻的主要设施。东城墙中墩建牛王楼、西城墙中墩建观音楼、南城墙东侧建魁星楼、西侧置镇水猿，猿手指向黑河，以示不让河水直线冲城，向南绕道而行。其他各墩高于城墙，是指挥军士对抗攻城的主要场所。现仅有东北城墙保存一角，长约600米，1978年被列为县级文物保护单位。

（2）传统街巷

天城村街巷是村庄肌理的重要构成要素和空间序列的重要载体。天城村的街巷空间仍然保持清末民国时期的特征：街街呈十字相交，街巷呈十字相交，巷巷呈十字相交。堡内居住建筑均向街巷开正门。居住建筑均呈三合院形式，堂屋居中，旁为两厢，前院后棚（前为居住，后为养殖）。

3. 传统建筑

（1）正义峡

正义峡俗称天城石峡，地处张掖、酒泉和内蒙古额济纳旗交界之地，是黑河西流的唯一通道，地理位置险如一副锁钥的门户，周围连绵的群山，如一道阻隔漠外的天然屏障，故有"天城锁钥"之称。正义峡历来为兵家所看重，凭借险要地势，阻止和镇压外夷入侵，故取名"镇夷"，后更名为"正义"，"正义峡"也由此得名。

正义峡山高水急、波涛汹涌，黑河水切断似地把合黎山分为两半。两边险峻山崖、奇峰怪石，千姿万态，形成一处天然奇观。石峡中段稍开阔，河边土壤多沙，奇花野草丛生，鸟兽出没异常，还长着一大片胡杨林，是天然的草场和乐园。

明万历年间，阎相师先祖阎维，湖北襄阳人，以岁贡来镇夷千户所掌印，遂世居天城。清乾隆年间，阎相师行武西征时战绩显赫，由参将晋升为甘肃提督，后加封为太子太保。在父亲和家人的协同帮助下，他先后建造了"晚翠山房""摩云亭""古茅庵"等建筑。"晚翠山房"结构精巧、奇特优美，如入武陵桃源；"摩云亭"建在一块伸向黑河的龟石上，如架空在河上的飞船，云天明月、清光照人；"古茅庵"建在今西岭半崖间。清同治年间，社会动荡，国民军首领白彦虎率部前来攻打镇夷城，因防守严密，攻城失败，遂潜入石峡，烧毁了所有建筑。

1943年，正义峡建成了黑河史上第一座水文观测站，它担负着黑河水的流量、流速、水位、水温、降水、蒸发、泥沙流失等监控过程，掌握着黑河沿岸百万亩农田用水的状况。经过多年的变革发展，现已成为一道风景线。新中国成立后，正义峡得到了人民政府的重视，阎相师御赐墓碑被列为省级保护文物（图5-4）。

（2）天城南滩

南滩牧场（原称镇夷营关庙荒草滩）原址东临深沟，北靠盐池，西南与肃南县接壤。明洪武五年（公元1372年），都指挥马簿在镇夷城建陕甘镇夷千户所，设镇夷营。军马的冬季饲草主要取之于南滩。明永乐十三年（公元1415年）甘州卫设官营马场六处，其中一处就是天城南滩。

南滩历来由镇夷堡管理使用，算起来已有600年的历史。在明清时期，群众负担的军马饲草就从南滩割取。今天，南滩是天城和侯庄两村春夏放牧、秋季割草的草场。

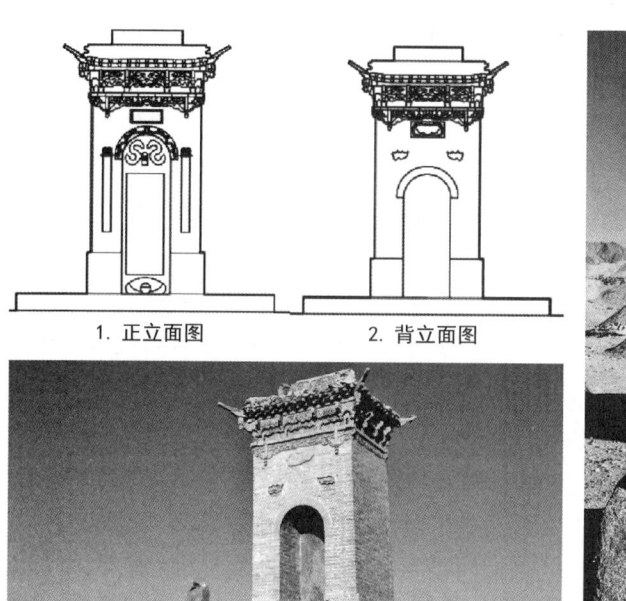

1. 正立面图　　2. 背立面图

3. 实景概览

图 5-4 阎相师墓

（3）长城

明代为防御被推翻的元朝残余势力及北方其他少数民族扰乱边疆，先后用 100 多年的时间连接了西起嘉峪关，东到山海关的万里长城。天城和酒泉交界处的边墙就是长城西端的一部分，天城段长约 60 里，明嘉靖二十七年（公元 1548 年）修筑，现天城东侧一段保存较好，长约 500 米（图 5-5）。

（4）烽燧

天城境内的烽燧星罗棋布，有长城沿线的，有连接直达高台、酒泉的，也有乡间专供瞭望的，这些烽燧修筑于汉代和明代。烽燧在天城有五种类型：沿边墩 21 座，口外墩 11 座，东路墩 7 座，西路墩 7 座，南路墩 2 座。现保存完好的有 9 座，

图 5-5 明长城

备注：由张掖市高台县罗城乡人民政府提供

都坐落在高山上,正义峡旅游区有4座,其中一座为汉代所建,1962年被列为省级文物保护单位。这些烽燧已成为天城旅游的一大亮点(图5-6)。

图5-6 烽燧

(5) 关隘

据《中外地名大词典》记载:"兔耳关,甘肃省高台县75公里处,镇夷城北15公里。"此关隘在黑河下游兔儿墩附近,因烽燧而得名,自汉朝以来是屯兵的重要关隘,汉将军赵通曾领兵驻扎于此。旧县志记载:"赵通,本涿郡人……汉广汉之子,宣帝本始四年(公元前69年)拜宣武将领与乌孙同攻匈奴,累有实效,留镇边庭,竟死于酋兵之手……"明英宗正统年间,进士岳正在《赵墓烟冥》一诗中赞扬赵通"高名不朽传千古,意气长存镇万春",明初和清初也曾有部队驻扎过,现存有军营和练兵场遗迹。

(6) 天城香山寺

香山寺建于大明成化年间,位于正义峡口的西山上,高约300米,当地人称其为"西山寺"。寺庙顺应山势而建,自上而下建有玉皇图、无量佛殿、观音堂、财神阁、领馆庙、达摩殿、弥勒殿、菩萨楼、地藏楼、洛神庵、僧房、斋房、戏台等建筑,气势宏伟,布局合理,是高台境内的宗教圣地。每逢四月初八,各地信徒来此诵经念佛,戏班唱大戏助兴,人潮涌动,热闹非凡。该寺于1958年"大跃进"时拆毁,其木料铺了路轨(图5-7)。

(7) 古民居

天城民居自古至今基本保持着四合院(俗称对口院子)的格局。古代有钱人家的四合院比较讲究,是一种带前插(俗称雨廊)名曰四廊齐的房子,结构复杂、装饰豪华、雕梁画栋。四合院内堂屋、倒座、左右厢房各三间,伙房粮房多在四角处安排,四面房子都带有前插,下雨时廊下

图5-7 寺庙

备注:由张掖市高台县罗城乡人民政府提供

行走不粘泥，因此得名（图5-8）。

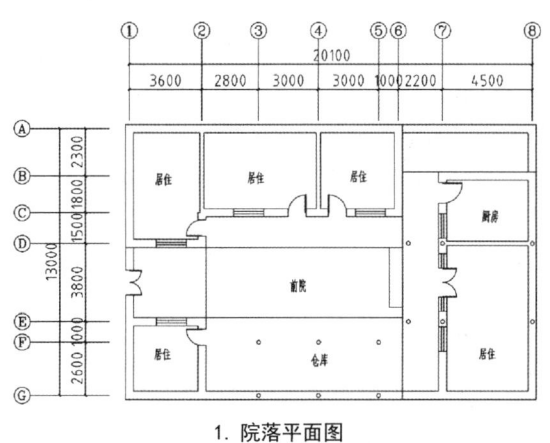

1. 院落平面图

2. 堂屋平面图

3. 堂屋

图5-8 27号民居

4. 非物质文化遗产

（1）天城陈醋

天城陈醋有悠久的酿造历史。据传，早在汉武帝开发河西以后，就有佳酿成品上市。由于独特的酿造工艺和得天独厚的水质、气候等自然条件，醋味更香浓、醇厚。它不仅可以降低胆固醇、提高记忆力，还可以祛风寒、舒筋骨，甚至可以滋润皮肤。长期以来，天城村家家户户一直把陈醋当作馈赠亲朋好友的最佳礼品之一。

天城陈醋有严格的传统工艺流程，从醋种到培育、从原料配方到制曲、酿造、发酵、热蒸、翻抄、出笼和淋醋等十多道工序，一环接一环井然有序。成品生产出来，在一定时间和温度条件下，经过早期、中期、晚期的加工处理后，色、香、味更佳。头淋醋是最佳成品，赠送亲朋好友都选它，二淋醋都留着自家用（图5-9）。

图5-9 酿醋

（2）天城社火

天城村的社火秧歌是由"地蹦子"与"凤翔秧歌"组合而成的一种地方表演艺术。地蹦子在河西一代流传甚广，由 15 人组成，即：4 个男鼓子、4 个女鼓子、4 个棒槌和尚，以及膏药匠、傻公子、大肚子丑婆娘。在表演时，除了地蹦子的跑大场和说唱、对白之外，将凤翔艺人的秧歌舞和当地小调结合起来，女的身背腰鼓，男的手拿霸王鞭，相互轮流，单舞单唱或是双人联唱各种曲调，同时配合舞龙、赶旱船、踩高跷、竹驴竹马、大头和尚等，表演技巧繁多、内容丰富。

（3）天城戏剧

天城村在历史上流传下来的剧种有秦腔、眉户两种。戏剧演唱活动是当地戏曲爱好者自己组织起来的。早在清康熙年间，当时陕西乾县秦腔眉户清唱艺人张茂才（外号张大胡子）流落镇夷，他自拉自唱，能唱多出折子戏，并且生旦净丑角色一人承担，多有人请其唱堂会。后来，他集结了一帮爱好者组成了自乐班，跟随毛娃子的陕西班子多次到酒泉等地演出而被人们熟知，而后在天城出现了很多颇有影响的演员。

天城业余剧团共有 33 人，由于外出打工者较多，现只有演员 16 人。

（4）灯杆迷宫（黄河大阵）

传说中的三霄娘娘和姜子牙斗法后，用自己的金蛟铜和混元金斗在宫门前摆下了"黄河大阵"，让弟子们前来观阵、破阵而取乐。传入地方后取名"灯杆迷宫"，老百姓俗称"黄黄灯"。黄黄灯是用 360 个灯杆和绳索连接起来的，前有彩门一座，置有出入两门，阵中心立一个高大的帷杆，帷杆上挂红缎子一块，游人进入中心后，用红缎擦脸擦手，说是以后手脸永不皱裂。破阵者进入彩门后，在灯杆和绳索中穿插而行，如果把路线走错了，就永远也走不出来，只能是爬着出来，叫作钻狗洞。每个灯杆上面都有一个用蜡烛点燃的花灯，花灯上面画有各式各样的图案。灯杆迷宫传入天城后，常在春节期间和正月十五开场游展，场子设在"东岳庙"门前，据说东岳天子和三霄娘娘曾有一段相会。后来天城人又将其设在大众广场，游人来往不绝，非常热闹。现保留的灯杆和彩门已残缺不全，但黄河阵的摆设图案还保存着（图 5-10）。

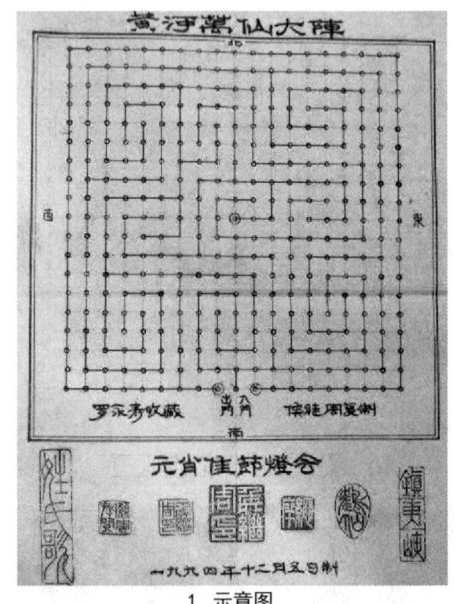

1. 示意图

2. 实景图

图 5-10 黄河大阵

(5) 天城宝卷

宝卷是一种流行于民间的说唱文学，它由历史人物、民间神话、传说和戏曲故事等演变而来，多带有迷信色彩，但它的内容主要是教化人心。念卷者说唱念结合，委婉动听、曲调优美，很受人们喜爱。每逢农闲时或节日，爱好者相约而聚，自乐助兴，多在家庭院落请识字人念卷，冬季请来亲朋好友坐在热炕上，一面品茶、一面听卷。天城土生土长的60岁左右的农民没有不熟悉宝卷的，有的诵念和抄写过卷本，有的会咏唱宝卷曲调。20世纪40年代前后至新中国成立初期，这里的宝卷成为家喻户晓的卷籍，"文革"中一度遭毁。20世纪80年代以来，随着"左倾"禁锢的解除，天城宝卷又不断被发掘出来。

(6) 打铁工艺

原李氏铁匠铺已有几百年的历史，可追溯到明洪武年间。李氏先祖乃陕西人士，手艺高超，凡锻工活计，样样都会，无所不能，可以打刀锻剑，制作农具家具，更甚者还能打造出火枪火炮，世代相传，且传内不传外，几世生意兴隆，名传四方。明洪武年间，镇夷堡设置千户所，镇守边关，隶属陕西行都司管辖。因李氏铁匠铺技艺高超，名望显赫，奉命将其纳入兵营，随军带到镇夷，为部队打造兵器，代代相传，至大清末年已知铁匠师傅李世泰已经是李氏十几代子孙，他继承祖业继续以打铁为生，其技术不亚其父，也能打造火枪，并有绝妙之法不至于爆裂，当时可算是高明了。新中国成立后的50年代，李世泰老师傅去世，其子李加成已经出师，他又继承父业，继续以打铁为生，他的拿手绝活是打造出的刃口锋利无比，受人青睐。因时代的变迁，加之国家禁止私造武器弹药，从他开始，就把造枪手艺彻底丢了。合作化时期成立农具厂，他自然也就是锻工组的领头人了，队上又派年轻力壮的小伙子秦俊给他当搭档，拉风箱、抡大锤，慢慢地也就成了李加成的外姓徒弟。"大包干"以后，李加成师傅因病去世，秦俊就在家搞起了个体经营，并把自己的儿子秦建军也培养成为铁匠，本地通电后，又增添了电焊机、切割机、电砂轮、电风机等先进设备，除打造和修补农具、家具外，还根据农民的需要搞一些小的发明制造，以减轻农民的体力劳动，提高了劳动效率，深受群众欢迎。至此，李氏铁匠铺也就彻底变成秦氏铁匠铺了（图5-11）。

图 5-11 打铁

5. 人居环境现状

天城村是罗成乡境内保存相对较好的传统村落。汉明长城穿境而过，蜿蜒于茫茫戈壁、草原上，城内古建筑保存完整，具有较好的发展前景。村域范围内地势相对平坦，交通便利，为村庄发展建设提供了较好的地形条件。近年来，乡党委、政府多方筹措资金修建水库一座，铺埋人饮管道 6.82 公里，架设闭路电视线路 6 公里，水、电、讯等公共基础设施基本配套（图 5-12）。

1. 街巷空间

2. 居民生活

图 5-12 人居环境

二、山丹县老军乡硖口村
Xiakou vilage Laojun township Shandan county

硖口村是古丝绸之路的重要驿站，古代中原通往西域的必经之地，是丝绸之路的咽喉要道。硖口历史记载最早起于汉代，称泽索谷，刘昭帝（刘弗陵）始元二年（公元前85年），为防御匈奴入侵，置日勒都尉，屯兵设防、移民屯田。明清时期扩大防卫，属山丹卫管辖。明万历元年（公元1573年），巡抚都御史廖逢节率兵重修加固硖口古城。明万历二年（1574年），都司赵良臣在石碑上题名"硖口古城堡"，至今已400多年历史。历史上的硖口城肩负着官吏接待、军粮供给、通邮通商等职能，政治、军事、文化地位十分突出（图5-13）。

图 5-13 村落鸟瞰图

备注：源自新华网

1. 村落基本信息

老军乡硖口村位于焉支山北麓，距县城40公里，南接绣花庙，北连新河驿，村域面积48平方公里，村庄占地85亩，硖口村户籍人口667人，常住人口285人，汉明长城与G30高速公路、312国道平行排列，横亘于东西两侧，交通十分便利，是古代丝绸之路的重要驿站，地处河西走廊的蜂腰地段（图5-14）。

2. 村落选址和格局

距今2000多年前，硖口一带就有先民在此繁衍生息，并以兵防要地被封建王朝所重视。丝绸之路开通以来，这里成为东西来往的必经通道，其地理位置和战略地位日渐重要。自两汉以来，历代封建王朝在此屯兵防守，此地明朝以前有无城堡已无法考证，宋代这里一直是西夏国属地，石硖口筑城现有文献可考，始于明代。《甘镇志兵防堡寨》中，山丹卫所辖堡寨中就有石硖口堡，并注："石硖口堡……与山丹卫并志。"山丹卫置于明洪武二十三年（公元1390年）九月，距今已有600多年的历史。

1. 村落街巷格局

2. 村落鸟瞰图

3. 村落整体风貌图

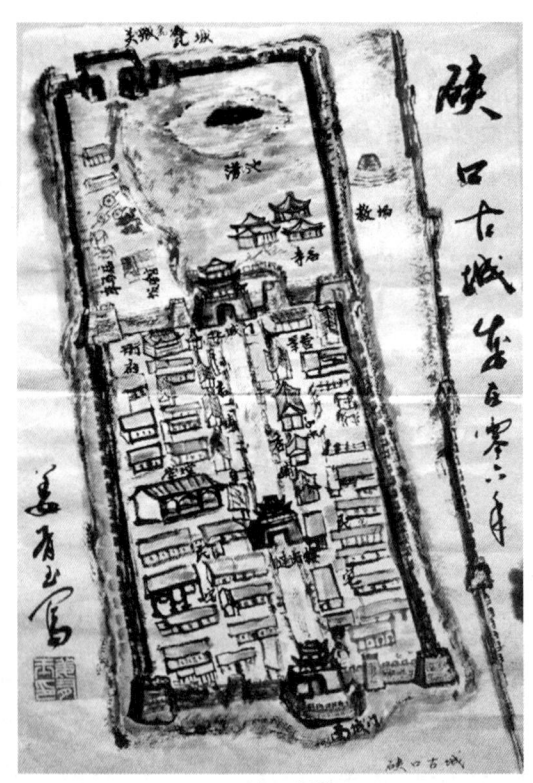

4. 硖口古城

图5-14 村落概览

硖口村东西长 400 多米，南北宽 300 多米，呈长方形，加西边关城（外城），总面积约 19 万平方米。整个城垣开东西两门，仅一条东西走向的街道纵贯全城，与东西二门相连，成为全城的中轴线，将城内的民舍、衙府、寺庙、店铺、营房等建筑物一分为二，井然有序，布局严谨。

3. 传统建筑

（1）汉明长城

在山丹县境内绵延近 200 公里，壕式汉长城和土筑夯打的明长城，虽建于不同年代，但走向、长度却完全相同。汉长城在北侧，明长城在其里，两者相距 10～80 米，平行延伸。像这样不同历史年代修筑而同时并行并至今留存较为完整的长城段在国内绝无仅有，为国家重点文物保护单位，被专家誉为"露天长城博物馆"。

从进入石硖口谷顺谷东山脚有开挖的汉壕沟，壕垒现存烽燧 10 座。据《甘州府志》记载，境内明长城有五处留有暗门，除此其他地方均无豁口，暗门上建过城楼。南来北往的商客或行人通过时需经守兵稽查方能出入，山丹境内长城的修筑，是先民们为了这一带的边防安全、经济建设、交通畅通经过艰辛劳动创造的，是山丹先民创造的灿烂文化遗产，是古山丹人民智慧的结晶（图 5-15）。

1. 外观

2. 西城门洞

3. 壕沟

4. 接官亭遗址

图 5-15 汉明长城

备注：由当地政府提供

(2) 锁控金川

距硖口古城东约一华里的石硖谷中，明嘉靖三十二年（公元1553年）四月鄢陵进士陈斐奉敕以"恤全陕前左给事中"身份观察河西兵防，途经石硖谷，见此处两山对峙，地势险要，有一夫当关、万夫莫开之势，欣然奋笔在硖谷北壁上题下"锁控金川"四个大字，以示此地险要。后镌刻于高3米、宽2米的垂直石崖上，镌字面积1.68平方米，四个字各0.40平方米，成为胜迹。在"锁控金川"西边两山相峙处的羊鹿门石壁上还有镌刻的"天现鹿羊"大字和当年匈奴族、羌族牧人用腰刀镌刻在石壁上栩栩如生的岩画形态（图5-16）。

1. "锁控金川"石刻

2. 学校

3. 烽火台

图5-16 锁控金川

(3) 过街楼

城内有一座过街楼,始建于明代,坐落于南北中心街道偏南。路两旁筑石条,砖石砌面的黄土夯筑墩台,间距4米。两台阶架过梁,铺木板,上建木结构小楼。过街楼悬一大匾,楷书"威镇乾坤"四个大字,古朴苍劲,端庄秀逸(图5-17)。

1. 二楼

2. 顶部

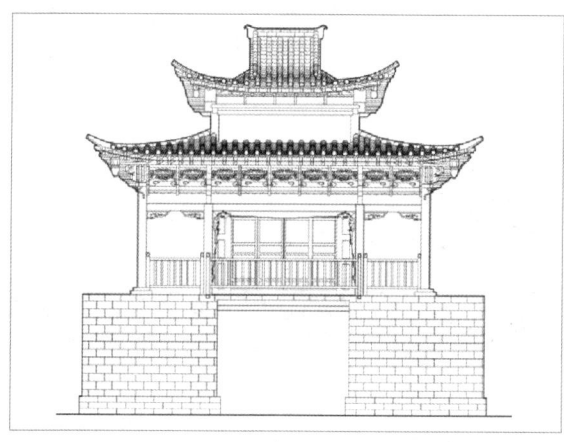

3. 立面图

4. 外观

图 5-17 过街楼

4. 非物质文化遗产

(1) 九曲黄河灯阵

九曲黄河灯阵是山丹县民间社火的一种独有形式,已有上百年的历史,每年各村社火队在正月十五都要在灯阵内进行社火交流,表演形式复杂、风格独特、阵容宏大,具有浓厚的地方特色,深受群众喜爱。

(2) 硖口宝卷

硖口宝卷是河西宝卷的重要组成部分,在硖口境内流传的约有五种,均为毛笔手抄本。宝卷是在唐代敦煌变文、俗讲以及宋代说经的基础上发展而成的一种民间吟唱的俗文学。宝卷受到话本、小说、戏曲等的影响，其内容包含儒、释、道的三教合一及各种秘密宗教，并有大量非宗教的历史人物、民间神话、传说和戏曲故事。其结构为散韵相间，说唱地点包括庙会、娱乐场所，甚至家庭院落。在电视文化出现以前，文化落后、交通闭塞的农村是宝卷流行的主要场所。

(3) 洗毡

硖口村村民马祥福有一手洗毡技艺，靠此手艺养家糊口，在老军、陈户有一定的声望，所洗的毡有毛毡、毡帽、毡袄、毡鞋等，深受广大农牧民的喜爱，人称毡匠，现主要以洗毛毡为主。

洗毡距今已有几百年的历史，它是解决劳动人民生活生产所产生的一种技艺。在改革开放前，人民生活水平普遍低下，尤其是农村放牧人，一年四季在荒山野岭，刮风下雨只能依靠毛毡挡风遮雨，在河西一带放牧人都有毡袄、毡帽等物品（图5-18）。

5. 人居环境现状

硖口村是老军乡境内保存相对较好的传统村落。汉明长城穿境而过，城内古建筑保存完整。

硬化通村道路2.3公里，砂化景点道路10公里；每户通电，无有线电视，采用户户通电视信号接收器，不收费；村内没有卫生设施；家家户户已通自来水，但无排水设施，无集中供暖（图5-19）。

图5-18 洗毡
备注：由当地政府提供

图5-19 村落街巷

第二节　武威市传统村落

民勤县三雷镇三陶村
Santao village Sanlei township Minqin county

清末，在河西走廊出现了一种高墙厚筑的庄院式民居，瑞安堡作为代表性建筑，在当地具有一定的影响力。瑞安堡位于民勤县城西南郊3.5公里处的三雷镇三陶村，建成于民国二十七年（1938年），是原国民党地方保安团长民勤县大富绅王庆云的私人庄堡，俗称"王团堡子"，2006年5月被确定为国家级重点文物保护单位（图5-20）。

图5-20　瑞安堡

1. 村落基本信息

三陶村处于近代河湖冲积、洪积、淤积平原上，最早由移民居住逐渐形成村落。户籍人口1 201人，常住人口1 100人，村域面积约为3平方公里，村庄占地面积2 127亩。主要产业有日光温室、特色林果业和暖棚养殖。

国家文物局批准编制了《甘肃省民勤县瑞安堡文物保护规划》，三陶村将依据优越的地理自然环境和目前的规模布局，加大保护力度，挖掘地方特色和历史文化资源，发展非物质文化遗产，结合社会经济和建设发展状况，加大科学保护力度，发展具有民族地域和文化特色的历史文化名村。

2. 村落选址和格局

三陶村选址于河西走廊平原之上，汉代移民戍边，最早有陶姓人到此认领开垦土地故而得名为陶乡。到了清代开垦区域扩大，故而将陶乡分为上陶、中陶、新陶和三陶四个自然村，新中国成立后三雷镇三陶村沿用至今。三雷镇三陶村传统村落有民勤保存最好最完整的民国建筑群，距县城3.5公里，南距亚洲最大的沙漠水库、甘肃著名的水利风景区——红崖山水库30公里；北距民勤生态功能保护区、瀚海明珠——青土湖65公里。其主体建筑群、全国重点文物保护单位——瑞安堡是承载民俗文化的百科全书，徐氏民宅建筑群又充分体现了民国民勤普通百姓的生活环境（图5-21）。

3. 传统建筑

村落内完好的传统建筑有瑞安堡和徐氏民宅两处，总占地面积26亩，建筑面积8 000平方米。瑞安堡系民国民勤保安团长、大地主王庆云的私人住宅，1938年建。徐氏民宅系王庆云姐夫徐氏住宅，1940年建。两者相距1公里。三雷镇三陶村建筑群具有设计独特、布局巧妙、木雕精美、防御功能强四大特点。

1. 红崖山水库

2. 青土湖

图5-21 村落格局

备注：源自新华网 http://news.xinhuanet.com/politics/2016-04-29/c_128943533.htm

（1）瑞安堡

民国时期，民勤土沃泽饶、男耕女织、物产丰富。王庆云借当保安团长之势，大兴土木，强取豪夺，于民国二十七年（1938年）建成了当时民勤第一堡——瑞安堡。之后，又在庄堡外东、南、西三面建大型商铺和驿站，供西安至包头古驼道上的"骆驼客"商贾贸易借宿，东、南、西三面的商号分别为"兴盛号""兴新昌""南门驿铺"（图5-22）。

瑞安堡堡身坐北向南，长92.25米、宽54.6米，占地面积5 036.85平方米，建筑面积2 394平方米，共有大小院落8个，亭台楼阁7座，高脊瓦房140余间。主院三进，前院为一过院，住卫兵、长工，置车马，存物资；中院为一四合院，用作办公及待客之所；后院是内院，是主人一家的生活学习娱乐场所。主要建筑群也置在内院。

环庄院四周是底部厚7米、顶宽2.8米、高12米的土夯墙，上筑门楼、文楼、武楼、望月庭、

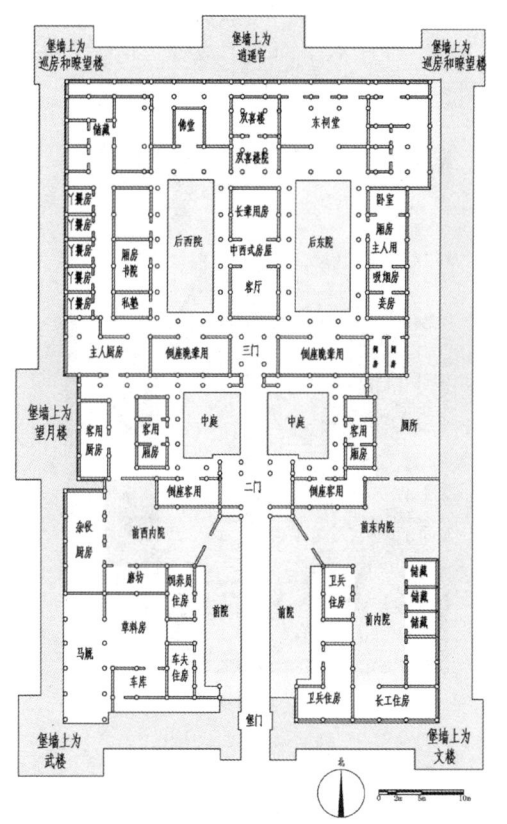

1. 平面图

2. 大门

3. 鸟瞰

图5-22 瑞安堡

逍遥宫、双喜楼、瞭望楼以及四通八达的人行通道，远远望去，庄院形如城堡。

庄院整体设计合理实用，功能齐备，施工工艺精妙细致，在河西走廊的沙漠边缘上营造出一个抗风沙、挡酷暑、抵严寒的宜于人居的庄院式城堡，是庄院式民居中的代表作品，在当地颇具影响，曾被称为"小皇城"。

瑞安堡是庄院式民居中的代表性建筑。瑞安堡动工于1936年，由此推算设计的时间也在1935年左右，当时动荡的历史条件和社会背景以及庄主是民勤县保安团长这些因素，促使瑞安堡的建筑设计及建造在一般庄院式民居防匪防盗的基础上，更加凸现了军事防御特征。从平面布置的角度来看，瑞安堡具有以下特征：

① 厚墙围廊，堡门锁喉

根据防御的需要，在庄院的四周，布置底部厚7米、顶宽2.8米、高12米的围墙，将三进大院、140余间房屋围在其中，形成一个宽54.6米、长92.25米的矩形平面庄院。围墙由黏土、沙和石灰混合拌料，分层夯实，分层夹入柔韧度极好的红柳枝条，重要位置由大城砖加固，增强围墙的坚固性和整体性。从外表看，庄院对外只设一个大门，布置在中轴线上，大门宽约9.3米，高约10.8米，条石镶基，大城砖砌筑。门洞呈洞窟形，宽3.3米、高3.9米，门扇厚16厘米，木质外包铁皮，密施铁铆钉。大门门廊上，布置一座面阔三间，进深一间的硬山顶式门楼。大门、门廊、门楼耸立在围墙之上，两侧角楼相护，厚重雄伟，锁住进入庄院的咽喉，是进入庄院的第一道防御设施。

② 巡道环绕，堡楼相护

在平面上沿围墙顶布置2米宽巡道环绕庄院四周，巡道外侧是厚0.5米、高2.2米的砖砌掩体女儿墙，女儿墙上砌有对外的射击孔，巡道内侧砌0.7米高护墙，巡道全长300米，可以到达围墙顶部任何地方。在围墙的四个大角和南、西、北三面围墙的中部，分别布置有角楼和中楼（南墙中楼为门楼，其余各楼均有名称）。在角楼和中楼的位置，均从围墙上向外砖砌局部加宽加厚的护墙墙垛，垛出墙面1.5~4米宽不等，起加固围墙的作用，使建筑外形因此而更显浑厚，显出堡的建筑意象。重要的是，在庄院外围平面轮廓上这样布置，使堡楼和墙垛在军事防御时相互护持，凸出围墙墙垛侧面的射击孔，可以射击爬在围墙云梯上的敌人。巡道、围墙和堡楼墙垛上的射击孔，在庄院平面上形成第二道火力防御体系（图5-23）。

图5-23 围墙巡道

③ 布置暗道，固可守、破可逃

庄院在平面上沿围墙地下修有暗道，砖砌拱形，可供两人通行，总长160多米。暗道出入口位置的布置很有特点，分设在四个区域中：围墙顶上，在西墙中楼（望月厅）地下设有出入口；生活区中，中后院的厢房、厕所及粮房，尤其在厕所中布置暗道出入口，可谓考虑细致；前院的马厩设有暗道出入口；庄院外布置暗道出入口（图5-24）。

在这种动荡不定的社会背景下，瑞安堡在平面布置上，以厚墙围廊、堡门锁喉的静态防御布置，巡道环绕、堡楼相护的动态防御设计，暗道中固可守、破可逃的深谋远虑，从三个不同的侧面突出瑞安堡的军事防御功能，形成瑞安堡这一民居建筑在平面布局中的防御功能特点和建筑形态特征。

20世纪30年代中国的城市及乡村建设基本处于一个停止或破坏的时期，瑞安堡作为这一时期所建为数不多的民居建筑，由于上述三种不同于民居平面设计布局的功能和建筑形态特点，使瑞安堡设计及建造时的深层价值取向得到充分体现，在建成后的半个多世纪中，对当地民居建筑产生重要影响，在今天也是庄院式民居防御功能研究和民居空间形态研究的重要实例，具有不可忽视的研究价值（图5-25）。

图 5-24 暗道入口

1. 仆人院落

2. 瑞安堡二门

3. 院落一角

4. 一角

5. 门头雕花彩绘

图 5-25 瑞安堡（1）

6. 壁画

7. 天井

8. 双喜楼

9. 武楼

10. 古树

11. 后西院

12. 后东院

图5-25 瑞安堡（2）

(2) 徐氏民宅

徐氏民宅南北长 60 米，东西宽 40 米，有前院、后院和小院 3 个院落，房屋 25 间。前院为草院，盛放杂草和圈养家畜。后院和小院有堂屋、东西厢房、倒座、伙房等建筑，为家族起居生活区；后院回廊四绕。堂屋建筑较为壮观，面阔三间进深一间，硬山顶，房顶青砖铺就。整个宅院高墙大院，以土木结构为主。徐氏民宅是民勤县域内至今保存最完整的普通民居，具有代表性，是研究民国时期民居庄园不可多得的实物资料。

4. 非物质文化遗产

民勤小曲子是本村落的非物质文化遗产，最初称镇番小曲，其曲调丰富、优美动听，是流行于甘肃省民勤城乡的曲牌体地方小剧种。民勤小曲子道白一般用民勤方言，诙谐、通俗、亲切，表演时带有地蹦子特色：男角唱时蹦蹦跳跳，女角唱时摇摇摆摆。最初仅由小生、小旦、小丑组成"三小戏"，清末时生、旦、净、丑等俱全。服装多用一定规制的生活服装代用，化妆无固定谱式，仅略施脂粉即可。著名艺人先后有曹开兴、高培阁、周玉文、田志书、陈生致等。

5. 人居环境现状

三陶村共辖 7 个村民小组，共有农户 300 户，1201 人。村落东临乡村公路和民武公路、南通民昌公路、北通民勤县城，交通四通八达，地理位置独特，村庄风景优美，历史文化氛围浓厚。

近年来，三陶村以生态文明建设为重点，以抢抓石羊河流域重点治理政策机遇为契机，以农民增收为目标，着力调整经济产业结构，加大道路、水利、通讯、教育、住宅等基础设施及公益服务设施建设，努力改善农民生产生活条件，加强生态环境治理，使全村农牧业和农村经济呈现持续、快速发展的良好态势，有力推动了"三个文明"建设的健康发展，并促进了社会和谐。

三陶村基础设施建设虽然简陋，但是比较全面，村中的水网、电网、路网、通信网、广电网"五网"基本畅通，已经达到了村民生活的最基本要求。村内所有巷道均已水泥硬化或铺筑砂砾石，交通较为便捷。电力、电信网路为架空线路，农户用电率达 100%。全村自来水普及率达 100%，垃圾收集处理率达 90%，污水处理率达 60%，村内绿化覆盖率达 20.3%。

结　语

从甘肃不同的地域分区来看，村落不但与自然和谐共存，而且包容了村民各种类型的活动。在甘肃地区，多元文化交融，多民族错居，多样地域环境综合，塑造出了非常典型的传统村落，它们大多拥有良好的自然环境、丰富的历史遗存和独特的地域文化。传统村落生在地域、长在地域，对它的保护与发展是对传统文化和历史文脉的保护与传承，是我们了解村落历史的重要途径。

1. 甘肃传统村落地域特色总结

甘肃悠久的农耕文明衍生出千姿百态的传统村落，孕育了各具特色的村落文化。深入挖掘各村落自然环境、历史文化、民风民俗、营建技艺等方面的共性和特性，为村落特色文化保护传承提供契机与新的路径。对各分区内的传统村落都进行了踏勘调研，通过现场感受或村民口述，加以整理总结如下：

（1）村落选址

村落选址是传统村落地域特色的标识之一。经调研发现，甘肃地区复杂多样的地形地貌造就了不同的村落选址模式。在陇中地区，受高原地貌和经济落后等综合影响，村落大多选在塬上，村落与村落之间的距离较远，且交通不便；陇东南地区气候湿润、风景秀丽，村落一般择水而居，或背山面水、或向阳而居，水不仅解决饮水、灌溉等生活问题，而且是天然屏障，对村落的安全有一定的保障；甘南地区作为少数民族聚居地，其村落在选址时择群而居，各民族形成不同的聚落形态；河西地区由于早期的战乱、移民、商贸的原因汇聚了来自四面八方的人杂居，因此村落在选址时首要考虑交通便捷。

（2）传统建筑

传统建筑是传统村落地域特色的集中体现。甘肃地形狭长，经纬度跨度大，地域气候类型多样，不同地域环境作用下的传统建筑不尽相同。陇中地区为黄土高原丘陵沟壑地带，降水偏少，气候干旱少雨，属于温带半湿润半干旱气候区，传统建筑在营建时首要考虑保暖和采光，建筑坐北向南，屋顶采用双坡形式；陇东南地区气候温暖湿润，夏无酷暑，冬无严寒，降雨较丰富，处于温带季风气候区，院落以开敞式为主，建筑沿山势地形布局，屋顶采用斜坡形式，与山融为一体；甘南地区处于青藏高原和黄土高原过渡地带，气候寒冷，境内山谷多，平地少，建筑在营建时以保暖为主，墙体较其他地区略厚，开间进深较大，以平屋顶为主，且屋顶可上人，一般用作晾晒用；河西地区处于我国西北干旱区和青藏高原边缘，气候干燥少雨，温差较大，且地广人稀，建筑多以庄园式布局为主，防御和保暖是这一地区建筑营建的共性。

公共建筑见证着传统村落的变迁与发展史。以村落庙宇为例，作为村民精神信仰所在，庙宇在村落中有着举足轻重的作用，每逢重大节日，村民通过烧香、祭祀祈求平安，这种思想祖祖辈辈流传、延续至今，且一直萦绕在人们的生活中。

2. 结论与展望

传统村落根植于地域环境中，村落始终与周围环境保持高度的融合。村落整体形态的产生取决于周边环境的状况，无论是地处平原地区，还是山地、丘陵、黄土塬，在与环境不断磨合之后产生了村落整体形态。深入到村落的内部，村民对村落空间的使用和塑造，又能对村落的空间形态进行修正，各个地域分区中有着不同的文化背景和生活习惯，在对村落空间营造和使用上也会产生不同的模式。

对不同地域分区的传统村落进行横向比较，更加清晰地勾勒出不同地域之间村落形态和空间的差异性，也能更加清楚地剖析不同地域分区中村落的地域特征。

在"一带一路"倡议下，甘肃城镇化进程加快，对传统村落来说是机遇与挑战并存，甘肃地区快速发展的社会经济给传统村落的保护提供了足够的资金和动力支持，但也导致了传统村落环境的破坏、空间形态特色的衰败以及文化内涵的丧失。因此，传统村落保护的顺利进行要依赖社会各方面的协调和努力。政府及相关职能部门应带头对传统村落的保护、管理和监督工作统一部署，同时开展宣传教育，调动村民一起参与保护工作。

书稿终告段落，本书的出版也只是研究中国西部传统村落浩瀚海洋中的一片浪花，希望能引起更多大众、学者对甘肃传统村落的关注与研究。最后，书稿的完成也离不开兰州理工大学设计艺术学院规划系、建筑系师生的帮助，他们是：参与由甘肃省住房和城乡建设厅村镇办和学校联合组织的2015—2016年甘肃省传统村落调研的同学和老师，参与古建测绘课程的2009级、2010级规划系的同学和老师以及提供朱家沟村古建测绘资料的孟祥武老师，这里一并致谢。